掛谷誠著作集 第3巻

探究と実践の往還

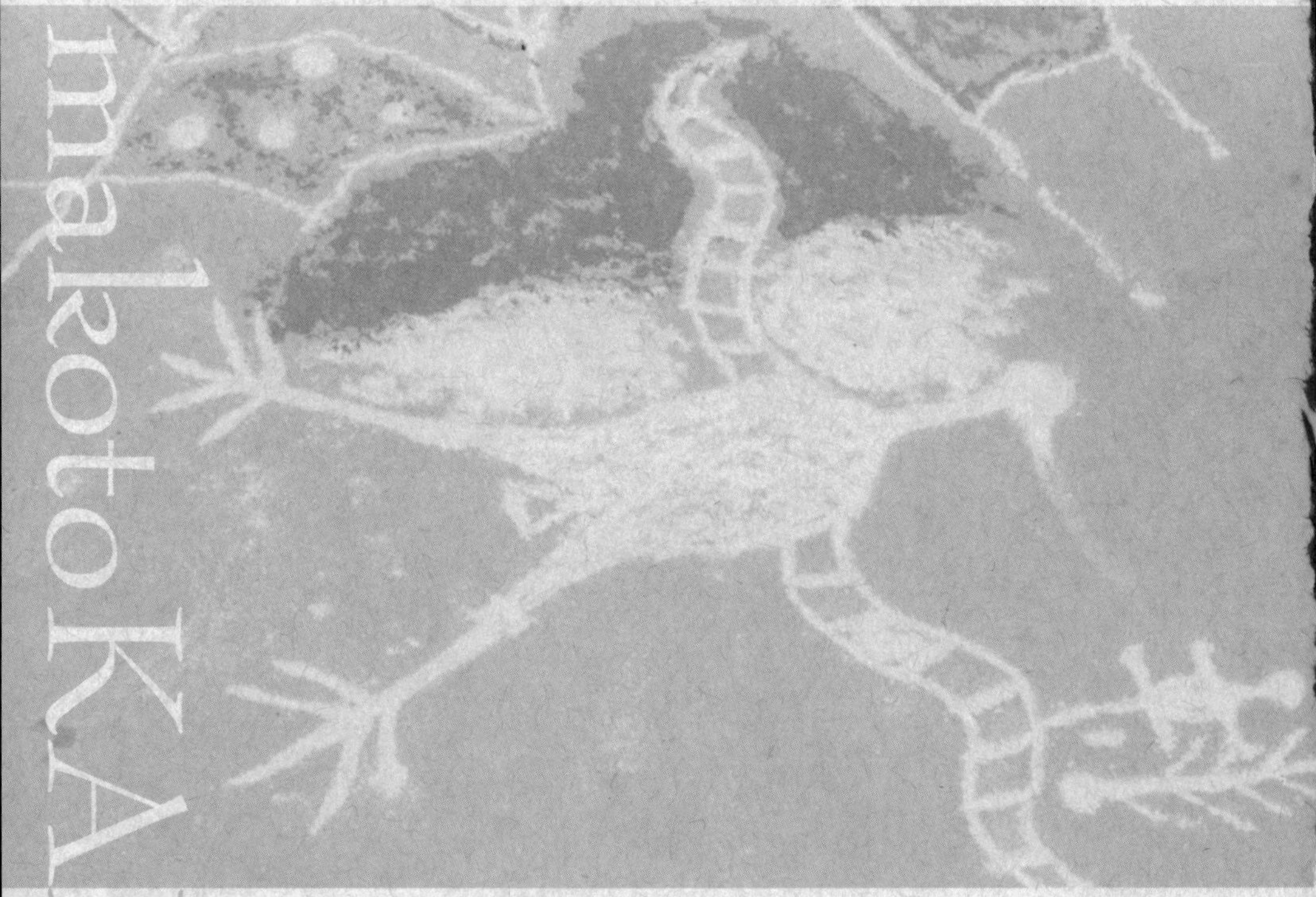

makoto KAKEYA

京都大学学術出版会

口絵 1
掛谷誠さん。タンザニア・ルクワ湖畔の農村で子供たちに囲まれて。(2008 年)

口絵 2

ザンビア・ベンバの焼畑チテメネ耕作。掛谷さんたちはチテメネ耕作を科学的に解明するためにシコクビエの栽培試験に取り組んでいた。(1992 年)

口絵 3

ベンバが持ってきた乾燥イモムシ（足もと）をひとつまみする掛谷さん。じつは昆虫食が苦手。(1992 年)

口絵 4

エチオピア南部の高原に暮らすコンソは、急峻な斜面に石を積み上げて段々畑をつくり、そこで多彩な作物を集約的に栽培している。(1996 年)

口絵 5

タンザニア・ビクトリア湖の西岸では、農耕民ハヤが「キバンジャ」という屋敷畑でバナナやコーヒー、穀物、イモ類、マメ類を混作している。キバンジャはタンザニアを代表する集約農法である。(1996 年)

口絵 6

タンザニア東部・ウルグル山の東斜面では、各種の香辛料、バナナ、ココヤシ、果樹などの多年生植物が鬱蒼と生い茂っている。緑に囲まれた庭先では、落ち着いた時間が流れていた。（2003 年）

口絵 7

タンザニア南部のマテンゴ高原では家屋周辺の緩斜面でコーヒーを育て、急な斜面には格子状の畝を立ててトウモロコシとインゲンマメを栽培する。畝に囲まれた穴は「ンゴロ」と呼ばれ、豪雨による斜面の土壌浸食から農地を守る働きをしている。これも斜面地に発達した在来の集約農法である。(2003 年)

口絵 8

マテンゴは水の扱いに長けた人たちだ。水路の水を小屋の中に引き込み、落差を利用してハドロミル（水力製粉機）を動かしてトウモロコシを製粉している。(2005 年)

口絵 9

タンザニアのルクワ湖畔には、農耕民のワンダと農牧民スクマが共住している。親しいスクマの友人は、サバンナの暮らしを教えてくれた。右は、一緒に調査をしていた神田靖範さん。(2005 年)

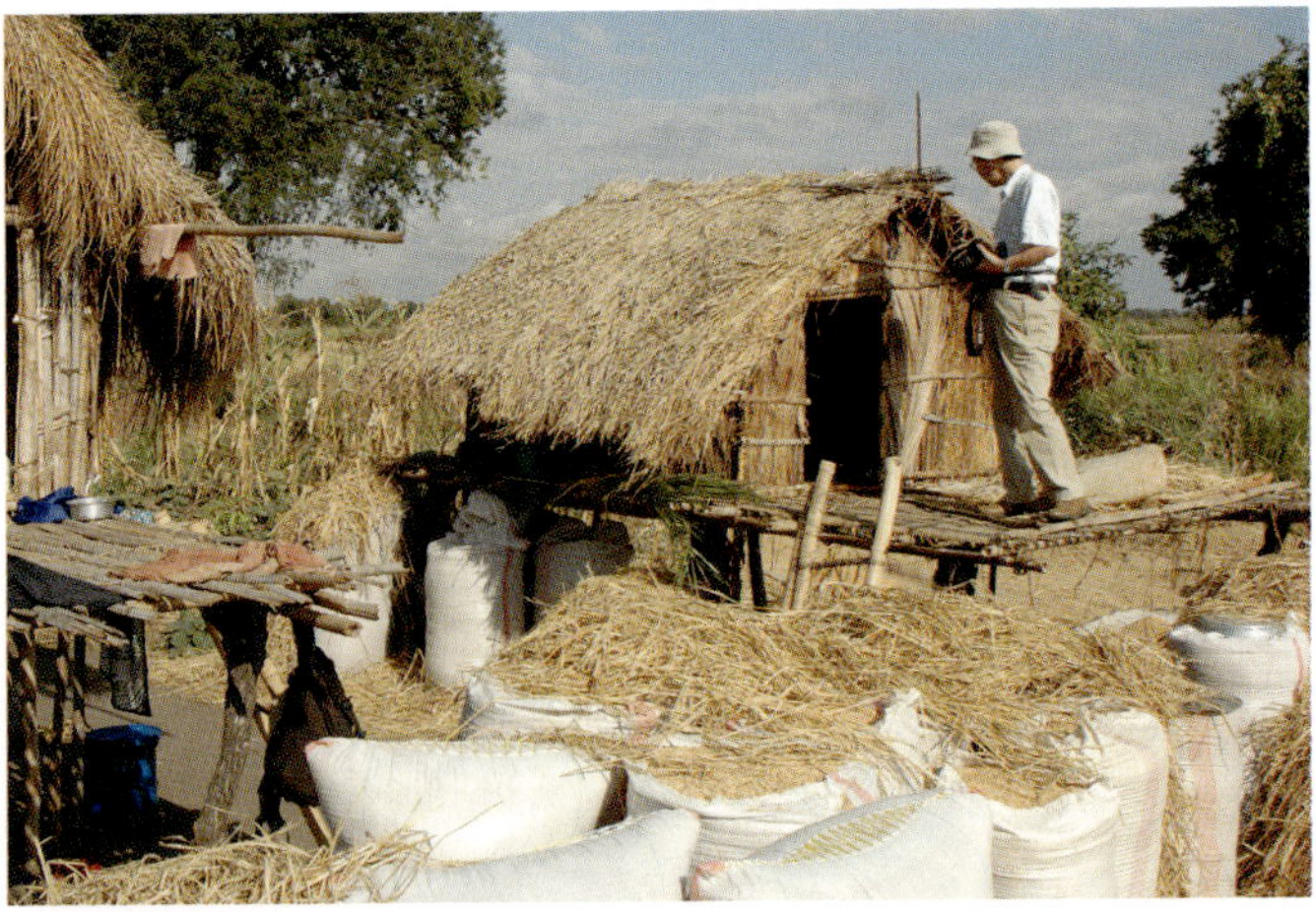

口絵 10

タンザニアの南東部を流れるキロンベロ谷の右岸には広大な氾濫原がひろがっていて、ポゴロはそこでイネを育てている。乾季のはじめには、氾濫原に建てた出造り小屋に数ヵ月も住み込んで鳥追いと収穫作業に専念する。(2006 年)

口絵 11

タンザニアのコメはおいしい。山盛りのご飯と地鶏のシチューに思わず笑みがこぼれる。(2007 年)

口絵 12

タンザニア南部高原に住むベナは、谷地に排水溝を掘って乾季に蔬菜を栽培する。斜面地ではマツを植林するほか、生長の早い外来樹モリシマアカシアを植えて造林焼畑もする。ベナの独創的な農業を教え子たちと視察する掛谷さん。(2007 年)

口絵 13

2000 年代に入ってから、ルクワ湖の沿岸地域はタンザニア屈指のコメ産地となった。アカシア林を開いた水田を役牛で耕してイネを育てている。稲作は地域経済を活性化させたが、急速な水田開発にともなうアカシア林の減少は、地力の低下と飼料の不足を引き起こしている。(2008 年)

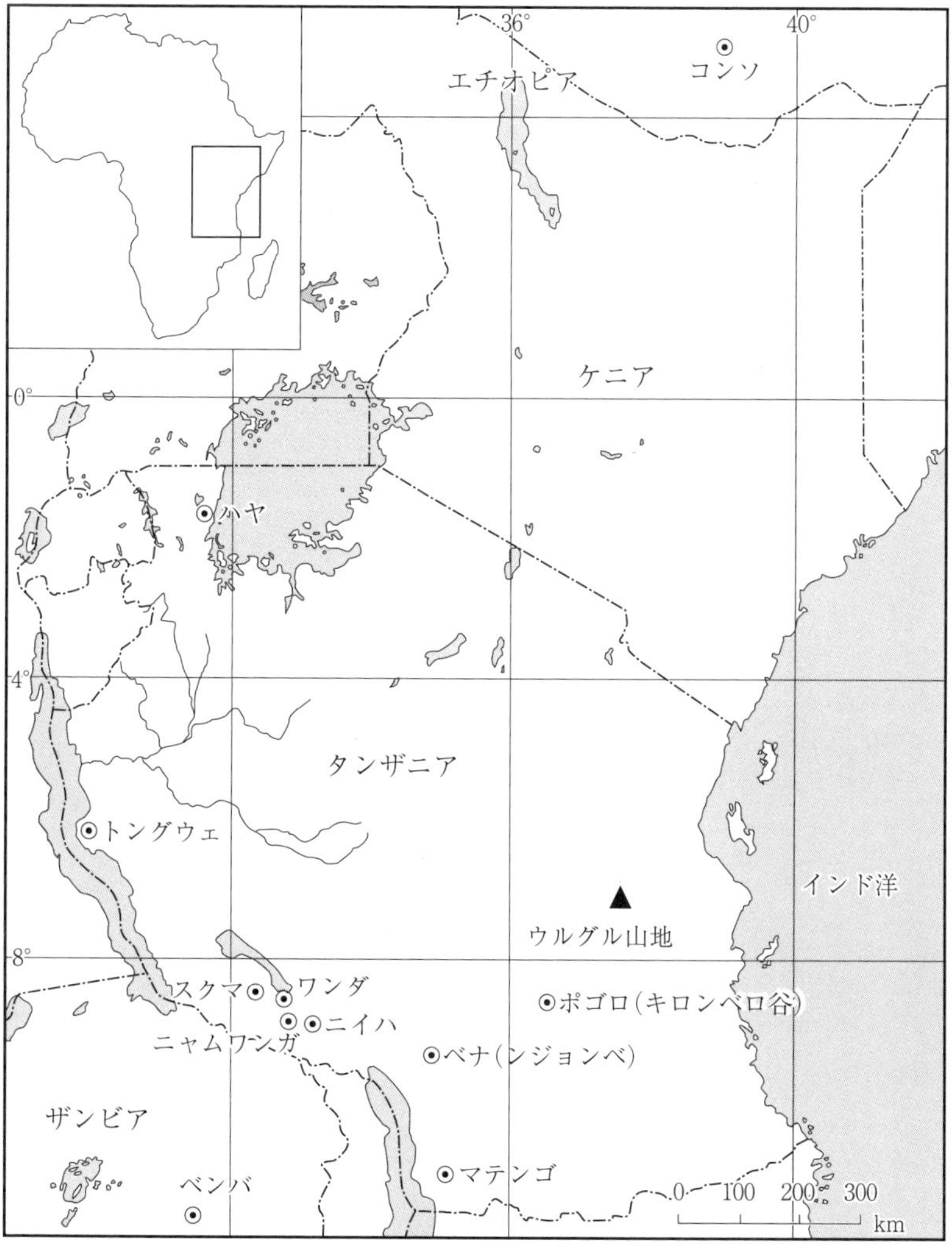
36°
40°
エチオピア
コンソ
ケニア
0°
ハヤ
4°
タンザニア
トングウェ
インド洋
ウルグル山地
8°
スクマ
ワンダ
ニイハ
ニャムワンガ
ポゴロ(キロンベロ谷)
ベナ(ンジョンベ)
ザンビア
マテンゴ
ベンバ
0
100
200
300
km

口絵地図　調査地

凡例

一　本著作集は掛谷誠の主要な著作、論文を選び、テーマ別に編成して全三巻としたものである。各巻の収録著作やその配列、巻や区分けのタイトルは編集委員会の責任で決定した。

二　収録著作の底本については初出一覧を参照されたい。

三　収録にあたっては底本の再現を原則としたが、以下のような訂正・整理を加えた。

1　明らかな誤字や書き間違いと思われるものは適宜修正をおこなった。

2　底本に散見される表記の不統一についてはできるだけ揃え、旧字体や旧仮名遣い等は新字体・新仮名遣いに改めた。

3　図や表、注などについては重複するものを除いて底本通りとしたが、写真はスペースの不足や資料の入手困難などの理由により収録しなかったものもある。

4　現在の表記とは異なる動植物の名称については、編集委員会の判断で表記を変更した箇所もある。

四　著作の表現の中には、今日の通念として使用されない言葉が含まれているが、当時の社会状況や通念を反映して許容されていたと考えられるため、そのまま収録することとした。

五　巻末に固有名詞索引と動・植物索引、民族名索引、および事項索引を収録する。

目次

第Ⅱ部——世界の中のアフリカ

第Ⅲ部——地域研究と国際協力

第Ⅰ部——アフリカへの視線

刳《く》り舟で川を渡る伊谷純一郎さん。トングウェが暮らす原野を掛谷さん夫妻とテンベアしていた。（1972年）

第1章　アフリカ研究会のころ

一九五八年に今西・伊谷の両先生がアフリカに赴かれた。それが日本人によるアフリカ学術調査の始まりだった。当初のターゲットはゴリラであったが、一九六〇年のコンゴ動乱を機に、タンガニイカ湖畔のチンパンジー調査に転進し、同時にエヤシ湖畔で諸部族民の人類学的調査が始まった。一方で野生類人猿の生態・社会の調査をおこない、他方で狩猟採集民などの人類学的調査を進めて、人間社会の起源を探ろうとする今西先生の壮大な研究計画の幕開けだった。このようなアフリカ学術調査を支える京都大学アフリカ研究会が組織されたのも、このころである。

私は一九六三年に京都大学に入学したのだが、ポスターでアフリカ研究会の存在を知り、研究例会にまぎれこんで話を聞いた。その日は、伊谷先生がピグミーの物質文化について話された。あたかもピグミーの心が乗り移ったかのように、生き生きと語られる伊谷先生の姿が印象的だった。例会の後には、場所を変えてコンパがもたれた。イタリア留学に旅立たれる谷泰先生の送別会を兼ねたコンパだった。大阪から片寄俊秀氏も駆けつけてこられた。タンガニイカ湖畔のカボゴ岬に、チンパンジーの調査基地となる組み立てハウスを建設された「ブワナ・トシ（トシ旦那）」である。私はまったくの飛び込み参加だったのだが、アフリカ体験を楽しそうに語られる諸先生の話に耳を傾け、ウキウキした気分になったことを覚えている。こうして私はアフリカ研究会に入会した。

一九六〇年代初頭は、アフリカ諸国がつぎつぎに独立し、新興の意気に燃えて国造りを始めた時代である。そんな時代背景も影響していたのであろうが、大学に入学した当時の私は、その若々しいエネルギーに共感し、また野生と共に生きる世界に強く憧れ、いつかアフリカに行って暮らしてみたいという、ひそかな夢をもっていた。そんな思いとは矛盾するのだが、入学したのは工学部の電気工学科だった。しかし教養部時代は、もっぱら山に登り、またアフリカへの思いを育てる日々であった。

アフリカ研究会の例会では、しばしばスワヒリ語の講習会が開かれた。講師は和崎洋一先生。講習会には今西先生が参加されることもあった。私たち学生は緊張しつつも、今西先生と共にスワヒリ語を学ぶことに、誇らしい気分を感じていた。今西先生と酒を飲み、お話しした機会は数えるほどしかないのだが、研究会や講習会で同席し、その存在感に圧倒されつつ深く影響を受けてきたように思うのである。

今西先生が京都大学を退官された一九六五年に、私は電気工学科の専門課程に進学した。しかし私の心はアフリカに向かっていた。今西先生が最終講義で語られた人類学やアフリカ研究の展望に、私のアフリカへの思いを重ね始めていたのである。

専門課程に進学後しばらくして、私は留年を決意し、今後の進路について考え直すことにした。夜と昼とが逆転したような日々を送りながら、悶々としていたのであるが、やはり選択すべき道は一つしかないという結論に達した。工学部・電気工学科から理学部・動物学科に転学部し、将来は、今西先生が創設された自然人類学研究室の大学院生としてアフリカで研究する道である。そして思いきって、今西先生の後を継がれた伊谷先生の研究室を訪ねた。伊谷先生は親身になって相談に乗ってくださったが、最後に、おだやかな笑みを浮かべながら、「これからは電子や電気の時代だから、工学部をやめるのはもったいない」と言われた。私は、アフリカ研究会の例会でピグミーの話をされていたときの伊谷先生の表情を思い出しながら、先生のご忠告とは反対に、転学部することに決めたのである。ただ、その年は動物学科を志望する学生が多く、学生定員に空きがなかったので、同じ生物系ということで植物学科に移ることになった。

その後、動物学専攻の大学院に進学し、自然人類学研究室で学ぶことになった。そして一九七一年に待望のアフリカ行が実現した。かつて今西先生が一杯機嫌で、「タンガニイカ湖に沈む夕陽を見ながら飲む酒はうまいぞ」と語っておられたが、そのタンガニイカ湖畔域に住む焼畑農耕民トングウェの生態人類学的調査が私の課題であった。

今西先生と私とは、いわば祖父と孫ほどに年齢は離れていたのだが、酒を飲みながら話をしたときには、世代を越えたアフリカ研究仲間として、ざっくばらんな雰囲気で語りかけてくださった。私は、そんな今西先生の中に、真のナチュラリストにして、登山や探検・研究のパイオニアである自由人、あるいは生き方と学問とが渾然となった自由人の深い人間性を感じとっていたように思う。こうした印象は、先生の著作を読んだときの感動と響き合う。

例の留年のとき、北アルプス・南岳の小屋番をしながら、先生の名著『生物の世界』をくりかえし読んだことを思い出す。第二次世界大戦に、いつ召集されるかも知れない状況のもと、遺書のつもりで書かれたという著作である。文字通り生物の世界を対象にしながら、それが「私自身」を描く自画像でもあるような著作。悠然とした文体の中に、凛と張りつめた精神が宿る著作。そこに私は、生きることと研究することが重なり合う見事な精神の軌跡を読みとっていた。進路に思い悩む一学生にとって、それは心の奥底に届く読書体験であった。

京都大学アフリカ研究会は、学内・学外の研究者や学生を会員とする、自由な雰囲気をもつ研究会であった。そのような場で、今西先生に出会い、また今西先生とその門下生を通してアフリカの息吹きにふれえた意味の大きさを、いまさらながらに思うのである。

第2章　座談会　霊長類学・生態人類学・人類進化論
――伊谷純一郎氏のハクスリー記念賞受賞を祝って
（伊谷純一郎(1)・市川光雄(2)・掛谷誠(3)・河合雅雄(4)・西田利貞(5)・米山俊直(6)）

米山　すでに新聞などの報道でご存じのことと思いますが、このたび伊谷純一郎さんが、霊長類学における卓越した業績によって、英国王立人類学協会（Royal Anthropological Institute）からトーマス・ハクスリー記念賞を受賞されることになりました。記念講演をして、記念賞をもらわれるのですが、著名な人類学者に贈られる栄誉であります。一一月二一日にロンドン大学のギュスターヴ・タック講堂で受賞記念講演と受賞式がおこなわれるのですが、いい機会ですので、主として直接伊谷さんの影響下で研究を進めてこられたかたがたにお集まりいただき、さらにある意味で、ほとんど研究のいちばんはじめからずっと協力してこられた河合先生にも加わっていただいて、伊谷学というか、伊谷塾方式というか、そういうあたりを話題にしていただきたいと思っているわけです。

いちばん昔からのおつきあいということでいえば河合雅雄さんですから、河合さんから伊谷学成立のプレヒストリーあたりから、なにかこういうことだったというお話を……。

1　伊谷学の時代区分

河合　導入部になるかどうかわからないのですが、伊谷さんのいままでの仕事を大きく分けたら三つになるのじゃないかと思います。それはもちろん年代を追っての区切なんですが、いわば伊谷さんの霊長類学、人類学の軌跡といってよいかもしれない。

第一期のいわば創生期は、一九四八年からですね。動物社会学を今西さんがいちばん初めに提唱されまして、それにのっとって霊長類の研究を進めていったという時代です。霊長類研究グループが結成され、動物社会学を基礎にした霊長類学を、おもにニホンザルを対象に、高崎山、幸島、あるいは屋久島とか下北半島などで、分布あるいは生物地域的な問題をふまえながらの活躍が始まったのですが、伊谷さんはつねにその中心人物でした。

次に第二期を簡単に申します。当時は動物社会学というのはまだ日本の学界では認知されてなかった。とくにサル学なんていうのは認知のほかにあったものですから、民間の研究所をつくってがんばろうというのでできたのが、モンキーセンターです。これが一九五六年のことです。これからしばらくが、いわば日本でのプライマトロジーの確立の時期だったと思います。世界の霊長類学がまだほんの胎動期にあったときですけれども、一九五七年に『Primates』という霊長類のインターナショナルな専門誌をつくっていった。こういうふうに世界に大きくはたらきかけていった時代だと思います。

第三期というのは、一九六二年に自然人類学講座が京都にできまして、伊谷さんはモンキーセンターからそちらへ移られた。このときから、霊長類学のいちおうの確立をふまえて、伊谷さんの活躍の場が非常に大きく広がったと思います。ひとつには、それまでにもちろん伊谷さんが手をつけていた類人猿の研究なわけですけれども――それまでというのは一九五八年のゴリラの調査からですが――その類人猿の研究が非常に発展していったことです。それともうひとつは、生態人類学という新しい分野に足を踏み入れて、これを開拓発展させていった。このとき講座を持たれたものですから、若い優れた人たちがどんどん養成されていった。これは大変大きな功績だと思います。また霊長類学を日本でもうひとつ大きく確立していく場が霊長類研究所なんですが、これは一九六七年にできました。この設立についても理学部が母体になりましたから、伊谷さんを中心にその周辺のかたが非常な努力をされたことは忘れてはならないことです。

年代的に切ると、こういうような三期に分かれると思うのですけれども、はじめの動物社会学と霊長類学の創生期、それから霊長類学――プライマトロジーといってますが――の確立の時期、類人猿研究の発展と生態人類学の進展、このいずれについても伊谷さんは先頭に立ってがんばってこられたと思うのです。ちょっとどの文章だったか忘れたんですけれども、いつか梅棹さんが「伊谷は日本のサル学の若き連隊旗手である」なんていう表現をしていたことがありましたが、まさに青年としての若々しい情熱と直観力と行動力で、実質的なリーダーとしての活躍は大変めざましかった。

モンキーセンターの設立とその以後まで、伊谷さんとほんとによくつきあってきたのは私だろうと思うのですが、第三期以後が、ここにきておられる西田さんとか市川さん、掛谷さんなど、類人猿と生態人類学の進展を実質的に担ってきたかたがただと思います。霊長類学というのはただサルだけにかかわらず、広く文化人類学の分野、あるいは心理学とか精神医学とか、社会学とか、広い分野の人たちとも接触しながら研究会をつくってやってきたわけですが、米山さんがいちばんはじめに伊谷さんと接触を持たれたのは、京大のアフリカ研究会ができたときですか。あれが六二年ですね。

伊谷　アメリカ研究セミナーのころからです。ぼくのときはゴードソン・ヒューズがきて、その次にスチュワードがきた。そのころからです。

掛谷　京都青年人類学会ですか。

伊谷　違う違う。このセミナーはアンソロポロジーの招聘教授を何年か招いたことがあるのです。

米山　青年人類学会というのは、川喜田二郎さん、石川栄吉さん、岩田慶治さん、あるいは西田龍雄さんたちが中心になって集まった研究会組織で、人類学談話会といった。この名称は日本民族学会の例会の名としていまも続いています。アメリカ研究セミナーというのは、政治学とか経済学とか文学とか、いろんな人にレクチャーを頼んで、アメリカの学者を呼んで講義をする。同志社と京都大学の共催のような形で授業があったんですね。それのディレクターとしてこられたのがゴードン・ヒューズで、そのあとジュリアン・スチュワードがきて、二代人類学者が続いたんです。一九五五、五六年ぐらいですね。

伊谷　ヒューズが五五年じゃないですかね。

米山　五六年の秋にぼくはアメリカへ行ったんですが、そのころアメリカで、例の『American Anthropologist』にフリッシュさん（北原隆、上智大学教授）が日本のプライマトロジーの紹介を書いたんですね。あれがいちばん早いのじゃないかと思いますけど。

河合　伊谷さんの『高崎山のサル』をもとにして紹介したんですね。

伊谷　あれを訳して海賊版ができていたわけですね。
西田　ぼくが知っているのはカルチャーの紹介ですが。
河合　それはずっとあとで、吉場健二君といっしょに行ったウエンナー・グレン研究会のシンポジウムですね。いまの若い人は英語はうまいですけれども、われわれはじめのころは語学の下手なやつが多くて、そういう点ではフリッシュさんは非常にいい理解者、紹介者として活躍してくれたと思いますね。
米山　フリッシュさんはいま日本名を北原隆といって、帰化して上智大学の教授です。そんなことがいちばん初期の私の記憶としてあるのですけれども、日本の霊長類学はわりあい早くから外国人の注目を集めたということはあるのでしょうね。霊長類学全体がほかになかったということなんですか。

2　先鞭をつけた日本

伊谷　そうですね。一九五八年に今西さんと最初にアフリカへ行って、その帰途ヨーロッパ、アメリカを回ったのですが、そのときは日本の霊長類学がスタートしてちょうど一〇年たっていたわけですね。欧米ではまさにこれからフィールドへ出ようという、胎動期というか夜明け前といった状態で、シャラーはゴリラの計画をたててましたし、ドゥヴォーはヒヒの計画をたてていました。クンマーもマントヒヒ調査の計画中といったところでどれも計画段階だった。それで彼らは非常に関心を持って、ぼくたちにいろんなことを質問していました。
河合　いちばんはじめに外国に日本の仕事がわかったのは、一九五七年にタイのチュラロンコーン大学で開かれた、第九回太平洋学術会議ですね。これには梅棹さんなんかも出ています。川村さんが出てニホンザルの発表をしました。これは梅棹さんの表現なんですが、川村がボソボソいって何をいったかようわからんかった（笑）。ところがかつてゴリラの研究をやったこの会議の議長のクーリッジ博士が立って、すばらしい研究であると、難解な川村さんの英語をよく解読してみんなの前で褒めちぎったんですね。それで日本のサル学が何をやられているかということが何となくわかって、欧米の関心を一挙に向けさせたということをいっているのですね。

西田　川村さんのはカルチャーの話ですか。

河合　いや、ニホンザル全体のことだと思います。それから、宮地さんがロンドンでの第五回国際動物会議で、これはカルチャーの発表をしてくれたんですね。

伊谷　今西さんが『Current Anthropology』のごく初期の号に出しましたね。

市川　一九六〇年の霊長類の Social organization の論文ですね。

河合　この伊谷さんの業績リストを見てもわかるように、ぼくはいつも感心しているのですが、現代霊長類学全般で問題になっているものに、ほとんど手をつけているのですね。コミュニケーションといい、親子関係といい、カルチャーの問題、ソシアル・ストラクチャーの問題、それからパターナル・ケアなんていうのは、長いこと注目を浴びてないんですよね。ほんとに長いこと浴びてません。ソシオバイオロジーの学問が盛んになって、みんなが本気になってこうした問題をやりだした。それまでは、この論文の引用率は悪いのじゃないですか。このごろはものすごく多い。そういう意味では二〇年ぐらい先走った論文が書かれたのだろうと思いますね。それからパーソナリティーの論文なんてここにありますけど、いまだにこの問題は霊長類学の中ではあまり浸透してない。そのうち一〇年かそこらたってこのへんが問題になってきたら、伊谷さんは四〇年ぐらい先を読んでおったということになるのかもわからない（笑）。

このリストでは、一九六五年ぐらいまではほとんどニホンザルの論文ですが、ニホンザルという一つの種類を対象にしながら、現在でももっとも重要な課題である遊動の問題なんかも、すでに一九五四年に論文が出ています。非常に広範な視野を持ち、しかも洞察力があったということだろうと思うのですけれども、いまもなお新しい課題について、その当時どんどん出されたというのは、すごいことだったと思いますね。

伊谷　しかし、このリストを見ると恥ずかしいですね。いまの学生さんには書け書けというけど、私自身は若いころにはあまり書かなかったし、走り回るほうがおもしろかった。そのために論文は書けなかった。

米山　その走り回るほうを、いっしょに走り回られた皆さんなので、そのへんのことを少しどうですか。

3　フィールドを共にして

河合　まず西田君やろな。類人猿の研究は一九六一年から本格的に始まりますね。あなたが参加するのは何年ですか。

西田　ぼくは一九六五年ですかね。第四次隊ですね。

掛谷　いちばん最初に大学院生でアフリカへいったのは西邨顕達さんですか。

西田　顕達さんの先に東さん。

河合　それが六二年のアフリカ学術調査隊？

伊谷　六一年です。顕達は六二年ですけど。

西田　ぼくらの同級では伊沢君かな。彼が六三年でしたね。

伊谷　東がいちばん最初ですね。東、豊嶋（西郁）、鈴木、伊沢、亡くなった山田宗視。

市川　そのころは修士のときにいったわけですか。

西田　伊沢君は修士からいったね。ぼくらはドクターです。

伊谷　顕達は学部からいった（笑）。

市川　修士とか学部のときにいった人は、一年落第するとかいうことはなかったのですか。

伊谷　落第したよ。

西田　学生の身分保証とか災害補償とか、全部はじめての課題だったのですね。京都の類人猿調査隊が、海外調査をどういうようにやっていくかというパターンをつくったといえるのでしょうね。

河合　それも非常に大きなことですね。

伊谷　六〇年はぼくは例の『ゴリラとピグミーの森』の旅行ですから、あのときに予察をやって、グドーに会って、グドーはあのときに翌年の春にはゴンベを引き揚げるといったんですね。そのあとへ入ろうと思っていた。翌年いってみたら、グドーはだんだんおもしろくなって居坐ってしまって、仕方がないので南のカボゴ・ポイントという所を選んだ。これはいま思っても大変なことでしたね。とにかく今西さんは電気がなきゃいかん、冷蔵庫がなきゃいかん、冷房がないといかんとおっしゃるものですから（笑）……。

西田　でもあそこにたくさんチンパンジーがいて、うまくいっていればよかったですね。

伊谷　あれがうまくいってたらね。

西田　きみも見たか、ガス・ボンベの跡。
掛谷　もう鉄骨だけになっている（笑）。
伊谷　あの家のあとをニュンバ・ヤ・ジャパニ（日本人の家）といまでもみんなが呼んでるね。
河合　京大アフリカ類人猿調査隊は一九六一年でしたか。そのときに人類班もいっしょに出かけているわけですね。
伊谷　富川さんが人類班の班長で、ぼくが類人班の班長で、今西さんがスーパーヴァイザー。
西田　ぼくがいったときは、霊長類学というのはもうエスタブリッシュされていたわけですね。人類学講座ができて、ぼくらが最初の学生なんですけれども。
市川　しかしニホンザル研究のほうはエスタブリッシュされていたけれども、チンパンジーのほうはそうでもなかったんじゃないですか。
西田　でももう研究方法やチンパンジーの研究体制はできていたわけです。

4　餌づけ成功のころ

河合　西田君が餌づけをして、それから成果としては急速にあがってきたと思うのだけど、あれはいつでしたか。
西田　一九六六年です。

河合　ぼくらは横から見ていて、つらい時代だったと思いますなあ。研究が始まってからずっと、ほんとに野のものとも山のものともわからない、チンパンジーをただ追っかけ回るだけの時代が続き、人にこれといって知らす成果というか、トピカルな成果があがっていかない。あの五年間というのは伊谷さんはようがんばるなと感心して見ていた。猛烈に苦しかった時代やと思うのですけど、どうですか。

掛谷　あのころは若かったですからね。そして伊谷さんがこわかった時代やし……。

西田　こちらも悪かったけどね。

掛谷　カリカリしてた時代ですね。

西田　加納と二人でね。その前の日の夕方、加納がチンパンジーの行列を発見しているわけ。ところが次の日、ぼくらは八時まで寝てたわけです。せっかく見つかったのに、あかんやないかといってね（笑）。

伊谷　河合さんがおっしゃるように、たしかにつらかったね。つらかったけど、あのときほど、いまから思い出してみておもしろかった時代はなかった。

河合　海外調査を長期連続して続けることは非常にむつかしい。いまでもむつかしいですが、何か派手な成果でもあがっておったら、まだやりやすい。それがなくて続けているときには、無形の外圧というのがすごく大きいのですよね。それをはね返していくというのは大変なことだなと思って、感心したなあ。

伊谷　ぼくはこうしてずっと振り返って見ると、餌づけをして、個体識別をして、それを長期に観察をしてということの重要性をぼくはいつも若い人にいうのだけど、ぼく自身がそれを本当にやれたのは高崎山の数年間だけなんですね。さっき恥ずかしいといったのは、そのときの仕事をあまり出してない。まだぼくのフィールド・ノートの中で手つかずのままになっていて、あれを整理しなおして発表しなければならないと、そればかり思うのですね。この本筋の仕事をチンパンジーでいちばんよくやってくれたのが西田君や加納君なのですが、結局高崎山のあとぼくが何をやったかというと、ぼくはそういうインテンシヴな仕事はおもしろいし、だいじだし、自分でも興味があるのですが、なにぶんにも時間が許されないでしょう。だんだん年をとるに従ってできなくなるし、許されなくなる。だけど一方で、エクステンシヴというものがあるのやね。これがまたものすごくおもしろい。河合さんがさっきおっしゃった苦しい時代というのは、そっちのほうで発散させていったのですね。だいたい加納と二人で九州ぐらいの所を足で歩き回っていたわけですからね。西田君も同じ所を歩いたんやけど、いま思ってみて、えらいことやっとったものやなと思いますね。

掛谷　そういう意味でサファリというのが伊谷さんをとらえるときのひとつのキーワードのような気がしますね。

河合　掛谷君はいつからでしたか。

掛谷　ぼく一九七一年です。七一年から七二年にトングウェに入ったのですが、七一年の四月から三ヵ月間伊谷さんといっしょです。

河合　市川さんはいつからでしたか。

市川　ぼくは一九七四年に……。最初に原子さんがピグミーの調査に入ったのは七二年でしたか。そのあと丹野が七三年から七四年ですね。七四年、七五年とぼくが行ったんです。ぼくのころになると伊谷さんは表だって先頭に立って何かするということもなくなってきて……。ぼくも加納さんの科研費の隊に参加して行ったんですけれども。

河合　サファリというのはまさに真骨頂なんだけど、おもしろい話があってね。ぼくも昔は腹を立てていた話を披露しようか。一九六〇年代というのはぼくには最悪の年で、体をこわし、すごい発作を起こしたりして何度も死にかけていた。だけどやっぱりアフリカをやりたいでしょう。それでテレメーターの開発をやった。傷病兵ばかりでやったんです。東が東ウイルスにやられて、ごそごそしてましたしね（笑）。吉場が心臓、腎臓、肝臓とやられていた。とにかくテレメーターをつくって一九七〇年にウガンダのキバレの森へいったんです。そしたら伊谷さんがぶうぶう言いましてね。「あいつらなんやねん。目に見えへん電波みたいなもんピューピュー飛ばして、そんなもんでサルの行動わかるか。わしはもう歩いて歩いて、歩いてこましたる。おれはリュックひとつや」と豪語しているわけです（笑）。あいつら、ずるい、ずるいといって怒るわけ。なんにもずるいことないのやけど。

伊谷　テレメーターは河合さんだけではないでしょうけど、あれを開発したのはたいへん大きな業績でしたね。ちょうどあのころやったね、開発は。

河合　六七年ぐらいからやりだしたんです。いまはほめてるけど、あの当時はぼろくそにいいよった！

伊谷　最近ではあれを使うのはあたりまえやと、おれでも思っているさかい腹も立たへん（笑）。

河合　技術的なことは安藤滋さんが全部やってくれたんだけど、いまだにあのとき開発した技術的なことから一歩も出てません。ただ電池が良くなったとかはありますけど、ほかはほとんど進んでいない。そのへんは大変残念ですね。

掛谷　伊谷さんにはわりと激昂したような文章は少ないけれども、あれは『高崎山のサル』の思索社版の後記に書かはったのでしょう。機械に身を売って……というやつを（笑）。

河合　そのころはチンパンジーは軌道に乗ってたわけですよね。六七年ぐらいに始めたから、もう近く餌づいているし……。

掛谷　西田さんがチンパンジーを餌づけたころというのは、ぼくはよく覚えているのですが、大学の四年目やった。伊谷さんの部屋へいったときに、ちょうど西田さんからの電報が着いたときでね。餌づいたというやつが。えらい興奮していて、何が何やらわからんけど、大変なことが起こったのやなと。

西田　それはエアメールと違うか。

掛谷　いやいや、電報がきてましたよ。二回目のときやったかなあ。

伊谷　電報がきたよ。

河合　どういう電文だったのか、興味津々や。歴史的な電文だから披露してもらわんならん。

伊谷　調べてみたら出てくるでしょう。残していると思います。

掛谷　内容はわからへんのです。興奮だけ伝わってきて、何かえらいことがあったのやなということで……。

伊谷　しかし、西田、伊沢、加納と三人、ずうっといっとるやろ。最近と違って年度をこえていっているわけやから長いのですよ。それでいろんなことがありましたけど、むこうからくる手紙というのは、ぽいと机の上に置いてあるやつを封を切るのもいやなんやね。もうそれはディマンドばっかりですわ。あれ送ってくれ、これ送ってくれ、やれ腹痛起こした、何を起こした。それでもあのころいちいちそれに対処して一生懸命やってたわけです。ところが年末だったかな、テープレコーダーのロールを三つほど送ってきよった。三人で酒飲んで、文句をいっぱい吹き込んで（笑）……。それ聞いてるうちにほんとに腹が立ってね。むこうの気持ちはわかるけれども ね。だからうれしかったですね、朗報が届いたときは。

米山　それはどこかに記録を残しとかんならんね。

伊谷　うちにありますわ（笑）。

米山　伊谷記念館というのをつくればいい。

西田　しかしあのころは苦しかった。金がなくてね。いちばん懐かしい時代ではありますが。

掛谷　科研費に移ったのは、いつの回からですか。

伊谷　一九六一年が科研費です。

西田　六一年には寄付があったんですよ。六五年にはもうなかったですね。

河合　そのころは科研費といったって、半分補助するとか、まさに補助金でした。いまは全部科研費でやれるようになってよくなりましたけどね。

伊谷　あのころはドルが高かったのでね。しかし一日三ドルです。どうしようもない。

西田　六五年からはそれぞれ三つのフィールドで人を雇っていたでしょう。

河合　金がないというのは、ほんとにつらいですねえ。

西田　ぼくはフィールドでずっと時計がなかったですものね。金がなくて買えなかったから。一年後カソゲにこられたとき、伊谷さんがあきれて、買ってくれはったのですが、またすぐ落としてしもて、申しわけなくて伊谷さんに内緒。そのあと、また時計なしで過ごしました。あれはまずかったな。

伊谷　それでも論文はできているから不思議やな（笑）。

西田　助かりましたよ。観察時間を書かなくても論文を受けつけてもらえたから。いまやったら観察時間わかりませんいうたら、論文を載せてくれませんよ。

5　生態人類学の始まり

河合　伊谷さんが生態人類学の方向に向かいだしたのは田中二郎君のブッシュマンを出発させたときですか?

伊谷　あれは田中二郎君が自発的にいったのですが、狩猟採集民をやりたいというのが彼のいちばん最初からの念願でした。一九六〇年にぼくはウガンダ南西部でトゥワ・ピグミーに出会っているわけですね。あのとき正直いうとゴリラには二〜三回しか出会ってないのだけど、毎日ピグミーといっしょに生活していて、ピグミーのほうにほれこんでしまったわけです。だけどそれどころじゃない、こっちにはまずかたづけなければならない類人猿の仕事がありましたから、それから一〇年間は全然人のほうに目を向けることはできなかった。本来なら富川盛道さんが狩猟採集民をやることになっていたのです。ところが彼は彼で遊牧民のほうにほれてしまったでしょう。それで、これはだれかがやらないといかんといっていた矢先に田中二郎がカラハリに行ったのです。二郎は、ぼくがアフリカから帰って家に着いた夜、電話をかけてきました。

河合　あれ何年でしたか。

伊谷　一九六六年じゃないかな。「なんやおまえ、どこからかけてるのや」といったら、「横浜です。これからカラハリへいきますから、旅費片道しかないしね、帰り頼みまっせ」というて、ガチャンと切ってしもた(笑)。それから金集めにかかって、いきがけは船でいきよったんですが、帰りの飛行機運賃を送りましてね。

彼の研究が始まって、西田君の基地ができて、片眼でトングウェを見ながら——西田君もトングウェの資料をずいぶん集めているのやけど――これをやらないかんというので掛谷を引っ張り出した。あのときの写真がまだありますけど、スタンレーとスピークとバートンの碑の前で写真を撮ってたんですが、スピークとバートンがタンガニイカ湖を発見してからちょうど一〇〇年目やったね。

掛谷　そういう流れは、どこかハーヴァードのグループの仕事の進め方とパラレルなところがありますね。ウォッシュバーンがおって、ドゥヴォーはヒヒの研究からブッシュマンの研究へと展開させ、それに二郎さんがからんでいる。あれは一九六八年でしたかね、『マン・ザ・ハンター』というのが出ましたね。伊谷さんもどこかでむこうの動向を眺めていたようなところがあったですね。

伊谷　というより、人類学の中ではウォッシュバーンのところとはどこか体質的に似ているんですね。

掛谷　二〇年間ほぼ同じテーマを追っているのですからね。

伊谷　日本には今西さんがいて、アメリカにはウォッシュバーンがいて、むこうにドゥヴォーがいて、こっちにぼくたちがいて、人類学的発想というか、普通の霊長類学とちょっと違って、少なくともエソロジー一本槍ではなくて、アンソロポロジーのほうから伸ばしていこうとした。

河合　そのへんはわりにパラレルに進んでいったものに対して、伊谷さんらのグループは、狩猟採集民、遊牧民から農耕民まで同じ方法論でおこなったのが特色です。サル学をきちっと下敷きにして、そのうえにまさに生態人類学という名にぴったりの方法論を確立させ、それを用いていろんな生業を対象にうまく展開してきた。そのところが外国の連中とはだいぶ違うのじゃないですかね。ブッシュマンについては、むこうにもかなりエコロジーの仕事があるけれど、それからの発展があまりないように思うのです。そういう意味では、伊谷さんらのグループのほうがもっとホミニゼーションという下敷きがコンクリートで、レールがしっかりしていたという気がするけどね。

掛谷　はじめに伊谷さんとトングウェをやるとき、その前にじつはブッシュマンを科研費で計画したんですね。ちょうど大学が荒れているときでしたけど、それが落ちて、それでヴェンナーグレンに申請した。チンパンジーとトングウェの研究ということで通って、いったんですね。ぼくは何でもええからおもしろいものやりたいという気持ちでしたけれどもね。初めはホミニゼーションとかいろいろいうとったんやけど、トングウェへいったらホミニゼーションとの関係がようわからへん。なんでやろかと考えたら、要するに伊谷さんがほれとったわけですよ。そのほれた部分にぼくも共鳴して、それに乗っかかって生態人類学でやってきましたけれどね。もともと、なんでトングウェやいうたら、伊谷さんも書いてはるけど、あまり理論的必然性はあらへんのやと。あとから見たら必然になっておるのですけれどね。

河合　それがやはり伊谷さんの直観力だと思うのだけれど、直観のときは理屈はないのですよ。ほれることもすごくだいじなんだけども、やはりなにか洞察力があって、どこかに必ずうまく到達するだろうという、無形の放射線がバッと先にいっているというか、そういうところが、この人にはすごくあると思うな。

伊谷　ほかの人類学と違う点というと、ぼくたちは自然との接触の度合がとくに強い。バイオロジーなら知ってるけど、人間のほうはあまりようわからんものですから、自然の方からやったらなんとか解けるやろうと。トングウェのときも、これは自然にどっぷりつかった連中だから、これならだいじょうぶやれるという確信のようなものですね。

西田　伊谷さんはサファリなんかでトングウェのことは昔からよくごぞんじだったと思うのです。ぼくなんかはあまり山のことを知らないカソゲの住民としかつきあいがなかったですからね。サファリで会うトングウェはもっと自然の中で動いていて、そういうところを伊谷さんはよく見てこられたのだと思います。そうでなければ、トングウェはあまり調査をする気にはならんでしょう。

掛谷　そういう意味からいえば、六〇年代というのは、伊谷さんがチンパンジーでいちばん苦労して歩き回らはったときですね。あそこでミオンボ・ウッドランドというやつがしみついて、あとで伊谷さんも結果的にええ所を選んだというてはるけれども、ミオンボ・ウッドランドという所があらゆる要素を含んでいるような場所で、そこで出会ったものを、後に湿潤な要素のほうは森林へ、乾燥の部分はトゥルカナへというふうに展開した。結局、伊谷さんにとってのアフリカの根っこは、ミオンボ・ウッドランドやと思うのですがね。

西田　やはり伊谷さんにはそういう広く歩き回った経験があるから、広い視野が生まれるのでしょうね。ぼくも後年は少しは広く歩くようになって、そういう感じはよくわかるようになりました。ところで、カソゲのチンパンジーの縄張りは意外に狭いんです。ところが加納君やらが調べた内陸ミオンボ地帯のチンパンジーは何百平方キロも動きまわるといってますわね。そういう乾燥地帯のチンパンジーはまだぼくらはやってないのですけど、やはりあっちもやってみたいという気は強いですね。

伊谷　あれはやりたいですな。来年、再来年と思っているけど（笑）。

6　今西隊を継いで

河合　もうひとつ、伊谷さんにとってそういう意味でしんどかったのは、はじめの一九六一年のカボゴの大基地計画のころじゃないかな。人類班とサル班とでき、それを一本化する体制を作ろうとした。ところが科研費だけではやれない。大部隊を支えていくのに一回や二回は偉い人の大募金でやっていけるけども、ほんとに実質的なものをどう支えていくかということになったら、連合体制ではあのころは理解されないのですよね。だからほかとの関連を切るものは切って、自分らの道だけを、絶対これだけは支えんならんという決心をしたときが、いちばんしんどかったときじゃないかと思うのだけど、どうなんですかね、伊谷さん。

伊谷　実質的には最初から陣頭指揮をずっととっていたけど、一九六五年かな、今西さんからバトンを渡されて、そうしてみてはじめて代表者のしんどさというのは身にしみましたね。しかも、うまくいってるときならええけどね。その前に今西さんが一九六四年に行って、たしかカサカティまでいかれたんですね。亡くなった川辺君が、どうもチンパンジーが餌を食いよったといっていた。じつは餌を食べたのはチンパンジーではなかったことがあとでわかったのやけどね。今西さんは喜んで、自分の在任中に餌づかなんだら世間に対して申しわけが立たんといって、それでキゴマで餌づけ成功の発表をしやはったわけや（笑）。

西田　朝日新聞か何かきてたんですか。

伊谷　手紙やったか何やったか、とにかくいちおう発表しやはった。ところが、どうも違うのやな（笑）。そのあとを引き継いでますから、しんどかった。ただ一九六五年に、鈴木君といっしょにやったフィラバンガでの行列の発見がありまして、あれはほんとにうれしかったね。わりに運がいいのですね。

河合　運がいいというけど、五年目にやっとチンパンジーの行列の発見でしょう。やはりそこまでいくのには、すごくしんどいことだったと思いますよ。だけど、そういう事件をきっかけにして一挙に展開していくというのは、おもしろいものですね。それまでの無茶苦茶にしんどい足どりが、あるひとつのきっかけで予想外の進展を見せるというのは、フィールド調査をする者にとってはだいじなことですよ。

伊谷　しんどいのはやはり役に立っているのでしょうな。

河合　それはそうですよ。それだけの間にいろんな知識を得ているわけだから。ぴしっとした、目に見える成果とはいえないけれども、すごい成果を蓄積しているわけですね。ところで、ピグミーの研究が始まるのはいつごろですか。

市川　最初にいったのは原子さんと伊谷さんでしたね。

伊谷　一九七二年です。

市川　最初カソゲへいって、それからタンガニイカ湖を渡っていったんですね。

西田　まだあのとき掛谷もいたのか。帰る前やったんやな。

掛谷　ええ。帰る前で、いっしょに出て、ぼくらはキゴマからダルエスサラームへいって、伊谷さんらは……。

伊谷　ムルンビという汽船でウヴィラへ行って、それからルウィロまで行って……。

掛谷　あそこでザイール製のビールを飲みましたな。

伊谷　もう船が出かけてるのに、武田が船のバーでビール飲んどって、もう少しではまりかけた（笑）。

市川　武田さんもザイールへいったんですか。

西田　いや、彼はトングウェの蜂蜜採集をやったわけや。

伊谷　あのときのことは、今でもよう忘れんね。船がこうやって離れていくでしょう。ふっと気がついたら、もう岸壁との間にものすごく幅がある。武田はデッキをましらのごとく走ってきて、かろうじて（笑）……。あのまま戻れなかったら彼はパスポートもなしでしたからね。あの旅は、原子先生も大変な相棒でしたね。

市川　あれはどういうルートで入ったのですか。

伊谷　ウヴィラからルウィロへいって、ルウィロからゴマへいって、ゴマからブニアまで飛行機でいった。ブニアから車を雇ってモホヨ。

市川　じゃ戻ったんですね。モホヨは南のほうでしょう。

伊谷　イルムのちょっと先や。そこから徐々に森に入っていった。テントは持っているけども、毎日毎日豪雨でどうなることかと思ってね。相棒は小回りのきく人と違うしな。

掛谷　しかし、イトゥリへいくことになったのは、神田のカントリーかどこかで原子さんと飲んでて、二人で歩こうや、ということでしょう。

西田　まだ京大に移る前ですよね。原子さんが東大の大学院に在籍中のころです。

伊谷　まあ約束を果たしたわけですけどね。

西田　あれはしかし、ザイールを横断するという話だったでしょう。

掛谷　コンゴ盆地を横断するという（笑）……。

西田　あれもおもしろい時代でしたな。

伊谷　いまちょうど『民族学研究』の例の生態人類のレヴューをまとめているのですが、古い業績をたどって見るとおもしろいですね。生態人類の流れは三つあるのですね。まず、今西さんの『遊牧民そのほか』とか、梅棹さんの「草刈るモンゴル」とか、あの一連の流れですね。それから、興安嶺もポナペも、あのへんは明らかに生態人類学なんですね。あのあたりにひとつ根があって、もうひとつは渡辺仁さんのアイヌに始まる流れ、これは東大理学部のほうですね。それから勝沼晴雄さん、鈴木継美さんたちの公衆衛生のほうからきた東大医学部人類生態の流れと、東大のほうはどちらかというとバイオロジカルで、客観主義的、量的分析ということを重視する。京都のは無茶苦茶なんや（笑）。

三つの柱があるのですけど、そのあいだに人的交流も起こって相互に人間が動き、テーマも交錯してくるのですね。ぼくは、日本の生態人類学はいつの間にかちゃんとバランスをとってやってきたような気がしますね。

7　共有するサファリ体験

掛谷　市川はずうっと一人で、伊谷さんと歩いたことはなかったのかなあ。

市川　ぼくはアフリカで伊谷さんと歩いたサファリをいっしょにしたことはないんですね。

掛谷　ガリッサへいって、ひっくり返った車のサファリだけやね。

市川　その事故のころはケニアにいた。

掛谷　そうすると歩いていっしょにサファリしたのはぼくらまでやったのかな。

市川　丹野がイトゥリで一緒に歩いています。ずっと新しくなれば、太田たちがトゥルカナではいっしょにやっている。

伊谷　近ごろはシニアの人がたくさん出てきて、ぼくのところの若い連中といっしょに仕事をしてくださってるけど。市川ともいっしょに歩いているのやで。

市川　沖縄の西表の山を歩きましたね。加納さんが沢で滑って転んだとき（笑）……。

伊谷　だからフィールドをいっしょにやろうという人とは、たいていどこかで歩いているのですよ。
西田　高畑あたりとは、もういっしょに歩くことはなかったでしょう。
伊谷　高畑は嵐山におったから、話だけ聞いて感心だけしてましたけどね。太田とはこの数年よう歩いたね。
掛谷　ぼくなんかが歩いたときが、伊谷さんのいちばん調子のええころやったのやないかなあ。
伊谷　ぼくはいくつぐらいやったのかな。四四歳か四五歳のころやね。
西田　ピークでしたね。
伊谷　高崎山のころはもっと若かったし、五五年から掛谷君といっしょにいったころまでですね。アフリカ人がぼくにあだ名をつけて、ガリ・ラ・モシ――たばこ吸いながら坂をどんどん登っていくというので蒸気機関車とつけよった（笑）。それからカサカティではブワナ・ウペポつまり風の旦那と呼ばれていたことがあった。
西田　ぼくらは劣等感を持ってましたね。こちらは二四歳、伊谷さんは三九歳。それでいて、伊谷さんの方がはるかに強いのや。山を歩いていても、全然追いつけないしね。しかも、いちばん最初に入ったときに、伊谷さんが迎えにきてくれはったわけやね。イラガラという所まで、朝の三時か四時に起きて、三〇キロ歩いて……。ぼくらはキゴマから車で着いて、伊谷さんが迎えにきているとは知らなかったわけやね。そこから入ろうとしたら伊谷さんが迎えにきているので、「じゃ、きょうはイラガラに泊まりましょうか」といったら、「いや、カサカティに帰る」といって、甘い紅茶を五杯飲んで、マハラゲ（豆）を一皿食べて、いっしょにまた入ろうというんですよ。三〇キロ歩いてきて、紅茶五杯と豆一皿食べて一時間ぐらい休んだだけで……。それで、ぼくははじめの一〇キロぐらいは調子よかったのね。ところが鈴木さんが熱を出してね。
伊谷　日射病や。

西田　彼のリュックを「担ぎますわ」なんてええかっこして、そしたら担いだとたんにだめになってしもてね。伊谷さんも鉄砲やリュックを持ってはるわけ。それでもう足をひきずって、三〇キロメートルを八時間かかってほうほうの体でやっと着いたけどね。

伊谷　夕方、ライオンが出てきたな。

西田　ライオンが鳴きました。それからゾウが三頭……。伊谷さんは、アフリカに馴れたらすぐ歩けるようになるわと慰めてくれたけど、やっぱりずっと伊谷さんのほうが速かったし……。

伊谷　そんなことないよ。

西田　そうですよ。

伊谷　あの日射病は洗礼みたいなものやな。原子さんも、加納もなったし。

掛谷　ぼくもいちばん最初のときに伊谷さんにいっしょにいってもらって、一年後に会うたわけですよ。キゴマで会うたら、まあせわしないこと（笑）。なんというおっさんやろと改めて思って。トングウェと街の中を歩いても速いわけや。そしたらアフリカで怒られはるわけよね。「ムウェンド・ニ・ポレポレ」、つまり人間はもっとゆっくり歩くものやいうて伊谷さんが怒られはって、ぼくもざまあ見ろと思ったんやけど（笑）。サファリのときも人を選んで、足のペースがいちばんあうアリマシやらハルナが先頭を行く。伊谷さんに後ろについてもらうと、彼らははりきりよるからね。ええピッチで、えらい先を歩いてましたな。

河合　それは伊谷さんの、真骨頂で、若い者に絶対負けるものかという気分がものすごく強かったと思うね。おかしい話があってね。竹下完君が山へついて行って、伊谷さんがものすごく速く歩くので、竹下君も負けんようにに必死になってついて行く。そしたら飛ぶように山を歩くわけですね。それでも必死になってついて行った。

そしたら、「もうくるなっ、おまえがくるからクソでけへんやないかっ」(笑)。どこかに隠れてやろと思って必死になって歩いとるのに、竹下がついていったので、伊谷さんが困りはてた。

掛谷　一九七二年にルグフ・ベーズンの縦断をしたとき、アリマシがトップで、伊谷さんが二番で、そのあと武田君がピッタリついてましたね。一メートルも絶対あけよらへんかった。ぼくは感激したんやけどね。

西田　だれかに聞いたよ。伊谷さんがちょっと木の上を見たら、武田も、こうやって見る(笑)。

掛谷　感心やと思うけど、伊谷さんが上を見たら、彼もパッとフィールド・ノートを出して構えよるわけ。それで「何ですかっ」と聞きよるのや。伊谷さんは、これは何の木やとかいうてはるのやけど、下を見たら、また武田君はワッと下を見て、そしたら動物の糞か足跡がついとるわけですわ。「何ですかっ、何ですかっ」と聞いとる。伊谷さんはだいたいちゃんと教えはるのやけれど、ときどき「う、うん。う、うん」といって、聞いてもヒュッといきはるわけや。武田君は残されてポーッとしとるのやけど、あれ伊谷さん、ダイヤモンドを探してはるわけやね(笑)。何かええもんないか、それで金をもうけたら、金に苦労せずに調査を続けられるいうてね。まあ見つかったためしないのやけれど、なんや知らん、探してはるわけです。そのときだけ教えはらへんわけや、ウーン、ウーンいうてね。

西田　そうか。初耳やな(笑)。

伊谷　よう探しましたわ。こんなに金で苦労するなら、ダイヤモンドか金があったらいっぺんで事は済むと思って……。ようけ持って帰って、みんなただの石やいわれて(笑)。

掛谷　光るものにちょっと弱いのやな。

伊谷　しかし、あの辺ほんとに出るのですよ。

8　めんどう見のよさ

河合　米山さんは伊谷スクールとのつきあいは長いのだけど、横から見とって感想はどうですか。

米山　いちばんぼくが感じるのは、めんどう見がいいということ、これは皆さんも、お感じになっていると思いますけども、ほんとにめんどう見がいいですね。ぼくもアフリカははじめからしまいまで、手取り足取りみたいな感じで教えていただきました。微に入り細にわたってという感じなんですが、そのへんの親切というのかな、これはなかなかまねができないですね。それがやはり、皆さんのひとつの伝統になっているのじゃないかと思うのです。それは、はたから見ていて、いちばん感じるところですけど。そのへんがある意味で今西さんと違うのかもしれんけどね。今西さんもめんどう見がいい面があるのかもしれんけれども……。

河合　見られるのが好きですね（笑）。

米山　伊谷さんは見られるのはものすごくシャイやね。

河合　そうですね。そのうち好きになってくるのですけど、まだだいじょうぶや。

西田　ぼくは最初に行って、たいへんしんどかったころですよね。いまでも覚えていますけど、餌づけする前、三人がばらばらに行ったわけでしょう。餌づけして、なにしろうれしかったのは、伊谷さんが喜ぶやろと、それでしたね、ぼくらは。これで伊谷さんが喜ぶなと思ってね。

伊谷　しかし、あのときはぼくにとってみたら大決心でしたね。三人の元気のいい有望な人を預かってきて、カサカティにおってうまいことといかへんわけですね。一人一人をどこへ封じるか。封建社会みたいなものや。

掛谷　土地を与えて（笑）……。

伊谷　あそこには土地は無限にあるような錯覚を持ってたからね。

西田　よかったのと違いますか。

伊谷　どこに封じて、どこを守らせるかというわけやね。それで西田君がカソゲへ行ったし……。

西田　ぼくはほんとは未開民をやりたかったんですね。アフリカではまずチンパンジーをやって、それから未開民と思っていました。だからうれしかったわ、カソゲで。

伊谷　伊沢は何年もカサカティをやってきたから、とにかくここで仕事を完成しろ、加納は、ぼくらが行列を見てきたフィラバンガという処女地があるから、そこに入れと。ところが加納のところがいちばん苦しかったというわけですね。

西田　加納は、伊谷さんが日本に帰ったあと、嘆きました。「おまえはええな、なんでおれはこんなところを……」と、毎晩嘆いてました（笑）。

伊谷　あまりに広すぎて、チンパンジーがどこかへいってしまった。いたのははじめだけでね。二度目にいったときに、「おまえ、そんな広い所を歩くのが得意になったのやから、チンパンジーの分布域を全部歩け」といったら、あのときもがっくりしてよったけど。ところがその三人が、一人はマハレでチンパンジーの大基地をつくってくれた。加納が世界で最初のピグミーチンパンジーの研究を軌道に乗せた。

西田　あれは彼の経験を完全に生かしましたね。ピグミーチンパンジーの調査の最初にずうっと広域調査をやったでしょう。

伊谷　エクステンシヴからやっているわけや。

河合　あれは何年でしたか。

西田　彼は一九七三年ですよね。餌づいたのは七五年ぐらいか。もうちょっとあとか。

掛谷　西田さんが七二年にきはったときに、ちょっと……。

西田　二月ごろにいって、その次の年に……。

伊谷　伊沢はアフリカから南米へ転進したけど、いまちょっと集中して伊沢の仕事を読ませてもらっているのですが、パイオニア的な仕事から始めてずいぶんいい成果をあげているのですね。南米では一九七五年ぐらいから業績があがり始めるわけですが、あそこもやはりパイオニア的な仕事で突破口を開いているのですね。この三人のことを思うとカサカティでの隊員会議のことを思い出します。

9　その学問

掛谷　きょうはちょっと、伊谷さんの学問の批判もせなあかんのと違うのですか。

河合　どうぞやってください。

伊谷　ぼくは歩くことしか能がない（笑）。三浦泰蔵（京大助教授）がいつでもいいよる。「この人はな、歩くしか能がない。あと何も知らへん。算術は知らへん。英語は知らへん、機械はあかん」。

河合　ナチュラリストとして徹したというところが、かえって強味だったのじゃないですか。算術いじくったり、機械いじくったりしなくて、徹底的にナチュラリストだったということですね。

伊谷　ぼくは、いまでも数を並べてもらっても信用しやへんもの（笑）。

西田　伊谷さんも少しぐらいは数字並べてはったのと違うかな。

河合　けっこう並べてるよ。

西田　キャラメル・テストとかね。

河合　初期の仕事では、よう数字も並んでる。

伊谷　足し算と引き算で表現できるぐらいやったらかまへんけどね。

西田　ローレンツはひとつもないわけですね。表も何も使うてないね。

河合　あの人は徹底的に質でいったから。量のほうをまったくほったらかして……。

西田　そのかわり詳しく見てますわね。

河合　そのことは今の若い人に注文したいところですね。量的な表現ということに重点がかかりすぎている。数字を並べたら、確かにひとつ説得するものはできるけど、いちばんだいじで基本的な質的なものが抜けるおそれがありますね。

掛谷　伊谷さんのニホンザルの仕事から、チンパンジーの仕事、人間の仕事と通して見たときに、はじめにありきという視点からいえば、ニホンザルからチンパンジーまで続けている側面というのがひとつあるでしょう。たとえば社会構造論がそうやし、インセストの問題なんかもありますが、つながっている部分と切れるところがありますね。

伊谷さん自身の調査の基本には、自然への博物学的な関心があるけれども、理論的な面でいうたら、サルの仕事では、アダプテーションを切って社会構造論で通してはるでしょう。それで人間のほうでは、別にアダプテーションをそれほど強調はしないけれども、もう少しエコロジカルなところに焦点を置いてやってはりますね。根もとは自然誌的なというか、それこそ人間も含めた自然学として展開してはるのやけれど、そこらへんの部分はどうなのかな。

河合　むしろ、ぼくもそれをいちばん聞きたいけど、じつはあまり聞かんとことも思っているのですよ（笑）。それは伊谷さんの意地やと思っとるからね。人類学のほうは徹底的にエコロジーを基礎にして研究が続いている。サルのほうも、関心ないことはないのですよ。徳田（喜三郎）とやった高崎山の初期の遊動の仕事なんか非常にいいものですよね。ところが社会構造論はエコロジー抜きで押しまくってやろうというのだろうと思うのだけれども、その辺のギャップは本人にちょっと聞いてみたいですね。

掛谷　きょう、ちょっと攻めてみてもいいですね。

河合　どうぞ。

西田　ぼくもそう思うのです。

掛谷　きょう伊谷さんを攻めるとこ決まった（笑）。

伊谷　どうぞ。

掛谷　サル学のほうについては、ニホンザルからチンパンジーまで、『霊長類の社会構造』では、伊谷さんは最終的に適応とかエコロジーを切って徹底的にソシオロジーで押してはりますわね。ずっと押し通しているけれども、人間のほうでは、むしろエコロジーで押してはる。ぼくらつきおうている感じからいうたら、人間も含めた自然学、自然誌というのがぴったりやと思うんです。そこに根もとはあると思うんですが、サル学では社会学で押して、人間のほうは徹底的にエコロジーで押していますよね。そこら辺の切れかたとつながりかたというのは、伊谷さん、どうですか。

伊谷　今西さんにわりあいに似てしまったと思うんですね。アダプテーション嫌いというところが似ていると思うんです。それは今西さんは前からおっしゃっていたけれども、ぼく自身も悟りがありまして、そういうことになったんやけどね。

掛谷　その悟りを聞きたいわけですけれど。

10　適応への不信

伊谷　だから今でもたいへんアダプテーションに対する不信感がある。いまソシオバイオロジーにしましてもアダプテーション一本槍です。アダプティヴ・アドヴァンテージ、アダプティヴ・ストラテジーと、それは何かというと、結局ネオ・ダーウィニズム。それから片方ではポピュレーション・ゼネティックス、その辺がいっしょになってくるわけですが、これは小進化ですね。ぼくはあくまでも小進化をやっているわけではない。ぼくがやっているのは種間、属間、科間の比較ということです。

河合　アダプテーションというのは小進化でなくて……。

伊谷　小進化の基礎理論になっているのはアダプテーション。

河合　アダプテーションというのはもともと大進化の理論。

伊谷　そうではないです。小進化です、今やられているのは。

河合　というふうに伊谷さんはとっているということやけども（笑）。

西田　自然淘汰説には反対なんでしょう？

伊谷　自然淘汰説はあまり賛成でないですね。淘汰というものを全面的に否定するわけではありませんけれども、たとえば今アダプテーションといわれている雑多な現象の中で、ぼくが反感なしに受けいれることのできるのはカルチュラル・アダプテーションだけなんです。もちろんフィジカル・アダプテーション、高所適応だとか、冷水に対する適応だとか、いろんな現象があります。だけど、ぼくたちはそんな現象を扱っているわけではない。ビヘーヴィア、あるいはソシオロジーをやるということになると、アダプティヴだといわれている現象のほとんどはその種やその種社会の属性なんですね。しかも言われているアダプタビリティーの幅は非常に広い。属性であってかつ幅が広い。その中で問題をひねくってみても何にもならんというのが率直な感想です。ところがカルチュラル・アダプテーションは明らかに違う。これは生得的なものでありませんし、それを身につけることによっていくらでも適応度があがっていくのであれば、それはそれなりにぼくには納得がゆくわけです。だけど、種の属性としてのいろんな行動や習性などに対しては、ぼくはアダプティヴという言葉は使いたくない。

米山　その辺で人間とサルとの扱いの違いが……。

伊谷　だけど、ぼくはナチュラル・ヒストリーは非常に好きなんです。その欲求不満を人間に求めて、人間のすることならカルチャーの所産やから、なんぼやったってかまへん。もちろん霊長類に対してもエコロジーへの関心はありますが、こっちのほうはむしろ社会構造、その種間の比較学をやっていこう、種間の比較ということになると当然大進化の問題ですから、今西さんがいっておられるように、ソシオバイオロジスト流にそう簡単に変わってもらっては困るのです。こっちはむしろ、できあがった種間の比較からその歴史を見出してゆこうというわけです。とにかくここにはソシオバイオロジーに関心のある人が二人もいはるから、市川君は最近だいぶはずれたらしいけど（笑）、ちょっといいにくいのですが、やはりぼくはリダクショニズムの道はとりたくない。上山（春平）さんが東京でのシンポジウムのときに話されたことですが、ぼくがやっているのは個体以上の問題であり、ですからバイオロジーでなくてソシオロジーである。と同時に比較はヒストリーである。そういう割り切りかたですね。ほかにやることはいっぱいあると思いますが、ぼくはそれをやる。だから非常にすっきりしているんです。

掛谷　ぼくもエコロジー、エコロジカル・アンソロポロジーというような話をしているときに、よくわからん部分もあるのですが、伊谷さんの場合にエコロジーというのは問題発見のための基本的方法として、体にしみついたところでやってはるのやないですか？

伊谷　問題発見というよりも、たとえば新しく手がける霊長類の種だったら、そしてそれについてほとんど何も知られてなければこれはどうしようもない。だから何でもやらなければいかんということになります。それはナチュラル・ヒストリーからのスタートということになりますね。人間の場合はカルチャーというぶ厚い着物を着ている相手の実態をつかまえなければならないから、手をかえ品をかえして手がけなければしようがない。だけど、人間のほうはまだ困っているんです。いったい何を比較の基準にしていったらいいのか。だから、旱魃という人の生活の限界状況もそうだったし、あるいは極乾燥帯とか、そういうぎりぎりのところをやろうとするわけですね。熱帯多雨林にしてもそうです。自然条件の非常に厳しい所、人間が生きていけるかどうか、そこまで生きている人たちから何か啓示が得られないか、そういう視点がつねにありましたね。

掛谷　極限の人類学みたいなことですね。

伊谷　そうです。それが目的ではないけれども、そこまでいかんとわれわれの踏み台がしっかりしないというかな、方法論的な基盤が非常にたよりないという不安感を消去するために、そういうところを歩んできたような気がしますね。

掛谷　そういうことと関連して、こんどイギリスで話されるわけですが、われわれとしては、伊谷さんにどういうことを話してもらいたいのかということともかかわってくると思うんですね。伊谷学の本質はいったい何やということなのですが。

河合　伊谷さんのいいたいことはよくわかったのですけれども、ホミニゼーションというレールの中では、そこまでバツッと切ってしもうたらまずいんじゃないですか。まったく種の属性なんだといわはったけれども、インネートの性質がなぜできたのかということは、それだけでは説明できない。生物が生きていくためには環境というものがあるわけでしょう。それをぬきにした思考法は観念的になりますよ。

伊谷　もちろん環境を無視するわけではないのです。

河合　伊谷さんの考えかたは、環境との対応でどんどん種が変わっていくというような安易な見かたではなく、もともと持っている古来からの本質的なものが環境とどうかかわっていくのかという問題設定ですね。けれども、むしろもう一歩進んでそのかかわりというものを切ってしまって、現在種が形成している社会構造を比較し、その中から進化の法則を見出そう、そういう立場ですね。

伊谷　そうです。

11　文化をめぐって

河合　それと、さっきの人間のカルチャーの問題、それもようわかるんだけれども、やっぱりホミニゼーションとつなぐためには、そうあっさり捨象してしまっていいのかな。

伊谷　そうです。つなぐところはほとんどこれからの問題なんですね。じっさいにつないでいた種は死に絶えているわけですから。

河合　そこのところをつなぐためには、今のところでは類推するしかしょうがない。

伊谷　類推というより、単なる類推では困るのでね。

河合　類推というのは事実をふまえたうえでのことは当然で、フィクションではない。

掛谷　すると、伊谷さんのカルチュラル・アダプテーションには関心があるという話と、極限のところをやってきたということでいうと、つまりホモ・サピエンスの幅の両極端を見きわめて、そこからいったい人間はどういうふうにとらまえられるかといういちばん大きなスタンド・ポイントというか、そういうものをまず押さえんと、まだようわからんということですか。

伊谷　ただ、もうデータはだいぶ出ているんですね。その辺はわりに安心していけるんやないかと思いますけどね。ただ、人間の持っているいろんな属性の問題がいっぱいあって、むしろそういうものの中から本質的なものを引っぱり出していく努力が必要なんじゃないかと思いますけど。

掛谷　人間のほうでいうとトングウェやピグミーの世界というのは、ある意味で自然に伊谷さんの中にしみこんでいくような世界でしょう。トゥルカナというのはまったく違って、伊谷さんは五〇を過ぎてからやるもんやなかったと一方でいいながら、このごろトゥルカナびいきというか、完全にトゥルカナにいかれてしもうたような部分がありますね。トゥルカナを越えて出て、人間の幅というものに対して伊谷さんはどういうつかまえかたをしてはるのか、興味がありますね。

伊谷　トゥルカナは、ぼくはやっぱり自然人であったという結論ですね。環境は厳しいし、とくに旱魃の最中に彼らといっしょに暮らしたけれども。

掛谷　長島さんの紹介しておられた歴史的な研究で、トゥルカナはもともとオリジンは狩猟採集民だったらしいという話、あれとは一致しますね。

伊谷　ぼくはトゥルカナと自然との接触の面ばかりやっていたのでね。だけど、トゥルカナの本質というのはもうちょっと違う問題でしてね。牧畜民としてのトゥルカナの問題、これは太田君がやってくれたんですが。いや、ぼくはどう収拾させればよいのか、ほんまいうたらわからへんのですわ。ぼくのところにはいろんなことをやっている人がいっぱいおってね（笑）。サルからゴリラ、チンパンジー、狩猟採集民、農耕民、漁撈民、牧畜民、みんな手がけていましてね。大学の中の学部からいっても、関係ないところというのはほとんどないのと違うかな。

掛谷　理学部がいちばん関係ない（笑）。

伊谷　計算以外の理学部は関係がある。

西田　小進化と大進化と切り離すのはおかしいんじゃないですか。

伊谷　切り離すわけやないけど、そうはいうけれども理論はやっぱりみな離れているのやと思う。

西田　観念的には、自分の先祖は類人猿であったというのはみんな認めるかもしれないけれども、自分の親、そのおじいさん、その親とたどっていったら、ほんとうに類人猿みたいになるわけでしょう。もっというたら生命の起源から、運よくでないかもしれないけれども、つながっているわけですね。いま生きている個体がそれぞれ、そのつながりを持っているわけです。非常に多くの系統が死に絶えたのに、生命の誕生から現在までつながっている個体のひとつが自分であると考えると、奇妙な気分がします。

米山　つながっている？

西田　そういうことはわりあい最近、急に、実感としてわかるようになりました。偶然ぼくがこうやって生きているのは、ほんとにつながっているわけですよ（笑）。ほんとに変わっていったわけですね。

12　縮尺の法則

伊谷　それには違いないけれども、一方で縮尺の法則というものがあります。同じ縮尺でスケールの違った思考は測れないという問題がある。だから大進化・小進化の問題というのは、縮尺をかえて物を考えているということで、当然のちのちにはひとつの理論にならなければならない問題だと思うけれども、今はしょうがないのじゃないかと思うね。

河合　その辺はみんながそれぞれ大きな課題を抱えているわけだけど、ひとつの大きな原因はやはり今西さんにあるわけですね。今西さん自身が変貌していって、いま行き着くところはちょっと禅僧みたいないいかたをしやはるわけですね。しかし、進化というのは、ニッチェの密度化といった表現はぼくにもよく理解できる。ただ、やはりぼくらは密度化のメカニズムやプロセスを考えていかなければならないと思う。そのためには、ぼくはアダプテーションをはずしてしまうことはできないと思っているんです。ニッチェというのは環境を抜きにしては成立しない概念ですからね。環境とアダプテーションを放棄してしもうてニッチェの密度化といわれても、ぼくにはよくわからない。

伊谷　しかしアダプテーションの理論というのは、だいたいダーウィニズムから出てきたものだと思いますがね。

河合　いや、それは淘汰理論で、いわゆる自然淘汰理論で考えていくのか、そうじゃなくて別の立場で考えていくのか、それはいろいろあるわけですね。

伊谷　だから、いま淘汰理論が非常に強いんですね。

河合　それは強い、圧倒的に。

伊谷　だから、淘汰理論に入る前に考えるべきことはいっぱいあるとぼくは思っているんです。今西さんは昔、棲みわけの理論を立てはったけれども、あれは共存の理論ですね。競争と共存はまさに逆の表裏の概念になっているんですけれども、進化に関して共存の理論がその後展開された例はまずない。ところが最近いろんなデータを見ていきますと、みごとなんやね。とくに原猿類なんか、あれだけのみごとなデータが出ていながら、そこで共存の理論は一つとして出てこない。むしろ奇異に感ずる。資料は共存を語ってまことにみごとであるにもかかわらず、さらにその論文のディスカッションにはまだ競争の理論がしつこいほどに展開されているんですね。

西田　競争の理論がむしろ共存を説明しているんじゃないですか。競争と共存の両方を。
伊谷　そうじゃなくて、共存を競争でしか説明できない。
西田　競争が個体にとって不利である場合には、競争しないし、協同することもあるという形で競争理論は共存を説明している。
伊谷　初めから競争はまったくないのです。それをどう説明するのか。

13　競争ぬきの理論構築

市川　以前は棲みわけのところで競争協調とか、なにかそんなことをいっていたことがあるんじゃないですか。
河合　今西さんはそこのところを『人類の起源』で相補的競争かつ共存的とかいう表現を使う。確かにそういえると思うんだけれども、ぼくらとしてはその言葉だけですましてはまずいと思う。じつはぼくなんかも、共存の理論はできるだけ補強していきたいとは思っているのです。たとえばこのごろコエヴォリューション（Co-evolution）という立場から霊長類の生態を見直そうと思っている。昆虫なんか、植物とのかかわりでみごとなコエヴォリューションの世界をつくってきたと思いますわ。ただし、昆虫と植物との時間的なかかわりがものすごく大きいことを頭に入れる必要がある。そういう点では霊長類は誕生して以来たかだか七〇〇〇万年でしょう。そこのところのギャップも考えていかないかんと思うんですね。だからぼくはニッチェの密度化を考える場合、おそらくコエヴォリューションという概念が有効じゃないかと思っているんですけれども、だからといって競争というものを全然排除するという考えにはならない。

伊谷　ぼくは頭から排除するというのじゃなくて……。

河合　競争によって淘汰されていくということが問題なんでしょう。

伊谷　それを論じようとしたら、競争の理論になってしまうというのはおかしいと思うんですね。もっともっといろんなものを見なきゃいけない。今西さんは例外として、進化を論じてアダプテーション、コンペティションという言葉の出てこない論文はまずないはずです。ぼくはそれをまったく使わない論文を書いてやろうと思って去年書いたんやけど、これには一言も出てこない。

掛谷　それは最後の印刷中という……。

伊谷　そうです。『Inequality versus Equality for Coexistence in Primate Societies』。

市川　これは順位制とか、それをコエクジステンスの原理だと主張している……。

伊谷　そうです。

市川　順位制というのは、以前は競争的協調だとか、そういうことで説明されていたあれですね。

伊谷　そうです。

市川　だからコエグジステンスというのは、潜在的には競争者だけれども、その潜在的な競争者を顕在的競争者にかえないで共存させておくということなんでしょう。

伊谷　競争とは見ない。AとBがいたときに、Bがしんぼうすることによって Aとの共存が成り立つ。そういうふうにとっています。

掛谷　伊谷さんはしんぼうの理論というのが好きやね（笑）。

伊谷　しんぼうはないのやけどね（笑）。まあ進化論というのはむつかしいし、あんまりいうとみんなに叩かれるし、しばらく黙って勉強したほうがいいと思っているんですけどね。だけど、はっきりいえることは、今の進化に関するディスカッションが非常に狭隘であるということだけは絶対に間違いない。もっともっといろんな考えかたが必要だと思うし、もっと広い自由な考えかたがあっていい。あまり今までにとらわれすぎたらおもしろくないとぼくは思うね。

14　今西理論の影響

掛谷　その辺でとにかく伊谷さんの過去を解明していこうとしたら、今西さんとの関係はやはり大きかったと思うんです。けれども、今西さんと伊谷さんとトーンがこのごろわりと似てきたんですよね（笑）。これはおもしろいと思っているのですが。

市川　以前はアダプテーションといっても、今のような批判もなかったように思うんですけどね。

掛谷　最近出た『進化論も進化する』という今西さんと柴谷さんとの対談、おもしろい本ですわ。新幹線の中で読了してきたんですけどね。ある部分で伊谷さんと似たところがあると思う。ただ、今西さんとちごうて、競争とかいう話は、本来ならば伊谷さんにはもっと強く出てくると思うんですね。今西さんは、基本的にはスペシアから始まって、その上位の部分、ホロスペシアですか、それを超えてジオコスモスというてはるんやけれど、生物全体社会の構造へいかはるのが真骨頂でしょう。伊谷さんが具体的にやってこられた仕事というのは、基本的にはやはりスペシアの中の構造ですよね。個体、スペシオンがどうしてスペシアになるか、スペシアを形成するかという、スペシアの内部構造の問題をやってこられた。そうすると個体間の関係がよく出てくるから、ある意味で競争とかそういう部分が目に見える格好でヴィヴィッドになってくるはずの世界ですよね。そこのところで伊谷さんが競争を排除して、どういうふうに考えていこうとしてはるのか、あるいは今どう考えてはるのかということは、わりとクリティカルな問題やと思うんですけどね。

伊谷　いや、今西さんにはよう盾ついてきてね。ぼくほど盾ついたのはおらんのやないかと思うけど、今になってみて、なんでけんかしたか思い出せへん（笑）。

河合　伊谷さんのひどい反撃と思ったのは、今西さんが『私の霊長類学』というのを書いて、あれに伊谷さんが解説を書いたでしょう。聞くところによるとボシャッたんですね。ところがあまり立派だったので、本屋は印刷したということになってるんだけれども、それが今西さんの棲みわけに対する伊谷さんの反対なわけですね。

伊谷　あれもう一ぺん読み返してみたいと思うんです。あのころ今西さんのどこに突っかかっていたのか。あれはタンザニアにいたときに、マハレに入ろうとしたときに電報がきて、いついつまでに書いてくれとやかましくいってきて、石油ランプをともして書いたのです。そしてやっと原稿を送った。帰国してみたら、今西さんはあれを読んでカンカンになって怒って没にして、河合君の弟さんの河合隼雄さんにおまえ書けといったというのです。隼雄さんびっくり仰天したらしいね。

米山　幻の論文、あれ残っているんですね。

伊谷　それで講談社の編集者が、これボシャッて申しわけなかったけれども、お金は払います、そして一冊だけ別刷りをくれはってね（笑）。

河合　あれを再録してもらいたいな。

伊谷　ちゃんと活版になっていたんです。一部だけちゃんと綴じて表紙をつけてくれはった。

河合　たぶんあれが影響していると思うんだけれども、日経から出ている『サイエンス』というのに今西さんが一文を書いて伊谷さんをコテンコテンにやっつけている。

市川　生物学主義とか。

河合　これこそまさに擬人主義ではないか、とかね（笑）。伊谷さんもだいぶカーッときたと思うけども。

市川　あのときの生物学主義というのは、要するに雄・雌の性関係のありかたが社会構造を決めるというか、そういうことですか。

伊谷　そう、そう。そういうことでなんとか説明しようとしたわけですね。それは『霊長類の社会構造』の中にも書いてある。ぼくはやはりあれは大きな反省点になりました。いまのアダプテーション嫌いになったもとがあれかもしれない。

河合　けれども、ぼくなんか今西さんこそ生物学主義だと思っているわけです。生物学主義といってもいろいろとりかたがありますけれども、ぼくはやっぱり今西さんは生物学者だと思うんですよ。

掛谷　それはおもしろい。もうちょっというてください（笑）。

河合　社会学という学問があるでしょう。それに対して今西さんは生物社会学という学問を自分でつくったわけでしょう。人間だけをもとにした社会学ではなくて、それこそ生きとし生けるものを全部統合する社会学をつくっていく。ぼくはこれはまさに生物学主義だと思う。いわゆる人間主義、『サイエンス』誌上で伊谷はまさに擬人主義ではないかとものすごく怒っているわけだけれど、擬人主義でなくて何だというたら、おちつくところはぼくはやっぱり生物学主義だと思うんですね。あそこで今西さんが怒ったのは割引きして見なきゃいかんなとぼくは思うんだけれども。
掛谷　伊谷さんはあのときどうやったんですか。
伊谷　あのとき烈火のごとく怒ったよ（笑）。
河合　今西批判はぜひ見たいので、再録してもらわんといかんなと思う。
伊谷　だけど、今西さんに対する論点はその辺ではなかったと思う。ぼくはぼく自身で反省する非常に大きな機会になったと思うけれども、今西さんがあそこに書いている理屈は必ずしも的を射てたとは今でも思ってませんけど。
西田　今西さんも考えが変わっているんですね。『ＰＨＰ』に書いた『人類の進化史』ですか、ああいうのを読んでいると、自然淘汰に賛成というか、そういう感じがしますね。それからしばらくして、進化のメカニズムを考えるのはナンセンスという傾向が強くなってね。今西先生というのは、体系化というか、きちんと生物の世界を整理したいという感じで、ちょっとぼくらのフィールド・ワークのほうとは結びつかないですね。
掛谷　そういう意味で伊谷さんどうですか、このごろわりと収束してきているみたいなところもあるし。

15　諸学説との対比

伊谷　話の的をそらせるようで悪いですけど、ハクスリーのこともあって、いま暇さえあれば読まざるをえんので、万巻の書を積んで、長いこと不勉強でサボっておったものやから読んでおるんです。ちょっと話がややこしくなるかもしらんけども、西洋の非常にストイックな客観主義というのがあるのやね。そういうのが何冊もある。このあいだその一冊を読んでみたのですが、食べると、動くと、眠るくらいの指標だけで、客観的に疑う余地のない計測可能な指標だけで語られて一冊が書きあげられている。あといっさい行動のタームは出てこない。それだけで徹底的にある集団の生態が分析されているのです。

掛谷　サルのですか。

伊谷　サルのビヘーヴィアを。もちろん何を食ったかは出てきますけどね。そうしてみるとじつにおもしろうないものですね。だけどその人は、そのデータをコスト・アンド・ベネフィットの分析に用いてすべて納得しているわけです。だから、純客観主義のようでいて実は完全な擬人主義なんですよ。そこから出てきた答えは、このサルがこれを食ったのは得だから食ったんだ、これは食ったら損だから食わなかったんだということになるわけです。それだけで最後まで展開してるわけですね。私ならせめて好みぐらいなことは考えますよね。そう考えるのは擬人的だというのでしょうが、私にいわせれば損得の方がもっと擬人的だ。

市川　それはフォレイジング・ストラテジーというやつですね。

伊谷　そうですね。この種の研究がものすごく多い。何のためにサルをやっているのか、ホミニゼーションなり進化なりといった目的があってやっているはずなのに、なんでこんな研究ばかり出てくるのか。

市川　そういうのはサル学が制度化したというか、一定の方法論とデータの取りかたでやったら、結論がおもしろいかどうか、ともかく結論が出せるという一貫した方法論ができあがっているということじゃないですか。

伊谷　ところが、いろんなおもしろい現象がもっとあるはずでしょう。そういう現象を全部アンスロポモーフィックとして捨象した人が、客観的分析によって出してきた答えをコスト・ベネフィットつまりエネルギー原理に還元して初めて納得する。一度納得したらなんでもいえる。サルの心まで見えるわけです。この時期にこれを食うほうが得だからこれを食ったんだとはっきり書いてある。これはおかしいですよ。

河合　そういう考えかたはやっぱりアンスロポモーフィズムなんですよ。ぼくはそう思いますね。

伊谷　そうでしょう。そっちのほうがもっとアンスロポモーフィックでしょう。

河合　ソシオバイオロジーの話になるけれども、コスト・アンド・ベネフィットというのは、資本主義経済の社会から生まれてきた理論やとぼくは思います（笑）。そういう意味では上山さんなんかに本気で批判してもらったらおもしろいと思う。もっと思想的な背景があると思うんですね。あれはたぶん社会主義国では絶対生まれない理論やと思いますね。簡単にいうたら損か得かの理論やから。

伊谷　ぼくは社会主義的なんかな（笑）。

河合　それからエネルギー論をもってくるわけでしょう。単純な経済理論だから、ものすごくわかりやすい。

伊谷　だからエネルギーでつじつまがついたらなんでもいうわけです。サルの心の底までいうわけや。

掛谷　最後のわかったというときの、そのわかったというポイントが違うんやろね。

伊谷　だから、エネルギー論になって一応つじつまがあったらわかった。そこまでいったらなんでもいえる、という機械論的錯覚があるわけです。ぼくならサルの身になって考えて、そんなものプリフェレンスにきまっているやないかと思うけれども、そのプの字も出てこない。

市川　その好みというのも、コスト・ベネフィットによって決められるということじゃないのですか。

伊谷　好みなんか介入する余地もない。

市川　でも、はっきりとチンパンジーの好みとわれわれの好みは違っているわけだから、その辺の好みの違いはどこから出てきたとか……。

伊谷　むしろサルの好みを解析しようというんだったらいいのだが、けっしてそうではない。

市川　でも、オプティマム・ダイエット・モデルというのがありますね。食物となるものを獲得効率のいいものから順番に並べていって、いちばんいいやつがあれば、それから順番に食べていくというような、あんなのは要するに好みを獲得効率から説明してくるモデルじゃないんですかね。

掛谷　逆にいうたら、サルを通して自分らのことを説明しているというところもあるんやないですか。

市川　しかし個人（個体）に関していえば、だれでもわからない部分の方が多いんじゃないですか。たとえばコスト・ベネフィットの問題でもある人の行動がこれによって三〇パーセントしか説明できないとしたら、これだけではこの人の行動はわからないものだけれども、そこにたとえば一〇〇人いて、その最大公約数的な特徴としてこれがおのおのの人で三〇パーセントずつ占めているとなったら、一〇〇人という集団の特徴を説明する意味では意義があるんじゃないですか。あるいはまた、ある個体（個人）についていえばとるに足らないものでも、集団を対象として統計的にみれば、意味が出てくるというようなこともあるんじゃないですか。

掛谷　そうすると、最終的に何が知りたいのやというあたりで揺れ動いているわけですかな。

16　方法の自信

伊谷　少なくともぼくは個体識別をして長期にわたってやってきたあの方法というのは、間違ってないと思う。素朴な観察の蓄積というものは……。そこのところでいろいろアンスロポモーフィズムが出てきたりしたという批判はあったわけですが、ぼくはあれしか方法はないと思う。アンスロポモーフィズムというのは一種の仮説作業ですからね。今西さんにいわせたら、すべてのものは一つのものから生成発展してきたので、類縁がある、類縁があれば類推がきくはずだと。これはアンスロポモーフィズムをつゆ疑わぬ思弁的発言なんですけどね。

河合　今西さん自身がどうして一元説をとられるのか不思議なんですね。一神教的でしょう。初めは一つでなければいけないということに非常に固執するわけですね。それからたとえば人類の系統論だって、一元説にものすごくこだわるわけですね。いろんな化石事実を見ても、一元論ではとうていいけないと思うんですけれども、そういうことをいうと今西さんは本気になって怒るわけですよ。それと、棲みわけ説というのは、ぼくの解釈からいえばもともと多元的な現象に基礎をおくことだと思うんです。棲みわけはそれで説明しやすいと思うんですけれども、伊谷さんはどうなんですか。

伊谷　今西さんの同位社会のためには、多元説では説明はまずいでしょうな。サルの仕事なんかでも、同属の中で棲みわけというところをきちっとやっているわけでしょう。

市川　蒙古の草原には、系統の違う植物からなる複合同位社会があると、『生物社会』の中で書いておられましたね。

伊谷　その辺は思い出せん（笑）。

河合　生物社会の論理を一元説で説明しようというのはよくわかりますね。いちばん初めのものが分かれたんですから。その間にものすごく近縁関係がある。生活圏を同じゅうしているわけですから、棲みわけになる。そういう形で社会が成立するわけです。しかし、クローン的な分かれかたであってはならない。一つが二つに分かれて、それが違わないと棲みわけにならないんですね。分かれたものが、なんで違うていったかという問題があるわけでしょう。同じクローンばかりが存在したって、棲みわけにはならない。そうじゃなくて、分かれたものがこれは違うんだという前提が要るわけですね。

市川　ディファレンシエーションじゃないのですか。

掛谷　分かれるべくして分かれた（笑）。

河合　だから禅的な説明というわけで、わかるところもあるし、わからんところもある。

掛谷　そういう今西さんとのインターラクションのなかで伊谷さんが見えてくるのではないかというのが今までの話やと思うんですね。それで伊谷学の本質とはということになると、どうなんでしょうか。

伊谷　今西さんと、といわれると困るんですね。ぼくらはだいたい低次元の仕事をやってきたので、今西さんは思想家の領域ですからね（笑）。ぼくは最初にいろいろお褒めや何かをいただきましたけれども、日本の霊長類学のブルドーザーの役を果たしてきて、それで自分で振り返って、ちゃんとした勉強をする暇がなくて、これからやろうと思っているときですから、引っぱり出そう、引っぱり出そうとしたって、なんにも出てきません（笑）。

17　ジェネラリストの夢

市川　しかしぼくは伊谷さんの業績を見て、すごいジェネラリストだという感じがします。ジェネラリストであり、かつ問題提起能力があるというか……。

米山　結局それがパイオニアの一つの特徴だろうと思いますけれども、もう一つは、全体をあるレベルで押さえようという、この次の段階はそれぞれの分野に専門化していくから、ある程度にリダクショニズムにならざるをえない面が出てくると思うんですよ。その前の段階、未分化の段階では、だからジェネラリストでいられるという面もあるのじゃないか。逆にいうと、ある意味でそういう面が非常にだいじな学問になるかもしれないという気もするんですね。ちょっとうまくいえませんが霊長類学ないしは人間も含めての自然学みたいなところでそういうホロン（全体子）があると思うので、細かいホロンにならない前のレベル、次元というか、そういうところでやってきたという、そこはある意味でそれこそ先輩の今西学を継承している面もあると思うし、その辺がソシオバイオロジーなんか気に食わんということにも関係があるんじゃないかという気もしますけれども、さっきの西田さんの発言ものすごくおもしろいのは、自分の生命の根源につながっているとわかったという（笑）、あれはおもしろいたとえだと思いますけれども、それもひとつのあれだけれども、つまりＤＮＡの二重らせんや何かで全部説明できるということもあるわけやね。そしたらあと全部生物学やめて、それだけやっていればいいという人が出てきても、ちっとも不思議ではないという面もあるわけでね。

掛谷　そういう信仰は非常に強いと思いますね。

米山　それがひとつのやはりホロンだと思う。そういうレベルで考えるという面、それとちょっと違う部分をいわゆる伊谷学というものはやっている、そういうふうに性格づけて、別の全体子の何だというふうに考えたらわかりやすいんじゃないかと思うんですけどね。

伊谷　今の米山さんのお話だったら、ぼくは辛うじてジェネラリストでいられたけれども、ぼくの弟子は全部ソシオバイオロジストになって（笑）、そのうちにみんなからひんしゅくされてどうしょうもなくなるということかもしれん。しかし、今ホロンとおっしゃったけれども、ぼくの夢というのは、どこまでやれるのかわかりませんけど、あるいは理論設定にひょっとしたら間違いがあるのかもしれないけれども、その辺も含めて、少なくとも現世の霊長類の種社会の構造についての自分に納得のできる統一理論を持ちたいということに尽きると思いますね。もちろんそのほかにもカルチャーの問題やら何やら、進化に関するものはあらゆることに興味がありますから、それと併行して考えてはいきますけれど。

掛谷　今西さんとの比較めいた話が続きましたけれど、伊谷さんは終始、人類進化を問題にされてきたわけですよね。

伊谷　そうですね。今西さんは地球上の全生物の進化と生物世界の構造の問題を考えてこられたのですが、ぼくにはそこまで考える足場はない。ただ、今西さんともうひとつ違うところは、今西さんも心理学の勉強をなさったわけですが、いまの今西さんには心理学的なにおいはあまりしない。ぼくはもうちょっとその辺の色気があるような気がします。それは矢田部さんの講義を聞いた時代以来持ち続けていた心の問題と今やっている社会構造の関連、そして象徴の問題、その辺をなんとか自分のものにしていきたいという気持ちがあるんですね。

掛谷　それはニホンザルのヴォーカル・コミュニケーションのことをやって、あれ以来の基本的なテーマでしたね。

伊谷　しばらく離れていましたからね。もうちょっと時間ができたら社会構造と並べてもう一度自分の課題としてとりあげたいと思っています。しかし人間というものは不思議なものです。前々にやったことがある時間たってからふいと出てきよる。ぼくは獣医出身でしょう。気がついたらウシをやっていた（笑）。おもしろいものです。

掛谷　伊谷さんが調査の対象としてこられたのはニホンザル、チンパンジー、トングウェ、ピグミー、トゥルカナですね。ほんまにええ対象を選ばはったというか……。

伊谷　その点ではほんとうに対象に恵まれましたし、だれかが対象にほれなければ仕事はできないといったけれども、トングウェなんかでもじじむさいようだけれども、立派な人たちですね。

掛谷　五つもほれるものをみつけて、徹底的につきおうてきたという、これはちょっとごつすぎるというか、五つもようみつけはったという、偶然といえばそういういいかたにもなるけれども、かなり強烈にほれきるものをみつけてきたというところがやはり伊谷さんの真骨頂の気がしますね。

伊谷　それだけやな（笑）。

18　その美学

河合　伊谷さんには一つの美学があると思うね。伊谷さんの一つの特徴は、学問に対して非常にストイックなところがある。このストイシズムの美学というものが何かねらいをかためるというときにものすごく威力を発揮する感じがするんだけれども。

掛谷　最終的にストイックの極致みたいなところでトゥルカナを選んではるしね（笑）。たしかに理屈のつながりをわかろうというよりも、そういう美学みたいな話のほうがほんとうはわかりやすいかもしれませんね。ぼくらもアフリカをやってきて、あらためて、うまいことええのばかり選んでやらはったなということをしみじみと思いますね。そうさせたものは何かというのが、やはりバネのような気がするんですけどね。それでけっこううまいこと全部カバーしているんですよね。アフリカのエコロジーでいえば、シーサルピーニア帯とノンシーサルピーニア帯という仮説を出さはったでしょう。あれはそれ以後、あまり展開してはらへんけど、よう考えてみたら、伊谷さんの自然誌学のほうの大傑作やという気がぼくはしているんですよ。そういう分けかたが出てきたというのは、伊谷さんのアフリカ学の基本は、やっぱりミオンボ帯だったということを例証していると思うのですが。ぼくら人間のエコロジーをやっているものから見ても、あの話は非常にプロダクティヴな問題やと思うんですけどね。

それにしても、生業でも狩猟採集、農耕、牧畜と三つ全部押さえはったし、ヴェジテーション・ゾーンでも、だいたい大きいものを押さえはったでしょう。なにかほれるものをやるのやといいながらなんとなく全体をカバーしているというのが、おもしろいというか、結果的に見たらそうなっているところがすごいなと思うんですけどね。

伊谷　しかしマメ科というのはものすごい科やね。素人がそういうことをいうたら植物学者から笑われるやろと思うけれども、植物学者がそういう感嘆をもらすのをついぞ聞いたことはないね。アフリカのマメ科というのは、南米でもそうらしいけれど、あれはすごいね。

掛谷　ハクスリー賞受賞ということですが、西洋的な目でどこにいちばん驚いたということになるんでしょうか。その点、河合さんどう思われますか。

河合　どうなのかな。

伊谷　ぼくはこの賞の通知がきてから何べんか新聞記者にもつかまってその都度いっているのですが、河合さんはじめ西田君やらそのほか多くの日本の霊長類学の優れた業績が評価されて、みんなにというわけにいかんのでぼくが代表していただくような形になったのだと思います。この表をごらんになっても、英文ではそんなに出していません。最近では社会構造論に関するものが数編出ているくらいですから、私の業績の中でどれが評価されたのかよくわからない。それよりも西田君のチンパンジーや、加納君のピグミーチンパンジーや、河合さんのゲラダヒヒや、こういう立派なものがたくさん出ていますから、すべてを総合してということでしょう。

河合　ようわからないけど、どれか一つという意味やなくて、やっぱり霊長類学を興していった中心人物やということ、それが霊長類からホミニゼーションを通じて人間のレベルまで追ってきた一貫した方法論とそれによって積みあげてきた業績の総体が評価されたと思いますね。その一つ一つに新しい発見があることはもちろんのことですけれども。

伊谷　さっきウォッシュバーンのスクールと対比されたけれども、ウォッシュバーン、ドゥヴォーのところよりもこっちのほうが壮大です。展開のしかた、規模、構造も。そしてヒヒやブッシュマンなんかもウォッシュバーンのところはやめてしまったけれども、こっちはいまだに続けているからね。

河合　難航しているけどな。しかし、いつでも思うんですよ。さっきいったチンパンジーのあの苦労というのは、ぼくは今すごくわかる。いま取りくんでいるマンドリルは大変な難物なわけですよ。やっとうまいことといって、ことしは絶対と思ってカメルーンの森へいったら、もうヒヒはおらへん。なぜかというたら、ピグミーが入ってきて食いよったわけや（笑）。

市川　しかし研究者がなかなか見つけられないようなものをピグミーは簡単に捕っちゃうわけですか。

河合　捕りますね。荒っぽいですが、木の上に追い上げて射ちよるわけです。

市川　鉄砲で。

河合　いや、毒矢で、独特の非常に強力な毒を使ってやりよる。

伊谷　白い粉でしょう。

河合　いや、実です。小清水教授のところで分析してくれているけれども。とにかくそれで捕って食いよった。参ったな。ピグミーがいま敵になっている。

伊谷　たとえば理論物理の人とか数学の人が賞をもらうときのように、あなたはこの理論によってといわれたらどれほど楽だろうと思いますね。われわれのこれまでのものを全部読みかえし、一九七二年に『霊長類の社会構造』をまとめましたけれど、それ以後発表されたものの量はすごい。ほんとうに万巻です。少なくともその代表的なものは目を通す必要がある。しかも雑用の間を縫うようにして読むのですから。

河合　日本という国は、独創的な学者を育てるという点では悪い環境ですね。ほんとにきついですね。

伊谷　しかし、そういうことをしながらいろいろ考えてみてぼくは思うんですが、ふつうのバイオロジーだったら、解が出たらもうしませんよ。どうして三〇年以上もやっているのかということですね。それはソシオロジーだからというより、やっぱりぼくはヒストリーをやっているんだという感じがある。これは明らかに単なる自然科学ではないということでしょうね。

河合　単なる社会科学と違って、同じヒストリーでも頭の中にいつも何千万年というヒストリーがあるでしょう。今の二〇年、三〇年というヒストリーと何十万年というヒストリーをいつでも対比して考えていく、そういうヒストリーなんですね。

伊谷　だから、さっきのフォレイジング・ストラテジーだけなら一～二年調査をやったら済むと思うんです。だけど、ぼくらは済まない仕事をやっているんだということですね。その辺をどう表現し、どうわれわれの立場を説明するか、いろいろ細かい方法論的な問題やら成果もありますけれども、それが一つのポイントになると思いますね。まあいい機会ですからちょっと勉強させてもらって、その辺の整理をうまくしてみたいという気持ちになっています。

19　自然の中の人間の位置

掛谷　しかし考えてみたらおもしろくて。『Man's Place in Nature』を書いたあのハクスリーでしょう。伊谷さんがアフリカでやってきたのはマンズ・プレース・イン・ネーチャー・イン・アフリカでしょう（笑）。そういう意味では本当に伊谷さんにふさわしい賞ですね。

伊谷　いろいろな人がもらっていますね。市川君が丹念に見てくれてぼくより詳しいんですが、社会人類学者、文化人類学者、それから考古学者、自然人類学者、ケーニヒスワルトとかウォッシュバーンとか。だからいわゆるヨーロッパでいうところのアンソロポロジー全体が対象になっているのですが、霊長類学からは初めてなんですね。もっとも古人類学者のウォッシュバーンは霊長類にふれてはいますが。この点はぼくは非常にうれしく思っています。しかもおそらくぼくたちの分野が、ハクスリー御自身の分野にいちばん近いのではないでしょうか。このこともうれしく思っています。

掛谷　あらためてマンズ・プレース・イン・ネーチャーだなと思って。それにアフリカというのが入ってますからね。

伊谷　『Man's Place in Nature』という本はぼくは好きで、何度も読んだ本でね。ぼくの講義にいつも出てくる最初の人なんです。パメラ・アスキスがいっていたけど、ハクスリーはダーウィンのブルドッグだというけれどもそうじゃない、ハクスリーにはダーウィンの理論はわかってないといって（笑）。たまたま所用があってどこかへ出かけていくときにそういう集まりがあるというので、ふらりと入り込んだのが例の有名な事件のきっかけだったらしい。『Man's Place in Nature』は徹底した比較論ですね。

掛谷　しかしあの中では人類の起源はむしろ東南アジアだという説を出したんじゃないかな。

伊谷　あの書物のはじめの三分の一は類人猿誌ですね。次の三分の一は比較発生学の話、最後の三分の一では古人類の化石を扱っています。

掛谷　最後にアフリカ研究センターの話をちょっというてもらわなあかんのと違うかな。

伊谷　あまり関係ないのと違いますか（笑）。ぼくのところでアフリカ関係文献目録やアフリカン・スタディ・モノグラフスを出してきました。ぼくは日本の研究者がアフリカ研究にかかわった歴史は浅いけれども、深いと思うね。

河合　地域研究という認識のしかたですけれども、アフリカ研究の分類目録をちょっと見ても、アフリカに住んでいる人間はもちろん、生きとし生けるもののかかわりあいから、化石もあるし、地質もあるし、気象もあるし、いろんなものすべてかかわりあって存在しているわけですね。だから、ある一つの地域で何が生きているかという一事をとっても、それは総合的な見かたで統一せんとしょうがないわけでしょう。アフリカ研究センターをつくろうというのには、そういう必然性はあると思うんですね。ただ、アフリカを研究する研究機関でなくて、アフリカという地域の中で生きとし生けるものの全部を入れたそれこそアフリカ・コスモスを手がけていこうという、そういう考えかたがあるわけでしょう。だからアフリカ研究センターをつくろうというのは、ただアフリカの経済研究をするとかそういうものとは根本的に違うと思うんですね。

掛谷　ぼくもそう思います。

河合　発想なり、われわれの熱望しているものには、やはりひとつのコスモスをつくろうということがある。

伊谷　そういうことを一生懸命表現するんですけど、なかなかわかってもらえませんね。

河合　今の学問というのは、セクション、セクションがあって、その中での学際研究というようなことばかりいっているわけでしょう。そういう学際でなくてもっと大きい統合体を考えているわけだから、わかりにくいんですね。

掛谷　そういう意味からいえば、アフリカによって伊谷さんは育てられたという側面、アフリカが伊谷学を育てたという側面がありますね。アフリカは、それほどふところの深い大陸ですよね。

伊谷　ぼくはそう思っています。

河合　たとえば伊谷さんが東南アジアへいったら、こういう考えかたを持っていないと思うね。やはりアフリカというところの魅力が伊谷さんの資源を開花させたのだと思いますね。

伊谷　大きな大陸ですけれども、何かしらひとつの全体としてとらえられるのですね。それを視野の中に入れておかないと、自分のやっている仕事がおちつかないというか、ちゃんと定まらない。そのバランスのよさ、しかも多様で、その多様なところに目を向けていないと、自分のやっていることがわからない。そういう研究の場としては最高のところじゃないですかね。

河合　アフリカ研究センターの合言葉は「自然・人・文化」といっているけれども、まさにそうなんです。それがほんとうにあの地域の中に一体になってひとつのコスモスをつくっているんですよ。

掛谷　ようわからんけど、渾然一体ということですね。伊谷さんはニホンザルに最初にかかわられて、そこでだいたい大きな問題を出しておいて、そういう問題を持ちながらアフリカに育てられてきた、そんなところがあるんですね。

米山　伊谷さんはわりあい茶目っ気というか、いたずらっぽいところがあるでしょう。ガキ大将というようなところが（笑）。

掛谷　いや、よくいうんですが、伊谷さんは大学院か幼稚園でしか通用しないのじゃないかと（笑）。

河合　いや、観察というのはもともとそうなんです。観察は小学校の低学年の理科で習い、そのあとスポッと切れて大学の生態学なんかいじりだしたらまた観察が出てくるんですね。観察というのはそれだけむつかしいということがあるし、ある種の幼児性というか、ナイーヴな目でなかったら絶対物の本質を見抜くことはできない。自分の目を持つということ、これは大変なことなんですから。

西田　こんなもの書いてしまったと思っても、伊谷さんはよく書けているといって認めてくれる、そこが大きいと思います。伊谷さんは、やはり教育者でしょうね。

伊谷　いや、教育者ではないな（笑）。

河合　やはりすごい教育者やな。ぼくはとうていまねできん。

伊谷　今西さんとも前に話したんやけど、自然学とかなんとかいっても、ぼくがそんなむつかしい理論の受け売りを言ってみたって、伊谷もいよいよ年取りよって神がかりになりよったくらいなことで、その精神をいったいどうして伝えたらよいのかなということになると、ほんとにわかりませんね。本ばかり読んでおっても駄目だし、いっしょに歩いていっしょに見てということしかないのじゃないかなと思うんですね。だけど、惜しいかな、日本の大学というのはなんでこんなに忙しいのかと思う。そういう時間すらなかなかとれないし。

掛谷　ぼくはサファリへいっしょに出ていっしょに歩いた。それでいろいろと教えてもらったという感じが強いですね。

河合　教育の根本というのはそういうものですよ。いま教育技術が表に出すぎるから忙しくなる。

掛谷　教育者といえば伊谷さんはまことに先生には違いないけれども、同志みたいな感じがいつでもありますね。

西田「教育者」といったのはそういう意味もあるわけやね。友だちのようなつきあいもある。しかし、学生時代ぼくらの書いたものに、なにか意味を見つけようとしてくれはった。

伊谷　幸い理論家ではないものですからね。今西さんみたいに弟子とけんかをせずにこれたのじゃないかと思っていますけど（笑）。やっぱり美的感覚に対してはわりに厳しい。研究室は汚いし、学生の行儀は悪いし、目茶苦茶をやっているけれども、それでもいろんな人が入ってきて、だんだんわかりあうようになっていくんですね。

掛谷　夜の教育が大きいのじゃないですか。

伊谷　夜は近ごろはもっぱら市川先生にまかして。最近ちょっと沈んできているようですけどね（笑）。

掛谷　昔はようやってくれはった。

河合　やはり時間がない。

伊谷　時間がないし、体力も弱ってきているし。

米山　最後にどうしましょう、何か結論でも……。

伊谷　最後におわびとお礼を申しあげなければいかんのですが、ぼくのことでお忙しいのに遠い所からきていただいて、ほんとうに申しわけないと思っています。

（一九八四年七月一七日、京大会館）

注

（1）いたに　じゅんいちろう　京都大学理学部
（2）いちかわ　みつお　京都大学理学部
（3）かけや　まこと　筑波大学歴史・人類学系
（4）かわい　まさお　京都大学理学部
（5）にしだ　としさだ　東京大学理学部
（6）よねやま　としなお　京都大学教養部

第3章　テンベアとサファリ
──焼畑農耕民の旅

1　原野の文化

西タンザニアの乾燥疎開林帯で、トウモロコシやキャッサバなどを主作物とした焼畑を耕作し、定住村落を構えて暮らすトングウェ族の世界──それは、平和で自己完結的な小さなコスモスであるかにみえる。しかし、そこに住み込んでみれば、その小さなコスモスは、多くの人びとの往来あるいは移動に裏打ちされていることに気づくであろう。

トングウェの移動をめぐる行動様式は、「ぶらつく」「散歩する」「さまよう」「放浪する」などの幅広い意味内

写真 3-1　サファリの途中、テンベアするトングウェにしばしば出会う。

容をもつテンベアというスワヒリ語によく示されている。村を訪れた客人や、カゴをぶらさげた槍を肩にして村を出ようとするトングウェに、その目的を尋ねれば、たいていの場合「テンベアさ！」という答えが返ってくる。とらえどころがなく、しかし、のびやかな語感に彩られたこの言葉は、トングウェの行動特性を反映しているといってよい。

テンベアとともに、「旅」「旅行」を意味するサファリという語も、人びとの移動様式を示す重要な単語の一つである。サファリは、より明確にその意図や目的地が意識された行動であり、遠隔地の村の訪問や、日数をかけた原野での狩猟や漁撈を目的とした旅などを指して用いられる。多くの場合、困難や冒険をはらんだ道行きであることが含意されている。

テンベアやサファリに出かけた人びとは、訪れる村むらで食事や寝室の供与を受け、旅を続ける。洗練されたホスピタリティの伝統は、人びとの移動を本質的にくりこんだ原野の文化の結晶である。こうしてトングウェは、焼畑農耕を基礎としつつも、村を中心とする生活圏を越えて、頻

写真 3-2　トングウェと調査隊

繁にテンベアしサファリを試みる。

ここでは、トングウェ族を中心にすえつつ、昨年度から本格的な調査を開始したザンビア国の疎開林帯に住む焼畑農耕民ベンバ族との対比を織り込み、生業活動や社会・文化の特性の分析を通じて、農耕民社会における移動の意味を考えてみたい（口絵地図）。

2　焼畑農耕

伝統的な焼畑耕作は、休閑地を含めた広い樹林帯を前提としている。それゆえ、一つの集落に住む人口が増大すれば、あるいは焼畑適地が不足すれば、集落全体を移転させないかぎり、①出造り小屋などを設けて母村から離れた場所を開墾するか、②住民を分散させて住まわせる（集落の分裂を含む）か、③あるいは休閑期間を短縮するか、いずれかの方策をとらなければならない。

トングウェの居住様式は、戸数にして一〜一〇戸、人口ではせいぜい五〜四〇人といった小集落が、互いに距離を隔てて広大な原野に点在するパターンを示している。トングウェは、原則として、河辺林あるいは山地林などの森林を伐採して焼畑を開墾する。植生の大部分を占める疎開林帯は、焼畑耕作の対象とはしない。彼らの居住様式は、このような農耕特性に適合的であるといえるのであるが、それは同時に、②の戦略を潜在的に選択していることを意味している。

ベンバは、森林の未発達もあって、疎開林帯を開墾するチテメネ・システムと呼ばれる特異な焼畑農法に依存している。人びとは、原則として木を切り倒さず、木に登って枝を伐り払い、葉のついた木の枝を中心部に集め、乾燥した後に火を放って焼畑にする。伐り払う範囲は、耕地の五〜八倍に達する。この農法は、ベンバが執着するシコクビエ栽培と強く結びついている。

彼らは、母系的原理に傾斜した社会組織に基礎を置いており、その集落規模は一般にトングウェのそれよりも大きい。焼畑適地の不足に対して、彼らは①の戦略をとる。つまり、集落から歩いて数時間程度の所にミタンダと呼ばれる出造り小屋をつくり、その近辺に焼畑を開墾する。人びとは約半年間ミタンダで暮らすことになるが、その期間、足繁く母村との間を往復する。このタイプの戦略は、人口がある規模を越えると、②に転ずるか集落ごと移転する可能性をひめている。

焼畑農耕は、③の戦略を採用しないかぎり、常に、集落住民の分散化の傾向性を内包した生業なのである。

3　採取活動

トングウェやベンバの人びとにとって、焼畑は基本的にカロリー源および植物性タンパクの補給庫である。しかし食生態という視点からは、良質の動物性タンパクを確保する狩猟や漁撈活動、季節的に重要な副食源となる野草やキノコ類、それにアオムシなどの昆虫の採集活動も不可欠な生計活動である。つまり、自然に直接的に依存した狩猟・漁撈・採集などのフォレージング（採取活動）は、アフリカの原野で生き抜くために、その生計活動の根幹部に組みこまれていなければならない。そして、この採取活動は、通常、日々の生活圏を越えたより広い原野を活動の場としているのである。

トングウェが主として農閑期に、多くの日数を費やして狩猟に出かけ、原野にすえつけられた蜜箱から蜂蜜を採集する活動は、その典型的な事例である。また、ベンバが、乾季から雨季への移動期に集中して発生するアオムシを採集するため、ときには一週間近くも原野に滞在する例は、食生態の立場からもきわめて興味深い。

4　呪いの世界

以上に述べてきたように、彼らの生業活動は、集落周辺の生活圏を越えた行動を促し、また集落住民の分散化

写真3-3　村をめざす。

の傾向性をかいして、移動を助長する素地を提供している。

しかし、一方で、人びとは一族の者が集まって共に住もうとする強い志向性をもっている。それは、安全性を確保し、食糧調達の相互保証を強め、酒を飲む多くの機会を提供し、儀礼やダンスの楽しみを増大させ、日々のおしゃべりの機会や話題を増す。ところが、多くの人びとの集住は、一方で、さまざまなもめごとの源泉でもある。集落は、妬み・嫉み・怨みが渦巻く場ともなる。このようなどす黒い感情は、人を呪う邪術の跋扈《ばっこ》として顕現する。明るく、のびやかに生きる人びとなのだが、その裏面には、共に暮らす隣人が邪術者なのではないかと疑う黒い情念が潜んでいるのである。人びとは、邪術者につけ狙われることがないよう、できるだけつつましく、控えめに行動する。しかし邪悪な意図を回避する最上の方法は、それらをもつ人びとから離れて暮らすことである。さりげなく村を離れ、テンベアに出る人びとの行動の背景には、このような呪いの世界がある。

村落での定住生活を基礎としつつも、人びとの移動を本質的にくりこんだ原野の暮らしは、集中と離散という二つの根源的な社会原理を軸として展開しているのである。

5　社会関係

人びとがテンベアやサファリに出かける社会的契機は多様である。

乾季のただなか、農作業が暇なおりには、長らく会っていない親族や友人の住む村を訪れることがあるだろう。ときには、結婚式に参列するため村へ急ぐ人もある。トングウェ社会なら、呪医となるための儀礼ブフモや、ゾウを撃ちとった狩人のための悪霊払いの儀式ブジェゲ、双子の生誕を祝うブハサ儀礼、それにまれにではあるが、一族の首長であるムワミの即位儀礼ブワミなどに出席する。これらの儀礼は、ときには一週間から一〇日間も続く。原野に響く太鼓の音に合わせ勇壮に踊る司祭たちや、精霊が憑依して激しく体を震わせながら踊る呪医たちは、人びとの心をひきつける。

親族の死の知らせを受けとると、人びとはどんな仕事をも放り出して弔問にかけつける。あるいは、親しい人が病を患っていると聞けば、必ず見舞いに訪れる。弔問や見舞いは、いわば義務であり、それを怠ると、死人や病人から思わぬ呪いをかけられることがある。

若者は未来の妻を捜し求めて、あるいは見聞をひろめるために、フラリとテンベアに出る。もちろん、「人はテンベアするものだ」としか理解できないような場合もある。

写真3-4　狩りに出かける男たち

6　神秘的存在

人びとの移動の契機を探っていると、祖先霊やもろもろの精霊、それに呪術の世界など、神秘的な存在が関与する例が多いことに気づく。これまで述べた中にも、随所にそれが顔を出している。

生まれた村を離れ他村に嫁いだ女性は、子供が生まれれば、故郷に帰って祖先霊や精霊に報告する。あるいは、病を患って呪医の診断を受け、故郷の精霊が原因とわかれば、村へ帰り精霊を祀る。

トウモロコシの収穫期には、首長が主催する収穫祭に列席し、精霊や祖先霊に感謝する。たとえばトングウェ・ランドにその名を知られた精霊ムラングワに願をかけるため、山中の村イガブリロを訪れる多くの人がいる。中には、願いが成就して、そのお礼まいりのため、ヤギを引き連れてやって来る人もいる。

邪術者に呪いをかけられ大病にかかった人は、お供をつれて、遠くに住む高名な呪医を求めて旅に出る。

7　移動の社会生態学

原野に生きる農耕民の社会は、焼畑農耕と狩猟・漁撈・採集などの採取活動とを基礎とした生業に規定されつつ、一族の者が集まって住もうとする集中の原理と、集住の結果もたらされるもめごとを回避しようとする離散の原理を根幹として成立してきた。それは、集落間の人の移動を必然化したといえるのであるが、人びとの移動の契機はそれを越えて、社会関係や神秘的存在と深くかかわりつつ、多彩な様相を呈していた。あるいは、移動は、原野の人の根源的属性に根ざした行動様式なのかも知れない。

人の移動は、洗練されたホスピタリティの文化に支えられて、情報伝達や集落間をつなぐコミュニケーションの機能をも果たしてきたことは明瞭であろう。小さな集落群のゆるやかな連合を基礎とした社会は、このような回路を通じて、一つの文化を共有する部族社会へと、自らを熟成させてきたのである。

第4章　川喜田二郎先生の最終講義に寄せて

『歴史人類』の慣例では、ここで川喜田二郎先生の全業績を紹介し、送別の辞を述べるべきであるが、私はあえて慣例を破り、先生の最終講義の全容をここに掲載した。私は先生の全貌を語る適任者ではないという自覚がその理由の一部であるが、私たち後進は、個別の業績を越えて、先生の熱い情熱を推進力とした堂々たる生きる姿勢をこそ学ぶべきであると考えたからである。『自分史』を語りながら、多くの業績を生みだした思索と行動の論理を実に明解に分析された最終講義は、川喜田二郎という卓越した個性の生きざまのエッセンスを吐露した名講義であった。その語り口をも含めて記録に残しておきたいと願ったゆえんである。

最終講義は、一九八三年二月一八日、小雪がちらつく午後におこなわれた。会場の第一学年群D棟二〇四号室には、約三〇〇人の学生や教官が集まり、先生の話に耳を傾けた。先生は私どもが用意した仕掛けにも快くのられ、ジョッキのビールで喉をうるおし、講義を進められた。

以下で、先生の講義をより良く理解したいと思われる読者のために、講義の論旨にそい、簡単な解説を付して先生の主要著作を列記しておきたい。

自然に親しみ、三高時代には西田幾太郎やベルグソンを読んで総合的思考法のセンスを身につけ、登山の師でもあった今西錦司博士に私淑して学術探検へと向かう研究前史は『川喜田学』の土台を知るうえできわめて重要であろうが、ここでは深くは立ち入らない。

戦前における学術探検行は、小笠原諸島・硫黄列島・白頭山・ポナペ島・北部大興安嶺と多彩である。それらの経験をもとに、吉良竜夫博士との共同作業である「温量指数」の考案や、「東シベリアの乾燥タイガ」についての考察が展開された。（『大興安嶺探検』今西錦司編著、毎日新聞社、一九五二、における諸論稿）。

戦後の一年間は、木原生物学研究所の嘱託として大山山麓の開拓地に住み、農業実践と研究に従事された。こうしてはぐくまれた食糧問題への関心は、前述の「温量指数」に関する研究と合体して、「カロリー計算による土地生産力の量的表現」（『社会地理』一九、一九四九）として発表される。また、これらの経験は後に『日本文化探検』（講談社、一九六二）の中で、文明論的視座からあらためて論じられている。

先生のネパール・ヒマラヤとのおつきあいは、一九五三年にマナスル登山隊科学班員として現地に赴かれて以来のことである。その後、一九五八年には西北ネパール学術調査隊、一九六三年にネパール・マガール族調査隊のリーダーとして学術調査を推進され、一九七〇年にはヒマラヤ技術協力のために遠征されるなど、何度も足を運ばれた。その結果は、「ネパール・ヒマラヤにおける民族地理学的報告」（Kawakita 1957）や『山地マガール族の研究』（Kawakita 1974）などの大部の英文報告をはじめ、多くの学術論文として発表されている。講義中に述べられたのは、「ネパール・ヒマラヤの土地と作物」（Kawakita 1956）についての英文報告や、「中部ネパールにおける諸文化の垂直構造」（『季刊人類学』八巻一号、一九七七）の内容であろう。このような学術論文で発表された視点は、『鳥葬の国』（光文社、一九六〇）や『ネパール王国探検記』（光文社、一九六七）などの一般むけの著作にも示されている。

ヒマラヤ調査でのコミュニティ・スタディの方法につらなる日本の農村での調査は、奈良県平野村の調査報告（今西錦司著『村と人間』、新評論社、一九五二）や、「砺波散村の研究――富山県東砺波郡鷹栖村」（大阪市立大学文学部地理学教室編、『人文研究』五巻九号、大阪市立大学、一九五四）などで、うかがい知ることができる。

講義の随所にちりばめられている文明論、組織論については、『パーティ学』（社会思想社、一九六四）、『可能性の探検』（講談社、一九六七）、『アジアを見直す』（高山竜三との共著、日本経済新聞社、一九六八）、『チームワーク』（講談社、一九六六）、『組織と人間』（日本放送出版協会、一九六六）、『生きがいの組織論』（川喜田二郎他二名の共著、日本経営出版会、一九六八）などで展開されている。

ネパールのシーカ谷五ヵ村におけるP＆R計画（パイプラインとロープライン計画）にはじまった海外技術協力は現在もなお継続されているが、それを推進した基本的な考え方は『海外協力の哲学』（中央公論社、一九七四）で述べられている。また「適正技術論」については「文明批判としてのもう一つの技術」（『もう一つの技術』、総合研究開発機構編、学陽書房、一九七九）に簡潔にまとめられている。

適正技術論と関連して述べられているアクション・リサーチや野外科学の思想と方法については『発想法』（中央公論社、一九六七）、『続・発想法』（中央公論社、一九七〇）、『野外科学の方法』（中央公論社、一九七三）、『「知」の探検学』（講談社、一九七七）などの著作がある。これらの書物は、講義中での大胆なデカルト批判につながる書であり、また、定性的データーを読み解く情報処理・情報創造の技術――いわゆるK・J法――についての入門書でもある。

一九六八年から一九六九年にかけての大学紛争を機に、先生は東京工業大学の教授を辞され、移動大学の実践にうちこまれた。大学問題の根が、現代文明のゆきづまりにあると喝破された先生は、管理社会に対峙する参画社会の必要性を説き、それへの挑戦として移動大学を構想されたのである。熱気あふれる移動大学の内容と、それからもたらされた理論的な帰結については、『移動大学』（鹿島出版社、一九七一）、『雲と水と』（講談社、一九七二）、『広場の創造』（中央公論社、一九七七）に、いきいきと描かれている。

一九七八年、筑波大学教授として赴任された先生は、自然と文化を包括する文化生態学の視点、雄大でかつ将来をみすえた人類史的・文明史的視野、学際的な学問的センス、方法論への深い思索と創造的な知の技術、現代社会への強い関心と熱い人間愛に裏打ちされた行動と実践などの蓄積と能力を集中し、研究・教育に打ちこまれた。その一端は、現代が抱える諸々の環境問題をとりあげ、学際的かつ実践的に問題解決をめざす「環境科学」の確立にむけて、多大の努力を惜しまれなかった姿によく象徴されている。複雑な現実の問題に対処すべく、「巨大科学」ではなく「複合科学（コンプレックス・サイエンス）」の必要性を説き、その問題解決のためのアクション・リサーチと、「急所に挑む方法（Key Problem Approach）」を提唱され、実践された。それは、学際的な学内プロジェクト研究「北上プロジェクト」の実質的なリーダーとして多くの教官・学生を指導され、自らも岩手県の山村（旧・安家村）へのアクション・リサーチを基礎とした地域活性化に関する研究に情熱を燃やされた態度に、よく示されている。

このような活動の内容は、多くの「北上プロジェクト」および「安家プロジェクト」の報告書や、「北上山地安家地区住民の生きる姿勢とその背景」（千葉徳爾編著、『日本民俗風土論』、弘文堂、一九八〇）などに垣間みることができる。

筑波大学時代にその構想をあたためられ、この講義でその一部が披瀝されている日本文化論あるいは『日本文明論』は、「水界稲作民」や「騎馬民族倭人連合南方渡来説」などのきわめてユニークな学説とともに、「生態学的日本史臆説――特に水界民の提唱――」（『史的文化像』――西村朝日太郎博士古稀記念――、新泉社、一九八〇）や、「日本の生態史的位置づけ――大化改新以前まで――」（『史境』二号、一九八一）で発表されている。また「人類文化発展の三段階二コース説」と融合して、「素朴から文明へ（上・下）」（『季刊民族学』八巻一号および二号、一九八四）の中で、壮大な比較文明論として展開されつつある。

このように、ごく表面的に追跡を試みてもわかるように、先生のお仕事はまことに膨大で奥行きも深い。しかし、この講義の真骨頂は、このようなお仕事の内容にふれつつ、戦争体験を踏まえ世界平和のために働くと決意された誓い、大山山麓での開拓農民としての体験から生みだされた最小限の食糧は自ら大地からつくり出してみせるという自信、特定の学問分野のためでなく自らの必要から学問分野を利用するという気魄、身体を張った実践の中で思考・判断と行動は一体化できるという信念など、先生の心の奥底からの訴えがもつ迫力であったと、私は思う。

当初に私どもが用意したテーマは、「私の歩んだ道――文化生態学、創造性、アクション・リサーチ――」であった。しかし、K・J法によって組み立てられた図解には、「私の歩んだ道、歩む道」と題されていた。それは、単に過去を振りかえるのではなく、常に未来をみつめ、過去からの自然な促しにしたがって堂々と歩むという先生の生きる姿勢を象徴したエピソードであった。先生にとって、筑波大学の御退官は、新たな出発のひとつの契機にすぎないといってもよいのである。

最後になってしまったが、筑波大学御退官後の一九八四年八月に、先生は二つの大きな賞を受賞されたことにふれておきたい。ひとつはＫ・Ｊ法の創造・発展に対する経営技術開発賞である。もうひとつは、ネパール・ヒマラヤへの学術調査を踏まえた国際技術協力に対するマグサイサイ賞である。後者は、アジアにおけるノーベル賞という評価の定まった賞である。この受賞を心からお喜び申しあげると同時に、先生のますますの御活躍をお祈りして、ペンをおくことにしたい。

第5章　「南の生活原理」と「北の生活原理」
――南北問題への一視点

1　はじめに

「文化における北」という共同研究のテーマは、さまざまなイメージを喚起する。アフリカにおける焼畑農耕民の生態人類学的研究を専門とする者として、私は、このテーマを二つの視角から捉えて論を展開してみたい。ひとつは、いわゆる南北問題である。私自身の体験にそくしていえば、アフリカのフィールドで生活しながら日本での暮らしを想うとき、あるいは逆に日本にいてアフリカのことを考えるときの、とまどいに似た思いをバネにして、現代世界が抱える根本問題の一つにアプローチしてみたいのである。もうひとつの視角は、風土論的な視角といってもよいのだが、自然条件を基礎にすえたマクロな生活様式論、あるいは文化論の可能性を探ることである。

南北問題の風土論的考察——それがこの試論の課題である。

2　南北問題の生態的背景

世界の生態気候区分と南北問題

人間の生活環境を世界レベルで検討しようとするとき、植物的自然をインデックスとして類型化された生態区分図が参考になる。そのような区分図の試みはいくつかあるが、この試論の立場からいえば、日本の条件を踏まえた吉良による世界の生態気候区分が適切な見取図を与えてくれる（図5-1）（吉良　一九七一）。それは、水分条件（乾湿度）と温度条件（温量指数）の二つの軸によって類型化された区分図である。温量指数（暖かさの指数）は吉良らの考案によるものであり、植物が生育しうるのは月平均気温が五℃以上の月だけとみなし、それらの各月の平均気温から五℃を差し引いて積算した値である。

この生態区分図に照らし合せて南北問題を考えるなら、おおまかにみて温量指数一八〇℃を境にした「北」と「南」の問題であるといえよう。あるいは乾湿度の軸も含めてみれば、人間による改変以前の自然植生が暖温帯広葉樹林・冷温帯落葉広葉樹林などの温帯性の森林であった「北」と、熱帯および亜熱帯林・ステップ・サバン

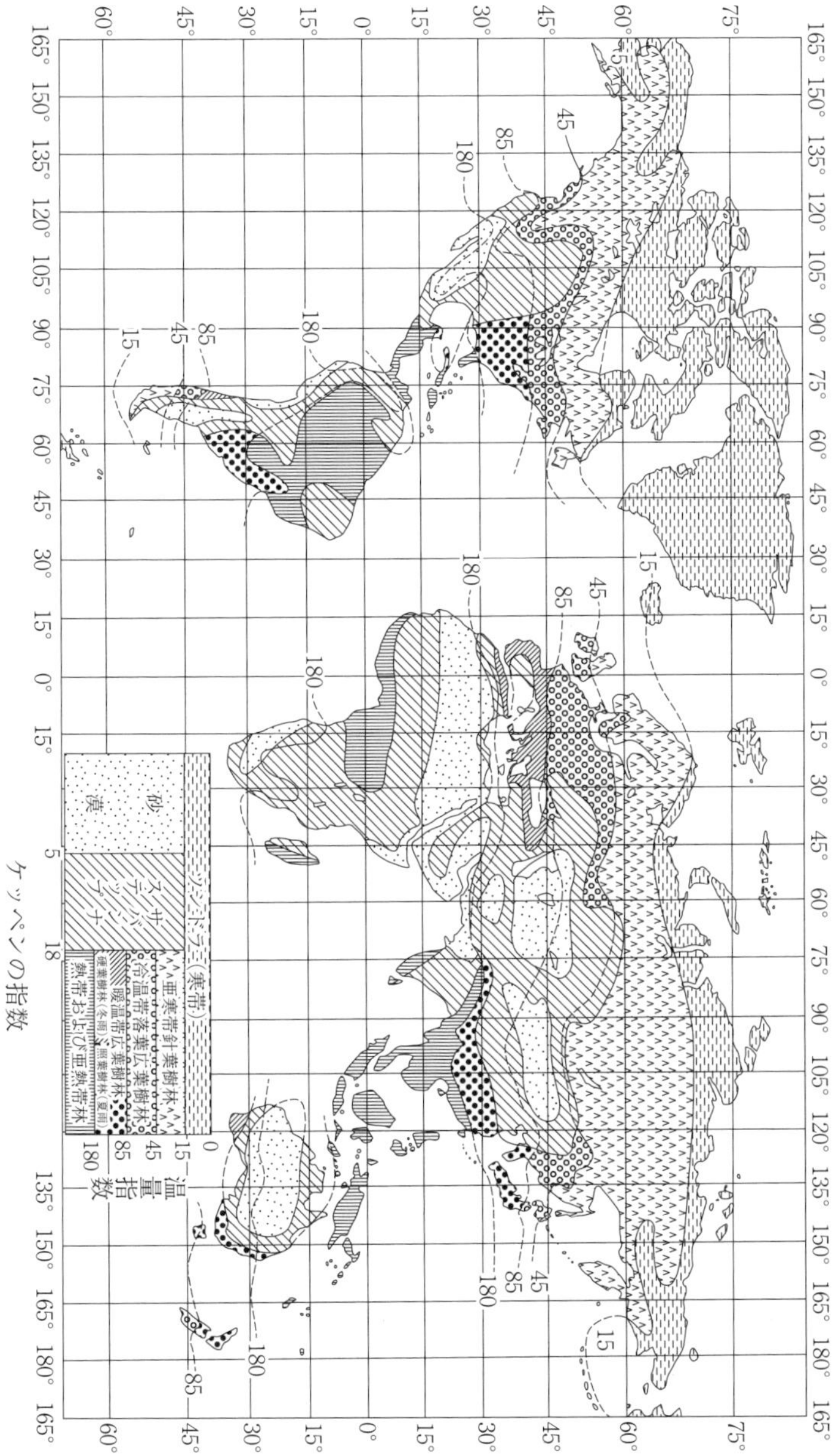

図 5-1　世界の生態気候区分図
（吉良　1971: 150-151）

ナ・砂漠からなる「南」の問題であると位置づけることができる。つまり、南北問題の一面を生態学的な表現で示すなら、中緯度温帯森林域での生活様式（文化）と、極湿潤から極乾燥までを内包する低緯度熱帯域での生活様式（文化）との対立であると考えることができるのである。

いわゆる先進国が高度情報化社会やハイテク産業の時代に突入し、その影響が世界大に広がりつつある。しかし世界の大部分の人びとは、いまもなお主要な生業基盤を農耕に置いており、それゆえ自然の生態条件に深く根差した生活や文化を生きているといってよい。第三世界が抱える基本的な問題の一つは、そのような生活・文化と農業の近代化・工業化・産業化のダイナミズムの中に見い出すことができるのである。先進国においても、現代の産業状況を準備したのが、長期にわたる農業時代に培われた社会・文化特性であったと考えれば、その底流に生態的諸条件の刻印を読みとることができるであろう。

自然生態系の諸特性と南北問題

地球上の生命を支える究極のエネルギー源は太陽放射エネルギーであり、それが緑色植物の光合成によって有機物や固定エネルギーとして同化され、確保される。すべての生態系は、この緑色植物による一次生産を基礎としているのであり、工業化以前の人間の生業もこの自然生態系と不可分の関係を保持してきた。

採集狩猟は全面的に自然生態系の生産に依存した生業である。牧畜は、人間には直接的に摂取できない草本類を、いわば家畜というエネルギー転換装置によって利用可能なエネルギーに変換する生業である。農耕は、自然生態系を改変・攪乱し、そこで栽培植物を育て、より人間に利用しやすい形で太陽エネルギーを化学エネルギーに変換する生業である。それは、自然生態系を耕地生態系に変換する生業である。

このように整理してみれば、人間の生業様式を考える場合にも、各生態系の一次生産力を中心とした諸特性が重要な意味をもつことになる。そこで、世界の主要な生態系における一次生産力と植物現存量について概観してみよう（表5-1）。

まず、表中の述語について、その定義を提示しておこう。「ある時点における一定面積内の植物（または動物）の総量を現存量（standing crop）といい、重量（おもに乾量）あるいはカロリー量で示される」（岩城 一九八八：二三五頁）。「単位時間内に単位面積の緑色植物によってつくられた有機物量もしくは固定エネルギー量を総生産量（gross production）という。純生産量から植物の呼吸によって消費される量を差し引いた残りを純生産量（net production）とよぶ」（岩城 一九八八：二三九頁）。

さしあたり、純生産量の平均値に注目してみれば、森林・サバンナ・草原・ツンドラ・砂漠の順にその値が低下する。また、熱帯・温帯・寒帯と緯度が高くなるにつれて、純生産量は低くなっていくことがわかる。多大の人間の労力が注ぎこまれる耕地が、純生産量からいえば、温帯森林のほぼ半分にしか達しないことも印象的である。

さきに南北問題の一面を、中緯度温帯森林域での生活様式（文化）と、低緯度熱帯域での生活様式（文化）との対立として捉える視点を設定したが、ここで少し突っこんでこの問題を考えてみよう。前者の代表として温帯常緑林を、後者の代表として熱帯多雨林をとりあげ、それらの純生産量・現存量（平均）を比較してみよう。熱帯多雨林は、純生産量において約七〇パーセント、現存量において二九パーセントていど温帯常緑林より高い値を示している。つまり、高温多湿という気候条件のもとで、熱帯多雨林は旺盛な生命力をもち高い生産性を示し

表5-1　世界の一次生産力と植物現存量

	面積 (10⁶ km²)	純生産量（乾量）		現存量（乾量）	
		平均 (t/ha・yr)	総量 (10^9 t/yr)	平均 (t/ha)	総量 (10^9 t)
熱帯多雨林	17.0	22	37.4	450	765
熱帯季節林	7.5	16	12.0	350	260
温帯常緑林	5.0	13	6.5	350	175
温帯落葉林	7.0	12	8.4	300	210
亜寒帯林	12.0	8	9.6	200	240
疎林・低木林	8.5	7	6.0	60	50
サバンナ	15.0	9	13.5	40	60
温帯草原	9.0	6	5.4	16	14
ツンドラ・高山草原	8.0	1.4	1.1	6	5
砂漠・半砂漠の低木林	18.0	0.9	1.6	7	13
真の砂漠（岩石、砂、氷）	24.0	0.03	0.07	0.2	0.5
耕地	14.0	6.5	9.1	10	14
沼地・沼沢	2.0	30	6.0	150	30
湖沼・河川	2.0	4	0.8	0.2	0.05
陸地の合計	149.0	7.82	117.5	122	1,837
外洋	332.0	1.25	41.5	0.03	1
湧昇流域	0.4	5	0.2	0.2	0.008
大陸棚	26.6	3.6	9.6	0.01	0.27
付着藻類・サンゴ礁	0.6	25	1.6	20	1.2
入江	1.4	15	2.1	10	1.4
海洋の合計	361.0	1.55	55.0	0.1	3.9
地球全体	510.0	3.36	172.5	36	1,841

（（岩城　1988）。原資料は（Whittaker & Likens1975））

ており、それゆえ人間が利用しうる環境としても高い生産力のポテンシャルをもっているかにみえる。

しかし、これらの植物生産を支える土壌環境に目を転じれば、上述した生産のポテンシャルとは逆の面が見えてくる。土壌の肥沃度を保障する地表有機物層（土壌学ではA_0層とよぶ）の量と土壌腐植層の、ストックとフローの様態から考えてみよう。土壌中での炭素を指標物質にして進められた研究（図5-2）によると、熱帯多雨林と温帯林について図5-3のような結果が示されている。つまり、「ブナ林から熱帯多雨林に向かって高温の地方にゆくにつれてプール中の蓄積量はしだいに減少し、逆に各経路の流量は増加する」（吉良　一九八三：二四四頁）のである。また、各土壌系における有機物の分解速度のよい目安となる有機物の半減期は、地表有機物層では、「ブナ林で二・五年、照葉樹林で〇・八年、熱帯多雨林で〇・三年となり、土壌腐植の半減期はそれぞれ六三年、二五年、一二年くらいである」（吉良　一九八三：二四五頁）。

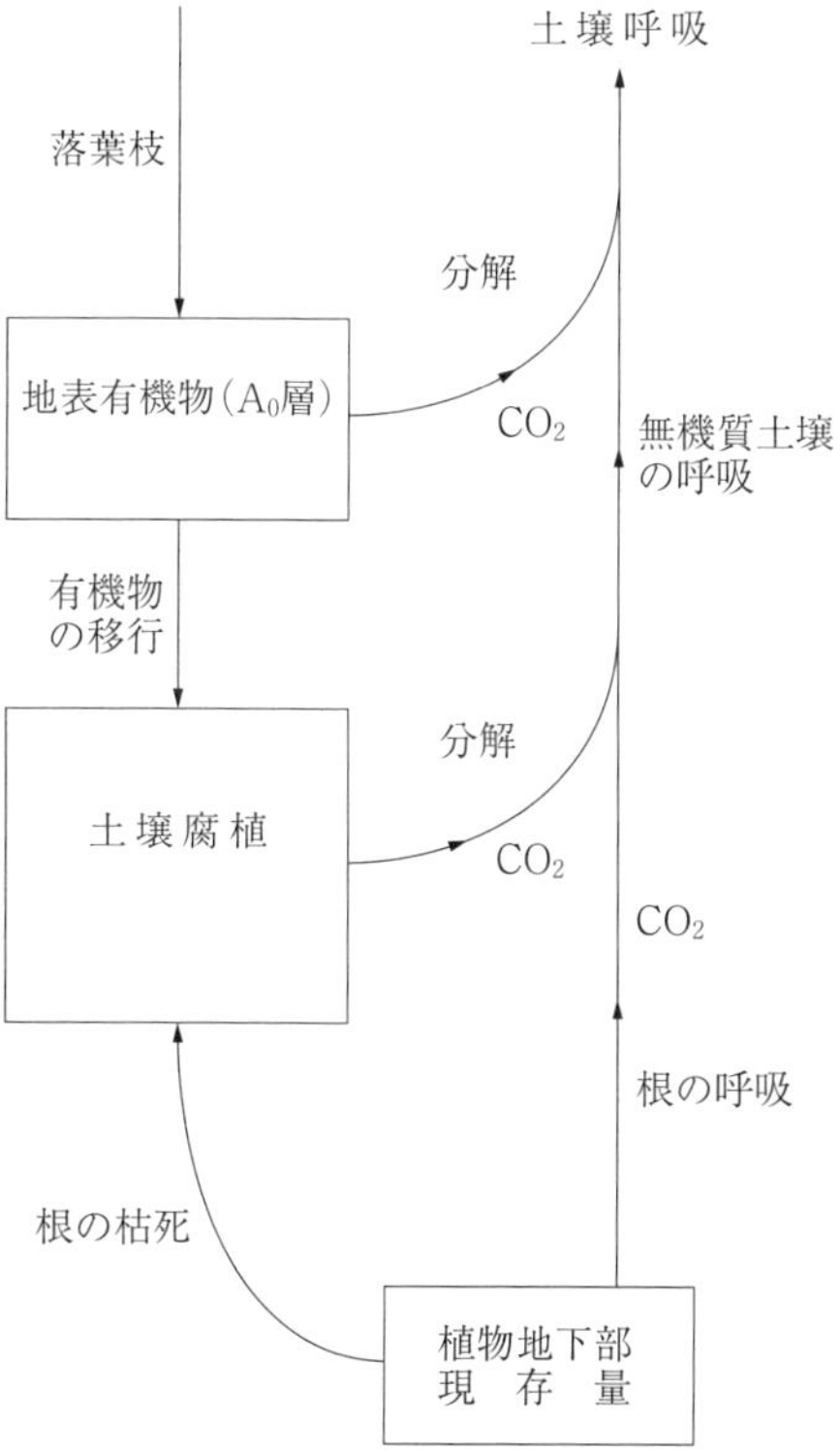

図5-2　土壌中での炭素の動きのモデル
（(吉良　1983）を一部改変）

一見したところ旺盛な生命力を示す熱帯多雨林は、きわめて早い有機物の分解に負うところが大きいという特徴をもつ。熱帯多雨林は、いわば自転車操業

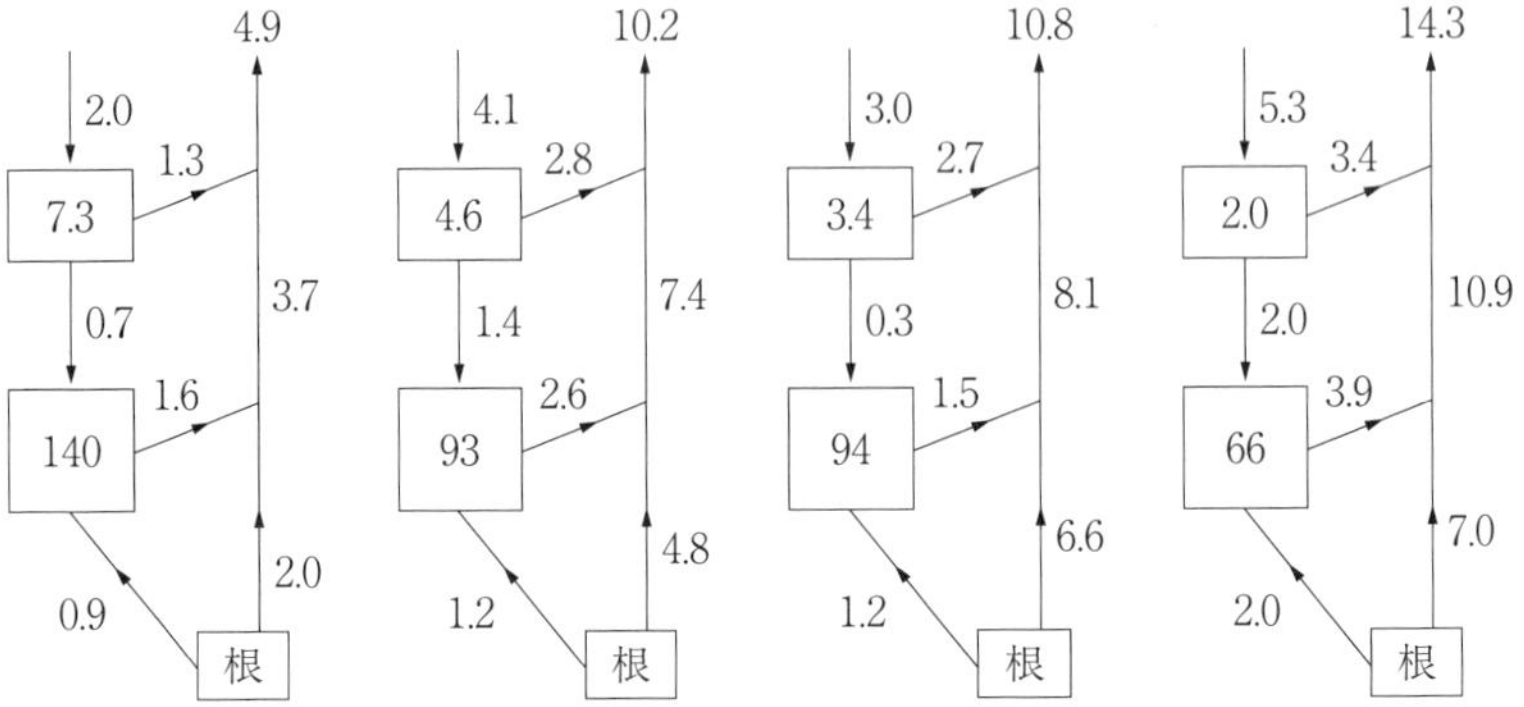

図 5-3　熱帯多雨林と温帯林の土壌炭素の動態
（プール内の数字はトン/ha、フローの数字はトン/ha・年の単位であらわす。）
（(吉良　1983）を一部改変）

型の物質循環に支えられており、地表有機物層や土壌腐植として有機物はそれほど多く蓄積されていないのである。

このような特徴をもつ熱帯多雨林が広域にわたって伐採されると、強い陽光と激しい雨に直接的にさらされることになり、地表の有機物はさらに分解を早めて無機化し、もともと薄い表層土や栄養塩類が流し去られ、一気に土壌流出や土壌荒廃が進行することになる。

農耕は、自然生態系を耕地生態系に変換する営みである。それゆえ、低緯度熱帯域における農耕は、たとえば熱帯降雨林についての分析で示したような自然の諸条件のもとで展開してきたことに留意する必要がある。一方、中緯度温帯森林域では、豊かな地表有機物層と土壌腐植をもち、熱帯多雨林とくらべても見劣りしない生産力をもつ森林を基盤とし、それを支えた自然の諸条件のもとで農耕が展開してきたことに注目しておきたい。

3　人類史の視点から

地球大の生態系分布と人間の営みとの相互関係に目を向ける視点とともに、それらがほぼ四〇〇万年の時間的深度をもつ人類史を背景としていることも、人間理解の基礎に据えられなければならない。

人類進化にかんする知見は、重要な人類化石の発見や分子生物学からのアプローチの進展などがあいまって、ここ一〇年間、大きく揺れ動いているといっても過言ではない。つまり、人類の起源やその進化の実態について確定的なことを述べるのは難しい状況にある。しかし、いわゆる猿人（*Australopithecus* 類）、原人（*Homo erectus*）、旧人（*Homo sapiens neanderthalensis*）、新人（*Homo sapiens sapiens*）と、ほぼ地質年代にしたがい四段階に整理して理解することについては、多くの人類学者が同意しているとみてよい。ここでは、居住域の拡大と生活様式の持続と変化に関連した範囲内で、人類進化について概観しておきたい。

猿人の時代

R・ダートが、一九二四年に南アフリカで猿人（*Australopithecus africanus*）の化石を発見して以来、二〇世紀の人類進化学の一大テーマが、アフリカ大陸での猿人化石の発掘とその位置づけをめぐって展開してきたとみてよい。ほぼ四〇〇万年前と推定されるアファレンシス（*Australopithecus afarensis*）と、アフリカヌス（*A. africanus*）、ロブストゥス（*A. robustus*）の三種のアウストラロピテクス類とホモ・ハビリス（*Homo habilis*）がこの猿人に含まれる。それらの化石群の相互関係や人類進化史の中で占める位置については、いまなおホットな議論が続いている。一方で、アフリカ大陸に生息する大型類人猿、つまりナミチンパンジー、ピグミーチンパンジー、ゴリラの生態・社会・行動についての調査・研究がめざましく進展してもいる。ヒトの起源についての研究は、錯綜しつつも一段と深い議論が可能になってきたということができる。これらの研究からもたらされた画期的な成果は、たとえば「人類とは直立二足歩行するアフリカの類人猿の一種」（黒田　一九八七：二頁）という結論に示されている。

この試論の立場から猿人についての重要な知見を総括しておこう。猿人は、ほぼ四〇〇万年前にこの地球上に出現したが、その分布域はアフリカに限定されており、腐肉食者あるいは小型の野獣の狩猟者にすぎなかったとしても、すでに採集狩猟民としての道を歩み始めていたヒトである。猿人の時代は、ほぼ二五〇万年の長期にわたって続いた後、約一六〇万年前に原人の時代へと移ってゆく。

原人の時代

原人の出現から新人に至る人類進化については、片山（一九八七）がこれまでの自然人類学の成果を踏まえ、要点を押さえつつ的確に描出している。ここでは片山の記述を参照しつつ、大まかにその進化の跡をたどってみよう。

早期原人、つまり一六〇万年前から一一〇万年前までに生存したと考えられる原人の化石は、東アフリカと南アフリカでのみ出土しており、原人への進化は熱帯アフリカを舞台として進展したことはほぼ確実である。そして、おおよそ一一〇万年前に原人はアフリカを離れて、中国やインドネシアからヨーロッパにいたるユーラシア大陸の亜熱帯・温帯域へと分布を広げてゆくのである。

早期の原人化石は、猿人が用いていた礫石器よりも加工技術の進んだ、核石器を主体としたアプヴィリアン型石器を伴出している。またユーラシア大陸に進出した原人群は、二次加工を加えた握斧や簡単な剥片石器をふくむ精巧な石器文化複合（アシュレアン文化）を創出している。このような石器に示された優れた道具を駆使して、原人は大型哺乳類をも対象にした本格的な狩猟を生業に組み入れていたのであろう。最古の火の使用跡であると推定されているケニアのチェソワンジャ遺跡の存在や、あるいは周口店にある北京原人の遺跡で確証されているように、火の使用という革新的な文化をとりこんでもいる。寒さの厳しい冬期を含み、気温の季節差の大きい温帯域へと分布を広げえたのは、このような文化的適応に負うところが大であったであろう。

旧人の時代

現在では *Homo sapiens neanderthalensis* の学名で呼ばれ、*Homo sapiens* の亜種として類別される旧人はほぼ二〇万年前を境にして出現する。発達した眼窩上隆起や後頭隆起、前方に突き出た顔面頭蓋、頑丈な下顎骨など、ごつごつとした印象を与えはするが、基本的な体型という点では新人類と変わりはない、というのが多くの人類学者の見解である。

旧人は、ほぼ一〇万年前に、スクレイパーやポイントなどの多くの剥片石器を含む多種類の精巧な石器群からなるムステリアン文化を生み出している。あるいは意識的に埋葬がおこなわれるなど、精神生活における一つの画期をよみとることができる発掘例もある。

分布域という点では、原人の時代とさほど変わりはない。しかし、西ヨーロッパから西アジアにかけてのグループ、サハラ砂漠以南のグループ、それに中国のグループなど、地域集団の分化が明瞭となり、また生息密度も明らかに高くなっている。「原人の時代を人類の分布の拡大期とすれば、旧人のそれは地域差の確立期」（片山一九八七：二六二頁）として位置づけることができる。

新人の時代

旧人から新人への移行は、ヴィルムⅠ氷期が後退しはじめた四万年前に、その分布域内でほぼ一斉に、しかも短期間のうちに急速に進んだと考えられている。その体型は骨太から骨細型へと変わるが、それは生活技術の革新にともなった身体面での急激な変化のあらわれであろう。

ヨーロッパでは、オーリナシアン、ソリュートリアン、マグダレニアンの順に、新人の成熟した石器文化が花咲き、狩猟技術も高度化して、多くの大型獣が絶滅に追いやられるほどの状況であったという。重要な生業の一つとして新たに漁撈活動がつけ加えられたのもこの時期である。人間や動物の見事な彫像や洞窟壁画など、芸術の誕生ともよべる精神活動も活発となる。

新人の居住域は、シベリアの北極海近くまで広がり、十分に寒冷地に適応しうる生活文化をわがものとしていたことがうかがえる。そして、ついにベーリンジアを越えてアメリカ新大陸へ、あるいはオーストラリアとそれに隣接するオセアニアへと移住してゆくのである。こうして全世界へと分布域を拡大していったのである。

四〇〇万年の人類史を駆け足でたどってきたが、この試論の立場から、その特徴を三点にしぼって総括しておきたい。

三つの特徴

一つは、居住域の拡大にみられる特徴である。人類進化の主要な流れは、その起源地であるアフリカから出発し、ユーラシア大陸のより北方域を居住地にくりこんでゆく動きであった。それを可能にしたのは、二つめの特徴を述べることになるが、ヒトが身体的適応の制約から解放され、文化的適応者の道を進んだ点に求めることができる。第三の特徴としてあげたいのは、ヒトは採集狩猟民としてその人類史の大半を生きてきたという事実である。農耕が開始される一万年前以前の人類史、つまり人類史の九九パーセントは採集狩猟民としてのヒトの歴史なのである。私たちが「人間」とよび、あるいは「人間性」と称するものの基本的特性は、ヒトが採集狩猟民として進化してゆく過程で獲得してきた可能性が高い。

熱帯型動物としてのヒト

上述のまとめと関連して、もう一つ重要なヒトについての知見をあげておきたい。それは生理人類学での耐寒性についての研究であり、そのすぐれた指標として認められている下臨界温度を求めた結果である。四〇℃ほどの高温から次第にその気温を下げてゆくと、それぞれの動物種に応じて、一定の温度に達したときに代謝量の昂進が観察される。「低温環境では身体から熱が奪われるが、それに応じて代謝が昂進して熱を発生し、低体温に陥ることを防ぐメカニズム」（佐藤　一九八七：九七頁）が発動しはじめる温度を下臨界温度とよぶ。人種や民族を異にするいくつかの人間集団についてその値を求めたところ、いずれも二二〜二七℃の範囲内に含まれたという。熱帯に住む動物の下臨界温度は、二〇〜三〇℃の間におさまるというから、「人間では寒冷に住む人種や民族を含めて熱帯型動物の傾向が明らかである」（佐藤　一九八七：一一四頁）。極北の地をも居住地とし、全世界に分布を広げていった新人の後裔である現代人も、熱帯アフリカを生活の場とした初期人類の生理的特性を継承しているのである。

4　採集狩猟民の生き方

ヒトが採集狩猟民として進化してきたという観点のゆえばかりでなく、自然と文化の関係の諸相を考えるうえでも、採集狩猟民についての研究は多くのヒントを与えてくれる。

採集狩猟民の生活は、文字通り、野生植物の採集、野獣の狩猟、それに漁撈など、一〇〇パーセント自然に依存した生計活動によって支えられている。リー（Lee 1968）は、マードックによるEthnographic Atlas（Murdock 1967）に依拠し、確実な民族誌的資料の得られる五八の採集狩猟民をとりあげ、主要食料供給源と緯度との関係を分析している。この分析結果は、佐原（一九八八）によってわかりやすく図示されている（図5-4）。

アフリカを代表する採集狩猟民サン（ブッシュマン）の社会では、その摂取エネルギーのほぼ五分の四は、女性が採集してくる植物性食物に由来している（Lee 1968; 田中　一九七一; Tanaka 1980）。サンの例が端的に示しているように、低緯度熱帯域では採集（図中では採取と表記されている）による植物性食物に強く依存しているのであるが、緯度が高くなるにつれて狩猟および漁撈によって得られる獣肉や魚肉の比率が高くなってゆく傾向が、図からはっきりと読みとれる。

主要な生計活動についてみれば、このように低緯度から高緯度に移るにしたがって一定の方向性をもった変異を示すのであるが、以下に述べる社会・文化の特性については、おおまかにいって採集狩猟民社会に共通しているとみてよい。

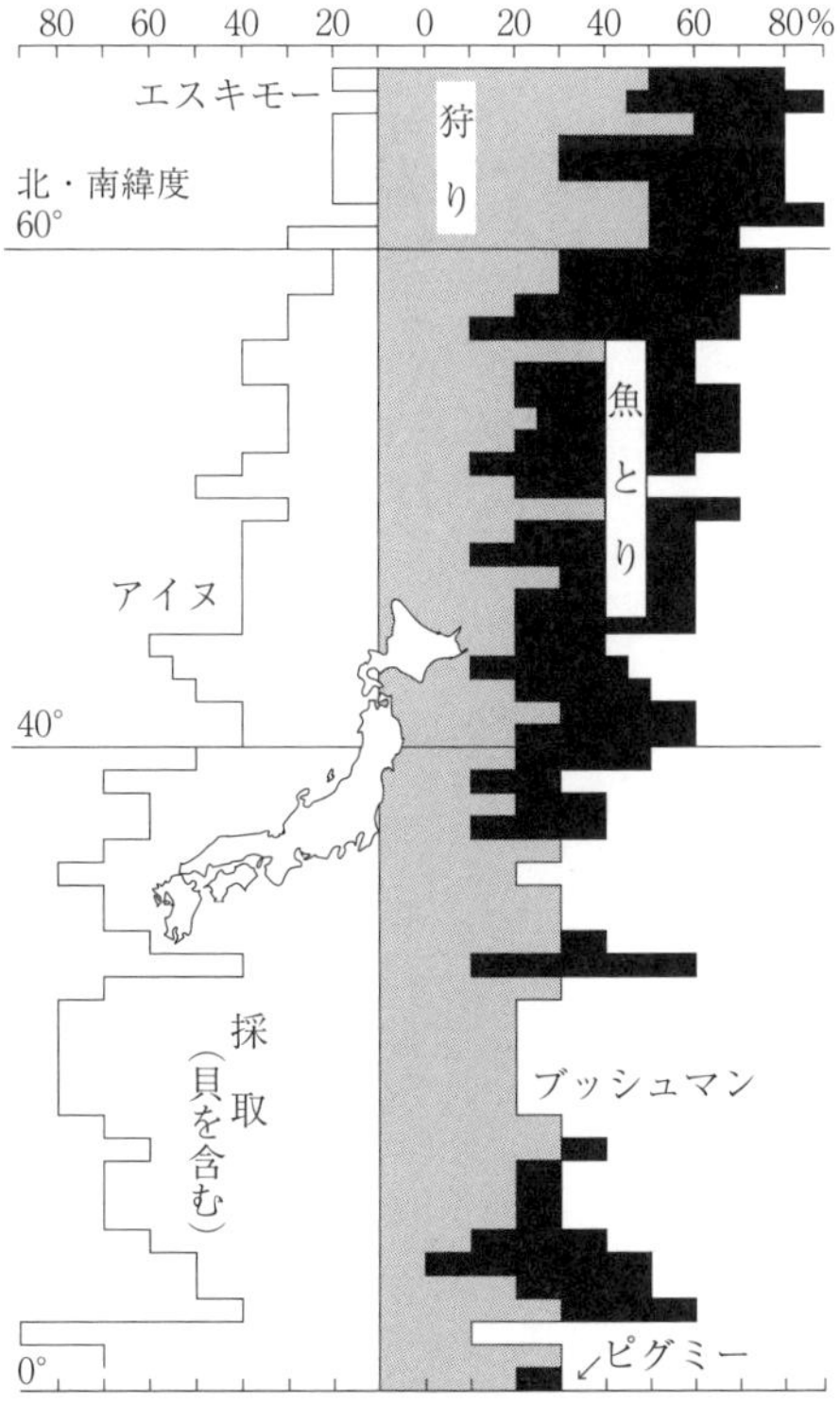

図5-4　世界の採集狩猟民の主要食料供給源と緯度　（佐原　1988）

リーとドゥボアーは、採集狩猟民の研究を総括する論文の中で、その基本的性格を「遊動するスタイル（nomadic style）」と表現している（Lee & DeVore 1968）。通常、五〇人ていどの、バンドあるいはキャンプとよばれる小規模なグループを形成し、野生動植物資源の分布や生産量の状況に応じて自在に遊動する暮らし方が、採集狩猟民の標準的なライフスタイルなのである。このライフスタイルは、個人が持ち運びできる範囲内での物質財の保有を前提としており、過剰な物質財の蓄積や、その特定個人への集中を原理的に制限していることに注意しておきたい。

採集狩猟は、いわば食料の貯蔵庫である自然から、時に応じて必要な動植物資源を引き出す活動であるといってよいが、それに要する労働時間はきわめて少ない。サンの例では、キャンプ内の人員のうち生計活動にまったく関与しない老人・子供を除いた成人男女が、一日平均で四時間前後、食料獲得のために働けば、全員の食料が十分に確保されるという（Lee 1968; 田中　一九七一; Tanaka 1980）。それ以外は余暇時間であり、サンたちは昼寝やおしゃべりを楽しみ、歌やダンスに興じ、あるいは他キャンプへの訪問などに時間を費やすという。サーリンズは、このような社会を「始源の豊かな社会（Original affluent society）」と表現する（サーリンズ　一九八四）。

採集狩猟民の社会を律するのは、徹底的な分配の原理であり、それゆえ貧富の差は生じず経済的な差異はほとんど存在しない。男による狩猟、女による採集という性的分業のほかには社会的分業はなく、状況に応じてリーダーシップをとる者はいても、フルタイムの首長は存在しない。採集狩猟民は平等主義（egalitarianism）を生きる人びとなのである。前に、採集狩猟は、全面的に自然生態系の生産に依存する生業であることを強調しておいた。あるいは、自然生態系の一員として生きる生活様式だといってもよい。それゆえ、採集狩猟民社会の存続は、彼らもその一員である生態系の健全な再生産によって支えられる。どのような生活原理がそれを可能にしているのであろうか。

近年、動物の採食戦略を参照しつつ、人類のそれがタイム・ミニマイザー（time minimizer）とエナジー・マキシマイザー（energy maximizer）の二つの類型に分けることができるという説が提唱されている。タイム・ミニマイザーは、「食料獲得に費やす時間を最小限にし、残りの時間を他の活動に向ける戦略」をとる。エナジー・マキシマイザーは、「他の諸活動を犠牲にして、できるだけ多く食料の総エネルギーを産出しようとする戦略」をとる。そして、人類は採集狩猟民として進化する過程で、タイム・ミニマイザーの道を選択した、というのである（Hardesty 1977）。

採集狩猟民はタイム・ミニマイザーとして生きることによって、自らの生活要求を充足させつつ、過剰な環境利用を押しとどめ、生態系の再生産の保持という課題をも解決してきたのである。そして、上述したさまざまな社会・文化的な特性が、このような生活原理を可能にしてきたと考えることができるのである。

採集狩猟民の生活様式はこのように概括できるのであるが、一方でその変異にも目を向け、とくに中緯度温帯森林域における採集狩猟民のそれが、人類史上に占める位置について記しておかなければならない。

現代の文明社会への道を準備した根本的な人類史上の変化は、「新石器時代革命」「食料生産革命」であり、栽培植物の出現、あるいは農耕の開始がもたらした画期である。これが、先史学における人類史観の大前提であった。しかし西田（一九八六）は、この常識に疑義を呈し、むしろ霊長類の一員としてのヒトが、その長い遊動生活の伝統を捨てて定住生活を開始したことこそ、より根源的な変化であったと主張している。つまり「定住革命」とよべる変化こそが、人類史を画する一大革命であり、植物栽培の出現もこの定住生活から派生した生態学的な帰結の一つにすぎないという。この「定住革命」が展開したのが、中緯度温帯森林域であった。ほぼ一万年前、氷河期から後氷期にかけて地球の温暖化が進み、中緯度の温帯森林環境が拡大し、氷河期には広く分布していた大型獣が減少して狩猟が不調になってきた。それゆえ温帯森林の狩猟民は、植物性食料や魚類への依存を高める道を選択せざるを得なかった。このような生存戦略は、食料資源の大きな季節的変動に対処しえることが前提となる。つまり、多忙な労働が強いられる越冬食料の大量貯蔵や、漁獲の効率と安定性を高める大型定置漁具の利用が必然化され、定住化が促されることになる。こうして、中緯度森林の定住民が誕生したのだが、その伝統はアイヌや北米の北西海岸インディアンなどの定住型の採集狩猟民に保持されていることが、民族誌的資料により示すことができる。世界の採集狩猟民の主要食料供給源の変異も（図5-4）、この人類史的変化を反映していると読むこともできる。

「人類は、今からおよそ一万年前頃、人類以前からの伝統であった遊動生活を捨てて定住生活を始めた。その後、人類史の時間尺度からすればほんの一瞬ともいえる短時間の間に、食料の生産がはじまり、町や都市が発生し、道具や装置が大きく複雑になり、社会は分業化され階層化された」（西田　一九八六：一四頁）。このような人類史的展開の徹底化の基盤となったのが中緯度温帯森林域という生態環境なのである。さきに述べた二つの生存戦略とのかかわりでみれば、この中緯度温帯森林域で展開した人類史的過程がエナジー・マキシマイザーの温床であった、ということになる。

5　アフリカからの視座——焼畑農耕民の研究から

冒頭でも述べたように、私の専門はアフリカ研究であり、一九七一年以来、タンザニア国のトングウェ、ザンビア国のベンバなど、東および中南部アフリカのウッドランド（乾燥疎開林）を生活の場とする焼畑農耕民の生態人類学的研究を続けてきた。この章では、これまでの論旨を捉えかえしつつ、アフリカの焼畑農耕民研究の立場から問題提起を試みたい。

トングウェとベンバ

トングウェは、西部タンザニア、タンガニイカ湖畔（湖面海抜七四三メートル）東岸部から海抜二〇〇〇メートルを越すマハレ山塊にかけて居住している。ベンバは、海抜一〇〇〇メートル前後の高原が広がる東北ザンビアに住む。彼らの居住域は、図5-1に示したマクロな世界の生態気候区分ではサバンナに属するが、アフリカ大陸における植生区分ではウッドランドとして分類されている。樹高がせいぜい二〇メートル、樹間距離が三〜五メートルの疎林帯、それがウッドランドである。一一月から四月にかけての雨季に八〇〇〜一二〇〇ミリメートルの雨が集中的に降り、五月から一〇月にかけての乾季にはほとんど雨が降らない。いわば熱帯多雨林と乾燥サバンナの特性をあわせもつ植生帯だといってよい。

トングウェは、主として河辺林や山地林を開墾して、トウロモコシやキャッサバなどを植え付ける焼畑農耕を、ベンバは疎林そのものを開墾して、主としてシコクビエ・キャッサバを植え付ける焼畑農耕を営んでいる。しかし、採集や狩猟・漁撈も重要であり、複合的な生業構造をもっている。

トングウェでは三〜五〇人、ベンバでは五〇〜一〇〇人ていどの小規模な集落が、彼らの生活単位である。トングウェとベンバは、文化の系譜や親族・政治構造などにおいては異なっているのだが、この集落レベルでの生計経済においては、ほぼ同質の特性をもっている。

トングウェ社会にみられる基本的な生計経済の原理は、「最小生計努力」と「（食物の）平均化」の傾向性として整理できる（掛谷　一九七四、一九八六a）。彼らは、身近な生活環境の範囲内で、できるだけ少ない生計努力によって、安定した食料を確保しようとする、つつましやかな自給指向をもつ（「最小生計努力」）。それらの食料は、集落の成員のみならず頻繁に訪れる客人にも与えられ、あるいは食料不足時には他集落の人びとに分与される。つまり食物は、分与を媒介として世帯間・集落間を移動し、「平均化」する傾向性をもつ。そして、この二つの生計経済の原理は相互に深く関連しているのである。

ベンバの生計経済の場合には、主作物であるシコクビエ生産の観察から「過少生産（underproduction）」（サーリンズ　一九八四）の傾向が見い出され、また分配を促す強い社会規範に支えられ、平準化機構（レベリング・メカニズム）が機能していることが確かめられている（Kakeya & Sugiyama 1985; 掛谷・杉山　一九八七、Sugiyama 1987）。それぞれの社会でみられる二つの生計経済の原理に反する行動は、人びとの妬みや恨みの感情を惹起し、人を呪って病や死をもたらす邪術の行使を誘い出す。このような邪術への恐れが、生計経済の原理を裏面から支えてもいるのである。あるいは、人の生につきまとう病や死への恐れが、邪術という社会・文化的な回路を通じて、生計経済の原理に深く関与しているといってもよい。

二つの焼畑農耕民社会の生計経済と、それを支える社会・文化的な特性についてごく簡潔に述べてきたが、これらの諸特徴は、焼畑農耕民も、採集狩猟民の生活原理として指摘した、平等主義を基調とするタイム・ミニマイザーの生き方を継承していることを明らかに示している。

焼畑農耕の生態

熱帯アフリカにおける焼畑農耕には、その農法や農作物に多くのバラエティが認められるのであるが、ここではチテメネ・システムとよばれるベンバの焼畑農耕をとりあげ、その生態について検討してみよう。

チテメネ・システムは、乾燥疎開林そのものを開墾対象とし、「原則として木を切り倒さず、（男が）木に登って枝を伐り取り、それらの枝を（女が）中心部に集め、火を放って焼畑耕地とする農耕様式」（掛谷・杉山　一九八七：一一一頁）であり、木の伐採域は耕地の六倍以上にもなる。こうして開墾した焼畑には、アフリカ起源の雑穀であるシコクビエを主作物として、他にキャッサバ・ラッカセイなどを加え、混作と輪作によって五年間は継続して作付する。その後、一五〜二〇年間は耕作を放棄して休閑する。

前に述べたように、熱帯林では有機物は表層土中にあまり蓄積されず、もっぱら木に蓄積される。チテメネ・システムは、広い伐採域から枝を集めることによって樹木の生育密度の低さを克服し、木に蓄積された有機物を利用する農法であり、乾土効果や焼土効果を巧みにくりこむことによって、乾燥疎林のポテンシャルを最大限に引き出す農法である。混作と輪作も焼畑耕地の有効利用に大いに貢献している。枝は伐り落とされているが、木の根は大地にはりめぐらされており、また作物が常に地表を覆うことによって、土壌流出もおさえられている。枝のみを伐採する方式は、より早く疎林を自然更新させる手段とみてよい。そして開墾規模は、「過少生産」の言葉どおり、最小限にとどめられる。

すでに詳しく述べたように、「外からの攪乱、とくに人為作用に対して熱帯林は非常に脆弱である」（岩城　一九八八：二五五頁）。このような熱帯林に適合した農法を創出しつつ、伝統的な焼畑農耕民は平等主義を基調としたタイム・ミニマイザーとして生きることによって、環境の改変を小規模にとどめ、長期にわたって持続的な生産（sustained yield）を確保してきたのである。

6　二つの生活原理——まとめに代えて

これまで、世界の生態気候区分と人類史的な観点を大きな枠組みとしつつ、「アフリカからの視座」に依拠していくつかの問題を検討してきたが、ここで主要な論点を整理し、あらためて南北問題を視野に入れて、さらに議論を展開してみよう。

いわゆる「南」の国々は、極乾燥から極湿潤までを内包する低緯度熱帯域に分布している。そこでの主要生業の一つは焼畑農耕である。それを営む人びとは、人類史の大半を占める採集狩猟民の伝統を継承し、平等主義を基調とするタイム・ミニマイザーとして生きる道を選択してきた。それは、自然の改変を小規模にとどめ、環境破壊や環境荒廃に歯止めをかけ、できる限り競争を排除して人びとが共存してゆく生き方であり、大地の影響を深く刻みこんだ生き方であった。

もちろん「南」に属する人びとが、すべてこのような生き方を選択しているのではない。アフリカをとりあげてみても、たとえば伊谷（一九八〇）が指摘したように、明瞭に「自然埋没型」と「開拓・開発型」の二つの社会を認めることができる。農耕にしても、常畑経営や小規模ながら潅漑を導入した耕作を営んでいる人びともいる。伝統的な社会構造においても、採集狩猟民のバンドや、集落のゆるやかな連合体を基礎とした首長制、あるいはパラマウント・キングを擁する王国など多様である。しかし、それらに関する報告書を熟読してみれば、その基層部で、平等主義を基調とするタイム・ミニマイザーの生き方が息づいているのを見い出すことも稀ではない。つまり私は、平等主義を基調とするタイム・ミニマイザーの生き方が、低緯度熱帯域（「南」）における伝統的な生の原型であるとみてよいと思うのである。このように認めたうえで、低緯度熱帯域でみられる多様な生を位置づける方向こそ、「南」の可能性を探る正統な道ではないだろうか。

このような「南」の原型的な生活原理と対比すれば、「北」の人びとは中緯度温帯森林域の生態を背景として定住民型の生活様式を徹底化し、農耕においてもその集約化を極限にまで押し進め、不平等性あるいは差異の拡大化をくりこんだエナジー・マキシマイザーの生活原理を選択したといえるであろう。

こうして明確な対照性をもつ、異なった生活環境に根ざす二つの生き方、あるいは生活原理を抽出できたのであるが、それは必然的に単純化のプロセスでもあった。それゆえ、これらは南北問題を考える際の、生活原理に関する理念型であると位置づけるべきであろう。ここでは仮にこの二つの理念型を、「南の生活原理」および「北の生活原理」と命名しておきたい。

近代化を指向する「南」の国々は、内部に大きな矛盾を抱え、たとえば「アフリカの飢餓問題」でも明らかになったように、農業危機や環境危機を招来し、生存の危機へと向かう可能性をもっている。これらの危機の根底には、特定の生態的基盤の上で成立したはずの生活原理が一人歩きを始め、政治的、経済的な力を背景とした「北の生活原理」が、急激に「南の生活原理」を押しつぶしてゆくプロセスが潜んでいるというのが、この試論の一応の帰結である。

表 5-2　人類の二つの生活・社会類型

南の生活原理	北の生活原理
（低緯度熱帯域）	（中緯度温帯森林域）
（平等性）	（不平等性）
（タイム・ミニマイザー）	（エナジー・マキシマイザー）
冷たい社会	熱い社会
社会に埋めこまれた経済	経済に埋めこまれた社会
生きるために生産する社会	生産するために生きる社会
国家に抗する社会	国家を指向する社会

この論稿は、風土論的な視点から南北問題を考える試みであったが、結果的に抽出しえた、二分法的な理念型によって人類の生活を考える方法は、これまでに「未開」と「文明」を新たな観点から捉えかえそうとしてきた幾人かの人類学者のそれと通底しているといってよい。「冷たい社会と熱い社会」（レヴィ＝ストロース　一九七〇）、「社会に埋めこまれた経済」（ポランニー　一九七五）を生きる人びとと「経済に埋めこまれた社会」を生きる人びと、「生きるために生産する社会と、生産するために生きる社会」（クラストルの言葉、スクリュプチャク　一九八七より定式化して引用）、「国家に抗する社会」（クラストル　一九八七）と「国家を指向する社会」などを、その代表的なものとしてあげることができる。それぞれの対比的な表現のうち、前者が「南の生活原理」と、後者が「北の生活原理」と響きあうことは明瞭であろう（表5-2）。

理念型による二分法的な思考がもつ限界を十分にわきまえておれば、これらの一連の概念群は、南北問題を考える際に基本的な問題点を掘り起こす有用な分析の武器となりうるであろう。

第Ⅱ部——世界の中のアフリカ

コンゴ（現在のコンゴ民主共和国）を寺嶋秀明さん（左）と訪れる。
（1976年）

第6章　アフリカ

1　アフリカでのフィールド経験と「世界単位」

長年にわたる東南アジア研究の蓄積をふまえて、「世界単位」という概念が提唱された。高谷（一九九三）は、その著書『新世界秩序を求めて』の中で本格的に世界単位論を展開し、東南アジアに「海域東南アジア」「ジャワ」「大陸東南アジア山地」「タイ・デルタ」の四つの世界単位を認め、また中国（中華世界）を一つの世界単位とする考えを提示している。世界単位は、「同一の世界観を共有する人達の住んでいる範囲」であり、「生態環境と、そこに住んだ人間と、さらにはそこに流入した外文明の複合体」、あるいは「生態、風土、外文明と積み重ねられたものである」。それは、「歴史の中に現れた重要そうな領域」、「それ自体が意味のある地域単位」、「人類史的にも意味がある空間」であるという。

高谷自身が述べているように、世界単位の概念は「かなり茫漠としたもの」であり、それによって描き出された世界像は「芸術家の作品に似ている」。あるいは、どこか名人芸の風格をそなえた作品であるといってもよい。実際、『新世界秩序を求めて』を読み進めていけば、のびやかな文章によって鮮やかに描きあげられた世界単位は独自の生彩を放ち、生き生きとした存在感を伝えてくれる。東南アジアは、そういう地域だったのかという発見の喜びを満たしてもくれる。しかし同時に、高谷流の魔術にかけられたのではないか、という思いが心をよぎる。

ところで、私に与えられた課題は、アフリカにおける「世界単位」について考察することである。その手掛かりを私自身のフィールド経験に求め、「世界単位」という「かなり茫漠としたもの」にアプローチしてみよう。

西部タンザニアの乾燥疎開林帯に住むトングウェとは、かれこれ二〇年以上のつきあいになる。彼らは川辺林や山地林での焼畑農耕とともに、狩猟・漁撈・採集など、自然に強く依存した生業を営み、広い疎開林帯の中で小さな集落を構え、散在して居住していた。自然に埋没するかのようにして生きるトングウェに、私は深い共感を覚えたものだった。北ザンビアのベンバも乾燥疎開林帯の住人である。植民地化以前には、一人のパラマウント・チーフを擁するベンバ王国を形成した歴史をもつ。彼らの生活の基盤は、チテメネ・システムと呼ばれるユニークな焼畑農耕だった。それは疎開林そのものを焼畑の対象とする農法であった。ごく最近に調査を開始した南西タンザニアのマテンゴも、乾燥疎開林帯の住人である。彼らは山腹の草地を利用した半常畑耕作に従事する。それらの巧妙な環境利用の方法は、疎開林に生きる人びとの知恵の結晶であるように思えた。

ザイール〔編者注：現在のコンゴ民主共和国〕の熱帯多雨林での経験も印象的だった。そこでの主要な生業も焼畑農耕であり、人びとは鬱蒼とした森を切り拓いて焼畑を造成し、多種類の作物を混作する。大きな板根を残した木の切り株や散在する太い倒木の間に、背丈の違う多種類の作物が生育する。それは、いわば「自然の森」を「収獲できる森」（Geertz 1963）に変える農法であった。森の奥には狩猟採集民のピグミーが住み、焼畑農耕民と共生的な関係をたもちながら生活している。ピグミーは、森の動植物を巧みに利用し、森の生態系の一員として生きる人びとだった。

ザンビアのルカンガとバングウェウルのスワンプでは漁撈民の生活に接することができた。スワンプの周辺域に住む諸民族は、雨季のあいだは農耕に従事するのだが、乾季にはいるとスワンプにくりだし、浮き島の仮小屋に陣取って漁撈に精をだす。都市部から商人が往来し、舟を操って浮き島をまわり、干し魚を買いつけていく。浮き島は、スワンプという特殊な生態系と市場経済との接点であった。

ザンベジ河畔に広がる氾濫原地帯を訪れたこともある。そこは、集約的な氾濫原農耕とウシ飼養、それを管理する複雑な官僚システムを支えとしたロジ王国が栄えた地である。

南部アフリカのボツワナ国では、サバンナ・ステッペ・半砂漠地帯をまわり、半農半牧民のカラハリや牧畜民のヘレロ、それに狩猟採集民のサン（ブッシュマン）の生活をかいまみた。タンザニア国北部では、マサイやダトーガなどが放牧するウシの群れに何度も出合い、悠然とサバンナに生きる遊牧民の暮らしに思いを馳せたこともある。

私は、ゆるやかな「世界単位」の定義を反芻しつつ、これらのフィールドでの経験を重ね合わせ、さまざまなレベルでの範域の設定を試みる。自然環境、生業、生活様式、言語、政治的統合の形態、そして精霊や祖先霊、あるいは霊力・呪力の信仰などを軸にしながら、漠然とではあるが人びとの伝統的な世界観について考え、おおまかな民族形成の歴史を検討してみる。このような試みの中では、熱帯多雨林や乾燥疎開林、サバンナなどの生態系のもとで展開する多彩な「風土」の連なりが、範域らしいイメージを与えてくれる。しかし、それらの範域を「世界単位」として認めることには、大きな戸惑いと違和感を覚えるのである。そして考えが進むにつれて、「世界単位」という概念が、アフリカの地域理解にとっては釈然としない思考の枠組みであるように感じられてくるのである。あるいは、それは東南アジアとアフリカとの地域特性の基本的な違いを反映しているのかもしれない。

2　東南アジアとアフリカ

この講座の中で高谷は、考察の範囲を旧大陸全体に広げ、そこでの生態・生活区の類型的区分を試みながら、「世界の中の『世界単位』」を論じている。これらの論稿も参考にしつつ、「世界単位」という概念が、釈然としない思考の枠組みであると感じる根拠について考えてみよう。

高谷は旧大陸の生態・生活区を大まかに乾燥帯、農耕地、熱帯林、北方林、海に分け、模式図を描いている（高谷　一九九三：図二）。この模式図ではアフリカの大半が熱帯林域に属し、その北部に乾燥帯が位置している。その一部を修正し、熱帯林の東部・南部にも乾燥帯を広げ、熱帯林を取りかこむ形で乾燥帯が分布する模式図をイメージすれば、高谷による生態・生活区の大まかな区分を受け入れることができる。

さらに高谷は、これらの生態・生活区を基礎としつつ、生態空間域、人口稠密域、人口流動域の、三つの性質の異なる空間を認め、世界単位論の視点から各空間の特徴について議論を展開している。生態空間域は森林の卓越する少人口地帯であり、人間に比して自然が相対的に強い力を持つ空間である。人口稠密域は中緯度に位置する農耕地である。人口流動域は生活には適さないが、通路として好適な地帯である。このような類型区分に従えば、アフリカは生態空間域の熱帯林と人口流動域の乾燥帯によって構成される地域ということになる。同様の生態・生活区による類型論では、東南アジアは生態空間域の熱帯林と人口流動域の海によって構成される地域ということになるのであろう。

かつて、このようなアフリカと東南アジアとの地域間の大まかな比較が試みられたことがある。一九八八年の二月に『東南アジアとアフリカ：地域間研究へ向けて』というテーマのもとに両地域の研究者が集まり、研究会が開かれた（海外学術調査に関する総合調査研究班　一九八九）。それは初めての地域間研究の試みであり、うまく議論がかみあっていたとは言いがたいのであるが、示唆に富む多くの見解を見出だすことができる。そこでの議論は、赤道を中心にした範囲を比較の対象とし、東南アジアを商業的多雨林多島海の世界、アフリカを閉鎖的農牧的大陸として対比する高谷の問題提起を一つの軸として進められている。それは東南アジアとアフリカとの相違を、いわば象徴的にとらえようとする試みであるが、また、「海域東南アジア」を一つの世界単位とする考え方や、世界単位論からみたアフリカのイメージについての萌芽を示してもいる。

東南アジアは海と熱帯多雨林に覆われた島である。森は深く、瘴癘《しょうれい》の地であり、人間は住めないが、森林物産の宝庫である。そこは海に囲まれており、世界の幹線航路が通っていて、森林物産は極めて早くから世界市場に大量に出ている。つまり東南アジアは瘴癘の地であるが、極めて商業的な空間である。一方、アフリカは大陸で乾燥している。それゆえ森は小さく病原菌もどちらかというと少ない。その環境は動物の生存に、より適しており、全体としては狩猟や牧畜の世界になる。内陸で交易路の大発達はなく、どちらかというと内封的になる。これが研究会での高谷の発言の大要である。前述した生態・生活区による類型化とつきあわせてみると、アフリカの乾燥帯は、人口の流動域としての特徴よりも、遊牧に適した空間域であることが強調されているが、島と大陸、あるいは海域と大陸というシンプルな特性に焦点をあて、東南アジアとアフリカとの大まかな相違を指摘している。

『新世界秩序を求めて』で提示された世界単位は、生態空間域として類型化できる東南アジアの熱帯多雨林地域を素材にしているという。しかし、世界単位の発想法は、海という生態・生活区と、東南アジアが中国文明とインド文明という大文明のはざまに位置するという特性にも深く根をおろしているように思えるのである。つまり、東南アジアの核心部の一つは、熱帯多雨林の発達した島々からなる多島海であり、その東西には中国、ヒンドゥーあるいはイスラームなどの大文明が位置し、交易や人びとの移住あるいは情報の通路としての海がそれらの地域をつないでいる。大陸部東南アジアの山地帯も、ことごとく海にコントロールされた世界であるという（研究会での桜井由躬雄の発言）。焼畑民がその特徴を具現している「大陸東南アジア山地世界」も、「外文明菌に対する陽転はすでに一三世紀には起こって」おり、「外部からの菌に対しては相当に強い抵抗力を持った」（高谷 一九九三：九三頁）地域である。世界単位論は、大文明のはざまにある海域の生態空間で発想された考え方であり、幾重にもわたる文明の流入によって練りあげられた生態空間からの自己主張であると性格づけることができるであろう。

一方、アフリカは約三〇〇〇万平方キロメートルの面積をもつ大陸であり、地理的なスケールでいえば、アジ

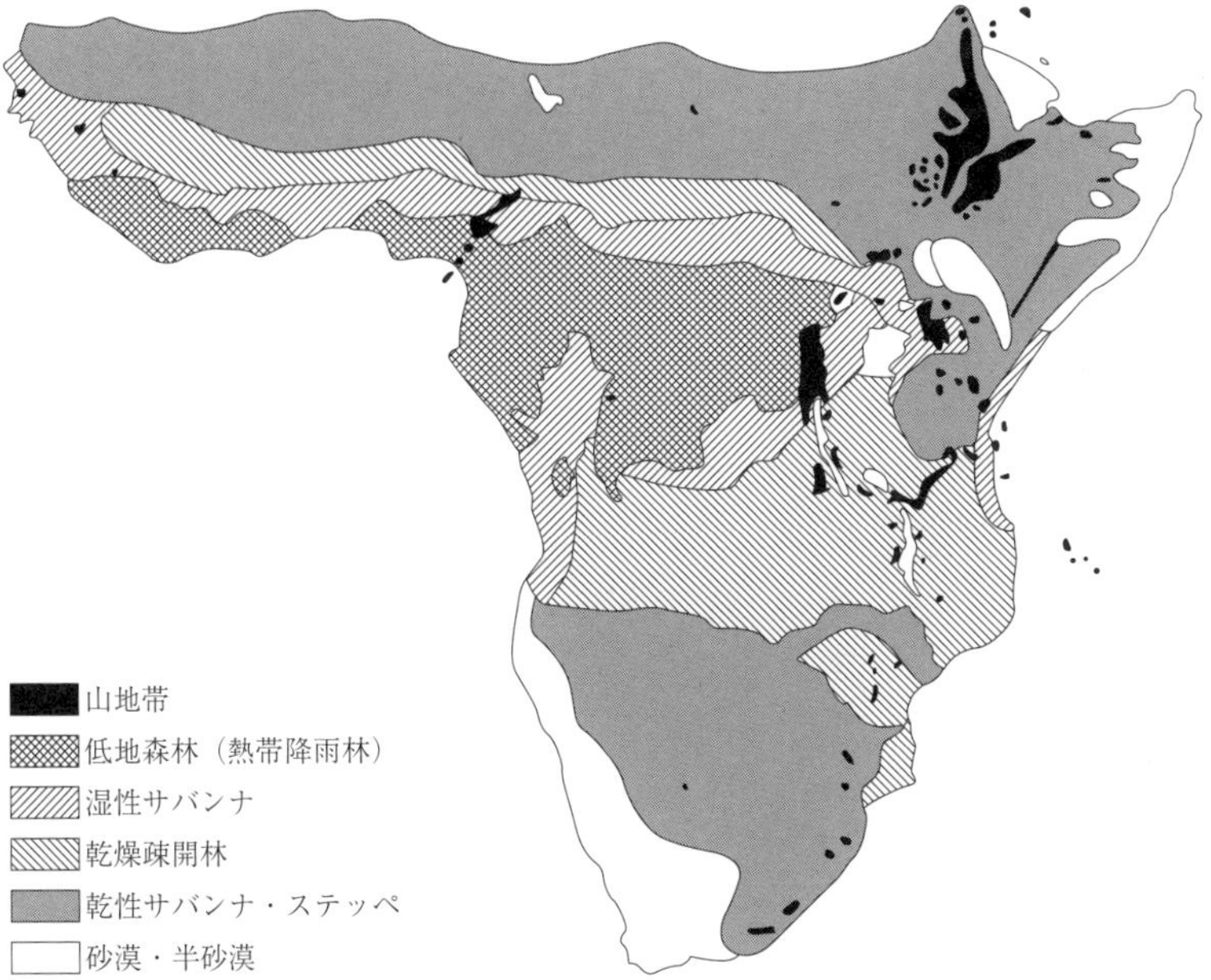

図6-1　サハラ以南アフリカの植生
（Kingdon 1971 より）

アとの比較を設定するのが妥当であるような巨大な大陸である。その自然環境は、赤道直下のコンゴ盆地やギニア湾岸沿いに発達した熱帯多雨林をつつんで馬蹄形をかさねるように、乾燥疎開林・サバンナ・ステッペ・半砂漠・砂漠とつづいていく。そして北と南の海岸部では地中海性の叢林となる（図6－1）。それぞれの植生帯は、山系・山塊や水系などの地質・地形的条件に対応した変異をふくみつつ広大なひろがりをもつ。このような環境のもとで、人びとは狩猟・採集・漁撈・農耕・牧畜など、強く自然に依存した生業によって生活を支えてきた。湿潤な熱帯多雨林ではヤムやキャッサバ・バナナなどの根栽型の作物を中心とした焼畑農耕や、豊かな動植物資源を直接利用する狩猟採集が基本的な生業である。乾燥疎開林からサバンナ・ステッペに移るにつれて、トウモロコシ・シコクビエ・モロコシ・トウジンビエなどの穀類を主要作物とする焼畑農耕・鍬農耕に変わり、より乾燥の度合いが増すにつれて半農半牧やウシ遊牧が重要な生業となる。半砂漠にいたればラクダ遊牧が優勢となる。乾燥地帯でも、限られた分布域内ではあるが、狩猟採集に依存した生活が現在も営まれている。ニジェール河やザイール河〔編者注：現在、コンゴ河〕などの大河のほとりや湖沼域では、漁撈が重要な位置を占める。そして、これらの多彩な生業は、八〇〇を越えると推定される民族によって担われているのである。広大なひろがりをもつ多様な自然環境、多彩な生業内容、多くの民族を前提とすれば、アフリカを「熱帯林と乾燥帯からなる」「閉鎖的農牧的大陸」と大まかに規定する高谷の提言も一応は受容することができる。ただし、「閉鎖的」とする特徴については、いくらかの留保が必要である。

大文明のはざまにあり、海域的な性格をもつ東南アジアと比較すれば、確かにアフリカへの他文明の流入は限定されており、それゆえ「閉鎖的」な大陸という把握は一面では正鵠《せいこく》を得ているといってよい。しかし、その「閉鎖性」は地域によって濃淡の差が大きい。

たとえばサヘルとスワヒリという、ともに「岸辺」を意味するアラビア語由来の言葉で呼称される二つの地域は、古くからアラブ・イスラーム文明と交流をたもってきた。サヘルは、サハラ砂漠の南縁部に沿って東西に広がるステッペ・サバンナ帯の「岸辺」であり、そこには八世紀ごろからサハラ砂漠を越えてラクダの隊商が往来し、イスラーム化した北アフリカとの長距離交易を媒介とした交流の歴史がある。スワヒリは、東アフリカのインド洋岸に沿って南北にのびる「岸辺」であり、一～二世紀ごろにはアラビア半島からの航海者たちが来航して沿岸の住民と交易していたという記録がある。七世紀の末にはイスラム教が伝来し、季節風を利用した海上交易の発達とともにアラブ・イスラーム世界との交流が深まっていく。あるいは、ギニア湾岸では一五世紀以来、金や奴隷の輸出に代表される西欧諸国との交易の歴史がある。またアフリカ南端部では一七世紀中葉に、後にボーア人と呼ばれるオランダ系の農民が移住している。しかし、これらの地方以外のサハラ以南アフリカ諸地域、とくに広大な内陸部では、ほぼ一九世紀にいたるまで外文明の強い影響を受けることはなかった。そして一九世紀末には一気に強大な西欧列強による植民地支配に組み込まれてしまう。

こうしてみると、「熱帯林と乾燥帯からなる閉鎖的農牧的大陸」のアフリカも、その「閉鎖性」の濃淡に応じて、あるいは外文明との交流の深さ・内容に応じて、世界単位に通ずる範域区分が可能であるのかもしれない。しかし一方で、総体的には「閉鎖的」という性格が強調されることになる地域認識の方法を基礎において、アフリカの地域性を適確に把握することができるのだろうか、という疑問がわきあがってくる。

アフリカの地域性について考える場合、外文明との関係から特性を探ることは、もちろん重要である。しかし、それによって範域を固定的に囲い込み、「それ自体が意味のある地域単位」「歴史の中に現れた重要そうな領域」を定立するような試みは、アフリカのもつ基本的な特性から遊離した地域理解の方法であるように思うのである。「世界単位」は、アフリカ理解にとって、外文明との関係に「過剰」な意味・役割を与えすぎた概念であり、それによって範域を囲い込む認識の方法が、釈然としない思考の枠組みと感じる根拠ではないだろうか。

このような思いは、私のフィールド経験が内陸部のアフリカに限定されていることと関係しているのであろう。しかし今の私にはフィールド経験から離れて、その歴史的・空間的な地域性を論ずることはできない。サヘルやスワヒリ地域などとの比較をふまえた「アフリカにおける世界単位」の再考は今後の課題とし、以下では内陸アフリカでの調査研究を通してみた地域性について検討してみたい。

3　内陸アフリカの地域性

前に私のフィールド調査の広がりを素描したが、それは、乾燥疎開林帯に住むバントゥ語系の農耕民を主要な研究対象としつつ、比較のために、内陸アフリカの熱帯多雨林・サバンナ・ステップ・半砂漠・河川の氾濫原などを居住域とする諸民族を訪ねた軌跡を示している。それらの諸民族の大半はバントゥ語系の人びとである。

ここでは内陸アフリカの歴史的・空間的な地域性の基本特性を探るために、赤道アフリカ周辺域から南の広大な地域に分布するバントゥ語系諸民族の形成の歴史を概観し、その一部の民族の居住域として乾燥疎開林を位置づける視点に立って考察を進めていくことにしたい。

バントゥ語系諸民族の形成

優に八〇〇は越えると推定されるアフリカの言語については、さまざまな分類の試みがあるが、多くの研究者が依拠するのはグリーンバーグの分類である。それによるとアフリカ大陸の言語は、コンゴ・コルドファン語族、ナイル・サハラ語族、アフロ・アジア語族、コイサン語族の四つの語族に類別される（図6-2）。バントゥ語はコンゴ・コルドファン語族のベヌエ・コンゴ・グループに属し、数百におよぶ言語からなり、きわめて広い範囲に分布しているが、共通した言語的特性を保有している。それは、かつて一地域に居住していた原バントゥ・グ

図6-2　アフリカの言語分布
（Greenberg 1966 より）

ループが移動・拡散した結果、バントゥ諸言語が形成されたことを物語っている。

そのバントゥの源郷は、現在のナイジェリア・カメルーンの国境付近であると推定されている。原バントゥは、原因は定かではないのだが、紀元前数世紀（紀元前一〇〇〇年以前という説もあるが）に源郷の地を離れて大移動をはじめた。彼らはヤムやアブラヤシなどの作物をともなってコンゴ盆地の熱帯多雨林に入り、先住民の狩猟採集民ピグミーと共生関係を保ちながら森の奥まで侵入していき、紀元一世紀には熱帯多雨林の大部分の地域に住みついたらしい（Vansina 1990）。他の原バントゥ・グループは多雨林の北縁を東に進み、モロコシ・シコクビエ・トウジンビエなどの雑穀栽培を取り入れてサバンナ域へと広がっていったとする説もある。サバンナ域ではコイ・サン系の狩猟採集民を徐々に辺境の地に追いやりながら移動・拡散が広がっていったのであろう。このような移動・拡散は、紀元前三世紀前後に鉄器の使用が普及しはじめてからは急速に展開していった。五世紀ごろには東南アジア原産のバナナが流入し、とくに熱帯多雨林帯では重要な基幹作物の位置を占めるようになる。またサバンナを東に進み、さらに南へと拡散していったバントゥの中には、その移動の過程でウシ飼養を取り込んだグループもある。そして一〇世紀までに数次の大移動期を経ながら、中部・東部・南部のアフリカに居住域を広げていった。一六世紀以降にはポルトガルによってもちこまれたトウモロコシ・キャッサバなどの新大陸起源の作物が広がっていく。こうした移動・定着の過程で、バントゥは数百の言語集団に分化していき、熱帯多雨林から乾燥疎開林・サバンナ・ステッペ・半砂漠まで、アフリカのほとんどの植生帯に住み、農耕を主としつつも半農半牧・牧畜・漁撈などの多様な生業を営む民族に分かれていった。それは、いわば文化的な適応放散の過程であった。主要な生業である農耕は、前に述べた主要作物のほかに、農法や環境利用形態に多くの変異がみられる焼畑農耕が一般的である。しかし、ザンベジ河の氾濫原での農耕や、肥沃な土壌のもとでバナナ栽培を主とする定着農耕（ガンダなど）、山地帯での土着潅漑による農耕（パレやチャガ）など、集約農耕を発達させたところもある。

社会の編成や統合の形態も多様である。一五世紀以降には、ザイール河〔編者注：現在、コンゴ河〕の河口域にコンゴ王国、南のサバンナ帯にルバやルンダなどの王国が形成され、一五世紀末にギニア湾岸に到来したポルトガルと交易関係をもっている。また、ザンベジ河の氾濫原域にロジ王国、乾燥疎開林帯にベンバ王国、大湖地方にナイル系の牧畜民がバントゥ語系の農耕民を支配して王国が形成されるなど、各地で集権的な王国の発達がみられた。しかし、より広範な地域には、集落連合体や小首長制など、統合の度合いがゆるく規模も小さな社会が分布していた。

乾燥疎開林帯における「風土」の諸相

乾燥疎開林は、熱帯多雨林と乾燥したサバンナの中間に位置する生態的遷移帯であり、サハラ以南のアフリカの四分の一を占める。この植生帯は赤道より南の地域で発達しており、主要樹種を総称する地方名を冠して、ミオンボ・ウッドランドと呼ばれている。気候は、年間が乾季と雨季に明瞭に分かれるという特性をもつ。そこは一般に低人口密度の生態ゾーンなのであるが、バントゥ語系の多くの民族が居住している。それぞれの民族は、シコクビエ・モロコシなどのアフリカ起源の雑穀や、トウモロコシ・キャッサバなどの新大陸起源の作物を耕作する焼畑農耕を営み、狩猟・漁撈・採集にも依存して暮らしを立ててきた。乾燥疎開林帯の大部分は、眠り病を媒介するツェツェバエの分布域と重なり、それゆえウシ飼養は発達しなかった。

西部タンザニアのトングウェは、タンガニイカ湖の湖畔域から海抜二〇〇〇メートルちかくの山地帯までを居住域としている。集落は広大な疎開林の中に点在しているのだが、人びとは疎開林を農地の対象とせず、モザイク状に発達した河辺林や山地林を切り拓いて焼畑を造成し、トウモロコシやキャッサバなどを耕作する。また、先込め銃や多彩な罠を仕掛けて野獣を狩り、湖や河川で魚を取り、木をくりぬいて造った蜜箱を疎開林に据えて野生の蜂蜜を採集する。ヤギやヒツジ、ニワトリなども飼っている。

北ザンビアの平坦な高原状の疎開林帯に住むベンバは、チテメネ・システムと呼ばれる疎開林利用型の焼畑耕作に従事する。乾季の間に、男たちは疎開林の木に登り、すべての枝を斧一本で切り落とす。女たちは乾燥した枝を伐採域の中心部に運んで積み上げる。ほぼ耕地の六倍ほどの伐採域から枯れ枝を集めるのである。そして雨季が始まる直前に火を放って焼畑とする。シコクビエやキャッサバが主要作物であるが、インゲンマメ・ササゲ・ウリ・カボチャ・トマトなどを混作し、ラッカセイ栽培などを含めた輪作を組みあわせながら、四年から五年間は作付けする。週末などには村人の多くが一団となって網猟にでかけ、中型の羚羊や野ブタを狩り、乾季の終わりには川で魚毒漁を試みる。雨季の始まりの頃には、大好物のイモムシを採集する。ヤギ・ヒツジ・ニワトリも飼育している。西方にあるバングウェウル・スワンプから行商人が運んでくる干し魚も、重要な副食品である。

タンザニアのマテンゴは、山地の疎開林をシコクビエの焼畑として開墾した後、その草地を利用する農法を発達させてきた。ピット（掘り穴）耕作である。雨季が終わりに近づいた三月、男たちは山腹に繁茂した草を刈り取って格子状に並べ、女たちは格子の間の土を鍬で掘り起こして草の上にかぶせる。こうして格子状の畝とピット（掘り穴）の組み合わせからなる耕地ができあがる。その畝にインゲンマメをまき、六月には収穫する。雨季が始まる一一月に雑草を取り除いてピットに投げ入れ、畝にはトウモロコシを植えつける。翌年にトウモロコシを収穫した後は休耕し、三年目に畝とピットの位置を変えて同様のサイクルをくりかえす。換金作物のコーヒー栽培や、ヤギ・ヒツジ・ニワトリのほかに、近年になってブタやウシを飼う農家もふえてきたが、ピット耕作は現在も健在である。

これらの民族の伝統的な社会編成も、かなりの変異を示す。トングウェは、ほぼ二〇〇年前に、タンガニイカ湖を隔てた西方に住むタブアやホロホロ、北方に住むハ、南方のフィパやベンバなど異域の諸民族が移住し、混住して形成されたとする伝承をもっている。トングウェ社会は、そのような出自民族の伝承を共有する氏族集団のゆるやかな連合体である。それぞれの氏族には複数の系族（リネージ）の長がおり、原野に住む精霊や祖霊の加護を得て、社会的・政治的なまとまりの核となる。

一方ベンバ社会は母系制を原理としており、かつては「聖なる王」としての性格をもつパラマウント・チーフと二人の上位首長、それに多くの地方首長からなる王国を形成していた。彼らは、ザイール国〔編者注：現在、コンゴ民主共和国〕南部に栄えたルバ王国の後裔であり、一七世紀頃に現住の地に移り住み、徐々に周辺の諸民族を侵略していった。そして一九世紀後半には、インド洋岸のアラブ・スワヒリとの長距離交易を契機として急速に領土を拡大し、一大王国を築きあげた。ベンバの首長たちは、象牙や奴隷を求めて奥地に進出してきたアラブやスワヒリの商人たちと直接的な取り引きをはじめ、鉄砲や木綿布・ビーズ玉などの交易品を独占して軍事力・支配力を強化していったのである。

マテンゴは、トングウェと同様に、異なった地域から移住してきた諸民族が混住して形成された民族であり、父系の親族集団を基礎とする分節的な社会編成をたもっていた。しかし一九世紀の中頃に、南アフリカのズールー王国から派生したンゴニが北方に向けて急速な勢いで移動・侵略をはじめ、マテンゴの領域まで侵入してきた。このンゴニの侵入に対抗・防御するために、山地の中心域に人びとが集住し、首長制を整え、ピット耕作を発達させていったのである。

それぞれの民族は、いずれも二〇〇年から三〇〇年前に無人地帯に移住して形成されたとする共通の口頭伝承をもっている。もっとも、たとえばベンバのチテメネ・システムは、この地域でのみ特異的に発達した農法であり、彼らは先住者からこの農法を受け継いだ可能性が高い。それゆえ、無人地帯というのは、人口の稀薄な地帯、あるいは政治的な空白地帯と理解しておくべきなのであろう。いずれにせよ、これらの民族の形成史は、バントゥの大移動の系譜を引くものであり、その文化的な適応放散の過程を示唆しているとみてよいであろう。

ここでは私自身が調査した三民族の概要を述べたにすぎないが、それぞれの民族が新たな地に移住し、他民族や長距離交易を媒介とした外文明との動的な関係の歴史を背景としつつ、乾燥疎開林に適応した生業様式・社会・文化を練りあげ、独自の「風土」を形成してきたことを物語っている。

4　風土世界の流動的共存空間

トングウェとベンバは、伝統的な社会編成の形態においては際だった対照をみせるが、村レベルの生活では共通する点が多い。

彼らの主要な生業は焼畑農耕である。それは自然自体の土壌肥沃度の回復力に依存した農耕であり、広い土地と少人口という条件のもとで十分な休閑期間を確保し、長期にわたって持続されてきた農耕である。しかし彼らは過度に農耕に特化することなく、狩猟・採集・漁撈を含めた複合的な生業によって暮らしを立ててきた。自然は、焼畑の耕地・休閑地の対象となる場であるとともに、複合的な生業を支える場でもある。それは、家屋の建材や生活用具、多彩な薬用植物や儀礼に用いる動植物など、彼らの物質的な生活や精神生活を保持していく素材の宝庫でもある。人びとは、そのような自然について豊かな知識をもち、自然利用のジェネラリストとして生きてきたのである。

こうした生活は、移動性の高さを基本的な特徴としている。焼畑農耕は、毎年のように耕地を移動させる。村の近くに焼畑適地が少なくなれば、人びとは遠隔の地に出造小屋を設け、そこで焼畑を耕作する。ときには集落そのものも移動させる。狩猟・採集・漁撈も移動性を前提とした生業である。彼らの生業は、移動によって広くうすく環境を利用する原則によって支えられているのである。この移動性は、焼畑耕地や居住地の自由度の高い選択性をもたらし、土地や自然の資源の共有原則とむすびつく。

村における生計経済は、自給レベルを大幅に越えた生産や蓄積を指向せず、生産された食料は集落を頻繁に訪れる客人にも供与され、食料が不足した他集落に分与されるなど、経済的な差異を平準化する傾向性をもつ。それらの生計経済の原理から大きく逸脱すれば、精霊や祖霊の怒りにふれ、妬みや恨みに起因する呪いの標的となる。そして、これらの諸特徴は人びとの移動や分散を助長し、より規模の小さな集団を基礎とした分節的な社会を構成する傾向性につながる。こうした生態・社会・文化の複合は、エキステンシブ（非集約的）な生活様式として総括できる。

呪力や霊力への信仰は、一方では互酬的で平等主義的な生計経済と結びつくのだが、他方では親族集団の長や首長の権威の源泉でもあり、集団の社会的・政治的な秩序を支え、ときに集権化を促しもする。トングウェ社会では、この二つの側面がバランスをたもち、親族集団のゆるやかな連合体が維持されていく。ベンバ社会では、長距離交易による威信財の集積が首長の権威を増大させ、「聖なる王」としての性格をもつ最高首長を頂点とする集権的な政治体制が構築されていった。

こうした乾燥疎開林での生態・社会・文化の特徴は、伝統的なアフリカ社会を「部族本位制社会」として捉えた富川（一九七二）の社会人類学的な地域研究の成果と重ね合わせることによって、より明確な像をむすぶ。「部族」は一般に、その成員が文化や言語を共有し、親族としてのきずなを基礎としつつ地縁的なまとまりをもち、強い帰属意識によってむすばれた社会集団であると考えられているが、決して孤立した社会集団ではなく、地域に対して開かれてもいる。それは、他部族との間で物々交換、交易、結婚、同化、対立、抗争をふくむ相互関係をたもちながら一つの地域社会を形成している。こうした部族社会は、「分離原理と共存した集中原理で、全体がゆるやかに結ばれる、流動的な社会」（富川　一九七一：一一四頁）であり、「ある条件下では集中し統合するが、許されるかぎりは、分散の原理を通して安定しようとする社会である」（富川　一九七一：一〇八頁）。そして、サハラ以南のアフリカは、「部族レベルの分散のくりかえしを通して、適応し発達することを許した舞台であり、「部族本位性社会のエコロジー」が展開した場であったという（富川　一九七一：一〇九頁）。

このような「部族本位性社会のエコロジー」は、乾燥疎開林帯における諸民族（部族）のエコロジーと呼応しあう。トングウェやベンバ、マテンゴは、新たな土地への移住、エキステンシブな生活様式、そして統合の度合いがゆるやかで規模も小さく分節的な社会を保持してきた伝統を基調としつつ、他の民族や長距離交易を媒介とした外文明との動的な関係の中で、集約的な環境利用や集権的な社会編成も発達させてきたのである。

［この小論では、私は「部族」という語を用いず、もっぱら「民族」という語によって記述分析を進めてきた。「部族と民族は、本質的に、区別することはむつかしい。両者は連続したものである」と、富川（一九七一：一一三頁）も述べている。そのうえで富川は、「部族と民族の相違は、社会的規模の相違であり、その文化的統合における社会的エネルギー量の大小の相違である」（富川　一九七一：一一四頁）とする見解にもとづいて、アフリカの伝統社会の分析を進めたのである。私は本書の、より一般的な性格を考慮して「民族」という語を採用したが、トングウェやベンバあるいはマテンゴの伝統的な相は、富川のいう「部族社会」と同じ特質をもつと考えているのである。］

乾燥疎開林帯は、多彩な「風土」に生きる諸民族が、同化と分離の二側面を含みつつ住みわけ、流動的な共存関係を展開する空間であった。ここでは仮に、その空間を多様な色合いをもった風土世界の流動的共存空間であったと表現しておこう。そして、それはバントゥの文化的な適応放散が展開した場の基本的な構造を示してもいる。こうした空間の存在様式は、「歴史の中に現れた重要そうな領域」、「それ自体が意味のある地域単位」として範域を設定する思考法とは馴染みにくい、というのが現在の私の思いである。

第7章　アフリカにおける地域性の形成をめぐって

アフリカという巨大な大陸の地域性を考える場合には、この広さ自体の捉え方が問題になる。その大陸性ゆえに、地域的なまとまりがあるようにイメージされるが、それは西洋列強による奴隷交易、及び植民地化の歴史を通じて、アフリカというまとまりが外部から与えられてきた側面が非常に強い。

私自身は人類学の出自であり、アフリカの乾燥疎開林帯に住むバントゥ語系の農耕民を主たる対象として、調査を進めてきた。乾燥疎開林帯は、サハラ以南のアフリカの四分の一を占める植生帯だが、巨大なアフリカ大陸にとっては、いかにも部分的である。その意味で苦慮する点は多いが、この報告では今までの経験をふまえつつ、バントゥ語系諸民族の居住域の一部として乾燥疎開林を位置づける視点を加え、アフリカの地域性の問題を考察していきたい。

アフリカの自然環境は、赤道直下のコンゴ盆地やギニア湾岸沿いに発達した熱帯多雨林を中心に、馬蹄形を重ねるかのように、乾燥疎開林、サバンナ、ステッペ、半砂漠、砂漠と続いていく。それぞれの植生帯は、山系や水系などの地形的条件に対応した変異を含みながら、広大なひろがりを持っている。

このような環境下で、人びとは自然に強く依存した生業によって生活を支えてきた。湿潤な熱帯多雨林では、ヤムやキャッサバ、バナナなどの根栽型、あるいは栄養繁殖型の作物を中心とした焼畑農耕や、豊かな動植物資源を直接利用する狩猟採集が基本的な生業である。乾燥疎開林帯からサバンナ、ステッペと移るにつれ、トウモロコシ、シコクビエ、モロコシ、トウジンビエなどの穀物を主要作物とする焼畑農耕や鍬農耕に変わり、乾燥の度合いが増すにつれて、半農半牧やウシ遊牧が重要な生業となる。さらに半砂漠、砂漠に至れば、ラクダ遊牧が優勢となる。乾燥地帯でも、限られた分布域内だが、狩猟採集に依存した生活様式が現在でもみることができる。ニジェール河やザイール河〔編者注：現在、コンゴ河〕などの、大河のほとりや湖沼域では、漁撈が重要な位置を占める。これらの自然に強く依存した生業は、八〇〇を越えると推定される民族によって担われているが、このようなアフリカのエスニックグループの境界域は、きわめて曖昧なものである。

次にサハラ以南のアフリカの広大な地域に分布する、バントゥ語系諸民族をとりあげてみよう。アフリカ大陸は大きく四つの語族に分類できるが、その中のコンゴ・コルドファン語族の下位分類として、ベヌエ・コンゴ語群があり、バントゥ諸語はそこに属している。バントゥ諸語は数百に及ぶとされており、その分布は赤道周辺域から南部のほとんどを占め、非常に広範囲にわたっているが、一方で共通した言語的特性を保有している。これは、原バントゥのグループが移動拡散した結果、バントゥ諸言語が形成されたことを物語っている。

バントゥは、現在のナイジェリア・カメルーンの国境地帯を源郷とし、紀元前数世紀（一説では紀元前一〇〇〇年とも言われる）に源郷地を離れて大移動を始めた。彼らはヤムやアブラヤシなどの作物をともない、コンゴ盆地の熱帯多雨林に入っていった。あるいは多雨林の北縁を東に進み、サバンナ域へと広がっていった。その時に、モロコシ、シコクビエ、トウジンビエなどの、アフリカ起源の雑穀栽培を取り入れていった。

特に紀元前三世紀前後に、鉄器の使用が普及し始めてからは、急速に拡散が進むことになる。熱帯多雨林では先住民である狩猟採集民のピグミーが道先案内役を果たし、彼らとの共生関係を保ちながら展開し、サバンナ域ではコイ・サン（ブッシュマン）系の狩猟採集民を徐々に辺境の地に追いやりながら進行していったと思われる。

五世紀頃には東南アジア原産のバナナが流入し熱帯多雨林帯での重要な基幹作物となった。サバンナを東に進み、さらに南へと拡散していった東方バントゥの中には、その移動の過程でウシ飼養を取り込んだグループもある。そして、一〇世紀までには赤道アフリカ周辺域から南の大半部まで、居住地を広げていった。一六世紀以降には、ポルトガルによって持ち込まれたトウモロコシ、キャッサバなどの、新大陸起源の作物がひろまった。

こうした移動、定着の過程で、バントゥは数百の言語集団に分化していき、熱帯多雨林から乾燥疎開林、サバンナ、ステッペ、半砂漠まで、アフリカのほとんどの植生帯に住み、農耕を主としつつも、半農半牧、牧畜、漁撈などの、多様な生業を営む民族に分かれていった。それは、いわば文化的な適応放散の過程であった。

その主たる生業である農耕も、主要作物のバラエティとともに、その農法や環境利用の形態においてもさまざまな変異が見られる。焼畑農耕が一般的ではあったが、ザンベジ河の氾濫原での農耕や肥沃な土壌のもとでバナナ栽培をするガンダなどの定着農耕、パレやチャガなどのような、山地帯での土着灌漑による農耕など、集約的な農耕を発達させた所もある。

社会編成やその統合の形態も多様である。一五世紀以降になると、ザイール河〔編者注：現在のコンゴ河〕の河口域にはコンゴ王国が栄え、ギニア湾岸に到来したポルトガルと交易関係を持ち、それによって王国が興亡していった。南のサバンナ帯にはルバやルンダなどの王国も形成された。また、ザンベジ河の氾濫原域ではロジ王国、乾燥疎開林帯にはベンバ王国が展開するなど各地で集権的な王国の発達が見られた。しかし、より広範な地域には、集落連合体や小首長制など、小規模で、統合の度合いも緩やかな社会が分布していたと考えてよい。

乾燥疎開林は、熱帯多雨林とサバンナの中間に位置する、一種の生態的遷移帯である。年間が乾季と雨季に明瞭に分かれるという気候的特性を持っている。そこは一般に低人口密度の生態ゾーンだが、バントゥ語系の多くの民族が居住している。彼らは農耕を主要な生業とし、シコクビエ、モロコシなどのアフリカ起源の作物、トウモロコシ、キャッサバなどの新大陸起源の作物を耕作する焼畑農耕を営み、狩猟採集、あるいは漁撈にも依存して暮らしをたててきた。乾燥疎開林帯の大部分は、眠り病を媒介するツェツェバエの分布域と重なり、ウシ飼養は発達しなかった。

乾燥疎開林の焼畑農耕は、各民族が練り上げてきた環境利用や農法に応じて、多くのバラエティがある。西部タンザニアに住むトングウェは、乾燥疎開林帯に居住しているにもかかわらず、基本的には森林利用型の焼畑耕作を営む。北ザンビアを居住域とするベンバは、チテメネ・システムとよばれる、疎開林利用型の焼畑耕作を発達させてきた。それは、乾季に疎開林の枝をはらい、伐採地の中心に積み上げて、雨季が始まる前に火を放ち、焼畑を造成する農法だ。この耕地では、混作と輪作を組み合わせ、四～五年間、作付けが行われる。

南西タンザニアに住むマテンゴは、山地の疎開林をシコクビエの焼畑耕地として開墾した後、その草地を利用したピット（掘り穴）耕作という、特異的な、かつ集約的な半常畑耕作に従事している。雨季の終わりに近づいた三月、山腹に繁った草を刈り取り格子状に並べ、格子の間の土を掘り起こして草の上にかぶせる。こうして格子状の畝とピット（掘り穴）のセットからなる耕地ができあがる。畝の部分にインゲンマメを蒔き、六月に収穫する。雨季が始まる一一月には、雑草を取り除いてピットに投げ入れ、畝にはトウモロコシを植え付ける。翌年にトウモロコシを収穫した後は一旦休耕し、三年目に畝とピットの位置を変えて同様の耕作サイクルを繰り返す。

これらの民族の伝統的な社会編成も、かなりの変異を示している。トングウェは、約二〇〇年前に異域に住む諸民族が移住し、混住して形成されたという伝承を持つ。彼らの社会は、そのような出自伝承を共有する父系の親族集団の緩やかな連合体である。

一方、ベンバ社会は母系制を原理としており、植民地以前には一人のパラマウント・チーフを頂点とする王国を形成していた。彼らは現在のザイール〔編者注：現在、コンゴ民主共和国〕南部に栄えた、ルバ王国の後裔であるという伝承を持ち、一七世紀の中頃に現住の地に移住し、徐々に周辺の諸民族を侵略していった。一九世紀後半には、インド洋岸のアラブ・スワヒリとの長距離交易を契機として、急速に領土を拡大し、一大王国を作り上げたのである。

マテンゴは、トングウェと同様に移住してきた諸民族の混住によって形成され、父系の親族集団を基礎とする分節的な社会編成を保っていた。しかし、一九世紀の中頃に、南アフリカのズールー王国から派生したンゴニが、急速に北方へと侵略を始め、マテンゴの領域にまで侵入してきた。これに対抗するために、マテンゴの人びとは山地の中心域に集住し、特異なピット耕作を発達させていったと考えられる。

ここでは、疎開林帯の三つの民族の概要を述べたにすぎないが、長距離交易や他民族との動的な関係の歴史を背景としつつ、それぞれの民族が乾燥疎開林に適応した生業様式、社会、文化を練り上げ、独自の「風土」を形成してきたことを物語っていると言えるだろう。

この三民族の形成史は、ともにバントゥの大移動の系譜につながると言えるだろう。バントゥの住む領域には、広大な人口希薄地帯、あるいは政治の空白地帯があり、一旦、そういう地域に分布したバントゥが、再び分離し、移動し、融合して新たな民族を形成していったと考えられる。せいぜい二〇〇～三〇〇年程度の歴史しか持たない民族も、非常に多く存在しているのだ。

さて、トングウェとベンバは、伝統的な社会編成の形態においては、際だった対照をみせたが、村レベルの生活では共通する点が多い。彼らは、耕地と集落の移動を組み込み、自然自体の土壌肥沃度の回復力に依存しつつ、うすく広く環境を利用する焼畑農耕をベースにしている。また自然は狩猟・採集・漁撈の場でもあり、彼らは自然利用のジェネラリストとして位置づけられる。村における生計経済は、自給を大幅に越えた生産や蓄積を避け、経済的な差異を最小化、平均化する傾向性をもつという特徴が見られる。

それは、精霊や祖霊への畏れ、あるいは妬みや恨みに起因する呪いへの恐れと結びついている。これらの諸特徴は移動や分散、あるいは分節的な特徴をもつ社会動態と連動している。こうした生態・社会・文化の複合は、エキステンシブな生活様式という言葉で総括できる。

呪力や霊力への信仰は、一方では互酬的で平等的な生計経済と結びつくが、他面では親族集団の長や、首長の権威の源泉でもある。トングウェの社会では、この二つの側面がバランスを保ち、親族集団の緩やかな連合体を維持していくが、ベンバ社会では、長距離交易による威信財の集積が首長の権威を増大させ、「聖なる王」としての性格をもつ最高首長を頂点とし、集権的な政治体制が構築されていったと考えることができる。

日本におけるアフリカ研究の先達である富川盛道氏は、伝統的なアフリカ社会を「部族本位制社会」と捉えている。「部族社会」とは、「分離原理と共存した集中原理で、全体がゆるやかに結ばれる流動的な社会」である。あるいは「ある条件下では集中して統合するが、許されるかぎりは、分散の原理を通して安定しようとする社会」

である。ベンバやトングウェも、このような意味での「部族社会」であり、集中・統合と分散・分離の原理が機能する条件の違いに応じ、対照的な社会編成・統合を示してきたと言えるだろう。

富川氏は、「部族社会」が他部族との間で物々交換、交易、婚姻、同化あるいは、対立、抗争、分離を含む相互関係を保ちながら、ローカルな地域社会を形成したことを強調している。トングウェ、ベンバ、マテンゴという民族あるいは部族の形成史も、地域集団としての部族社会を例証していると考えることができる。

乾燥疎開林帯を生活の場としてきた諸民族は、このようなエキステンシブな生活様式と、小規模で統合の度合が緩やかな流動性の高い社会を保持してきた。このような伝統を基調としながら、かつ他の民族や長距離交易を媒介とした外文明との動的な関係の中で、集約的な環境利用や、集権的な社会編成も発達させてきた。いわば乾燥疎開林帯は、多彩な「風土」に生きる諸民族が、協同と対立の二側面を含みつつ住みわけ、流動的な共存関係を展開する空間であった。あるいは多様な色合いをもった小世界の流動的共存空間であると言ってもいいだろう。

それは、バントゥの文化的な適応放散が展開した場の、基本的な構造をも示している。こうした空間の存在様式は、高谷流の「世界単位」で言うような「歴史の中に現れた重要そうな領域」、「それ自体が意味のある地域単位」として範域を設定するような思考法とは馴染みにくい、というのが現在の私の思いである。

コメント

栗本英世

われわれアフリカ研究者にとって、具体的な調査対象となるのは、民族全体というよりは、むしろ個人や特定の村である。それとアフリカという広大な地域の間にはたいへん大きなギャップがある。両者の間にいろんな単位を設定することは可能だ。ひとつは、バントゥ語系の諸民族というような言語集団の単位である。また、リージョンという単位も設定できるだろう。あるいは、植民地化以降の近代的な国家は、政治学や経済学ではたいへん重要な単位になっている。もちろん生態系の区分にもとづいた場合は、アフリカの生業の区分とよく対応するだろう。このように対象の階層化、あるいは分節化は、研究分野によって違ってくる。地域の存在様式は基本的に非常に多様であり、しかも重層的である。

掛谷さんは「多様な色合いをもった小世界の流動的共存空間」と述べられ、富川さんの「部族本位制社会」を引用された。部族が非常に明確な集団として存在しているという印象を与えがちだが、実は「多部族的社会圏、多部族的共生社会」というものとして、地域社会が存在しているという捉え方であろう。そこにアフリカ的な特性があるとすれば、他の地域に見られるような、求心力を持つ帝国や、大宗教のような伝統というようなものは見られない。それは、強力な中心のない地域社会という存在様式であると考えられる。

では、われわれの調査の単位である民族の境界を越えた、リージョナルな制度があるのではないか。ここでは三つだけ例をあげておく。ひとつは、交易である。それも外文明とつながるような長距離交易ではなく、アフリカの内陸部で植民地化以前に存在した、非常に自主的な交易のネットワークである。二番目には、現在のザンビアやジンバブウエの地域における、カルト宗教と呼べるようなハイ・ゴッドの信仰である。それは現在の国境や民族の境界を越えて、いまなお続いている。R・ウエーブナーという人類学者は、それは大伝統でも小伝統でもなく、その中間のものであると述べている。中範囲の伝統とも言えるようなものが、アフリカの特徴として挙げられるだろう。また、スーダンの南東部では言語・民族の違いを超えて、非常によく似た階梯式の年齢組織が発達している。これもリージョナルな制度の一つの例としてあげられるだろう。

このような地域を設定するうえでの、認識論的な問題について、コメントを加えておきたい。例えば、われわれは東アフリカの研究者、西アフリカの研究者という言い方をするが、それは植民地化以降の境界の影響を受けている。旧イギリスの英語圏だけに限って問題を指摘すれば、D・パーキンというイギリスの人類学者が言うように、現在のザンビア、ローデシア、マラウイを中心にした中央アフリカと、ウガンダ、ケニア、タンザニアなどの東部アフリカ、それから南部スーダンという「民族誌的な地域」があるが、これは植民地時代のアフリカの区分けに、大きく規定されている。

それぞれに植民地の本国が作った研究所があり、中部アフリカにはローズ・リビングストン研究所（現在はザンビア大学の一部）、東部アフリカにはウガンダの東アフリカ研究所（現在はマケレレ大学の一部）があった。一方で、南部スーダンには研究所がないものの、オックスフォードの人類学者たちの独壇場であった。

バントゥなどの諸集団は境界を越えて分布しており、実際には連続した世界があるにもかかわらず、植民地の境界と一致するこの地域分けは、妥当な民族誌的地域として固定され、しかもその中での調査単位として「部族」を固定していった。

現在の研究者も、このような認識に規定されている面があるが、パーキンはこのような地域設定を view from the office と呼び、批判している。そして、それに対置するものとして、voice from the field を提唱している。調査対象の人びとの声が反映しているような研究と言えるだろう。従来の固定的な枠組みから自由であった数少ない人類学者の例として、A・サウゾルも忘れてはならない。二人ともが、都市人類学のパイオニアとして知られていることは、全くの偶然ではないだろう。

植民地時代には「オフィスの観点」が非常に明確で、植民地支配の実際的な問題があったが、現在はオフィスの観点にしても、フィールドからの声にしても、双方が非常に多元化して錯綜している状態である。人類学だけでなく、他の社会人文科学の諸分野も含んだ地域研究の単位を新たに設定することは、非常に困難な作業となるだろう。「地域」とは研究者の関心や、アフリカの人たちの意識と実践のあり方によって、いかようにも設定できる。アフリカの地図を明確な境界をもつ地域単位に分割し、それに普遍的な意味合いを持たせることは不可能に近いという印象がある。

質疑応答

應地利明　環境利用の点で差を持ちながらも、お互いに共存しあったような流動的共同空間という社会が形成され、地域という形で細分化できないというお話だった。だが、翻って考えれば、バントゥ的な世界によって覆われている、例えばサハラ以南のブラックアフリカの地帯は、一つの大きな意味でのユニットをなしているとは考えられないか。

掛谷　アフリカの地域性にかかわる基本的な問題だと思う。サハラ砂漠の南縁に沿って展開するサヘルと呼ばれる地域は、八世紀ごろからイスラーム世界と交易があるし、東海岸のスワヒリも長いアラブとの歴史がある。そういう世界と対比しながら、バントゥの広がる地域も一つの世界として認められるのではないかという指摘だと思われる。

しかし、われわれアフリカ研究のフィールド派は、外文明を重視してアフリカを捉える基本認識では、一九世紀末以後の、ヨーロッパ世界による圧倒的な支配に打ちのめされてきたアフリカ像が肥大してくるように思えてならない。高谷流の「外文明」というのは、東南アジアのような文明の狭間の地域から出てきた地域認識の方法だろう。

アフリカでも、外文明との関係で違いがあることは明瞭だが、外文明との関係を基本においた地域認識によって、打ちひしがれた大陸というイメージに結びつきかねない。高谷論に対抗していこうとすれば、もっと全面的に議論を展開しなければならないだろう。

高谷　アフリカに魂から打ち込んでいる方の真摯な研究態度には頭が下がる。これは研究者の姿勢にも関わる問題だと思う。ただ、應地さんの質問に対する答えは、北のサヘル、東のスワヒリという、外の世界に染まった所に囲まれた中に珠玉のアフリカがあるということで、やはり疎開林から熱帯多雨林にかけて、そこには一つの「世界単位」的な空間があると解釈していいのではないか。

掛谷　サヘルやスワヒリの世界は、「世界単位」に乗りそうな地域だ。しかし、基層部には、ここで述べたような特質を共通して持っているように思える。すると、どちら側に重心をおいてアフリカを語るかという視点の違いになる。高谷流に乗れと言われれば、サヘル、スワヒリをひっさげて乗れなくもない。しかし土着派としては、そういう気持ちになれない。

石井淳　「民族」と「部族」という言葉の関係について、少し明確にしておいた方がいいのではないか。「民族」という言葉は「部族」よりも少し継続性があるように思う。民族も離合集散し、再編成され、変容していくものだろうが、なおかつ言語や文化とからみあって、少し継続性があるという印象を受けた。その中で、「部族」という言葉を使われた時には、これが段階なのか類型なのかわからないが、それほど長くは続かないもののような印象があった。その関係について、もう少し説明がほしい。

それから、バントゥ全体が民族であるかどうかという問題もある。民族には、かなりの重層性があるが、分布をもっているはずだ。少なくとも、ある時間の幅で考えた場合には分布をもっている。そういうものを考えるときに、地域性との関わりが当然出てくるだろうと思われる。

掛谷　「民族」か「部族」かというのは、未だ決着のついていない問題で、アフリカ研究の核心にふれる質問だ。植民地化の歴史を背景として、「部族」というと「プリミティブ」に結び付く側面がある。アフリカ研究者の中でも、「部族」派と「民族」派とに分かれている。私は、今日は「民族」で通したが、基本的には「部族」派だ。

ここでは、より強大な中心性を持った集団を構築していく方向に視点をおいてアフリカを認識するのではなく、小さな単位の共存性を維持してきたという視点からアフリカを捉え、「民族」という言葉を使い、さらに「小世界」という言葉で展開していった。アフリカ研究者としては、ある意味では苦慮した点だ。

「部族」か「民族」かというのは、非常にナイーヴでセンシティブな問題を含んでおり、アカデミックなタームとして定義するのは困難だと思う。

第8章　変貌する民族社会と地域研究

東アフリカ・タンザニアの西端域に住むトングウェとは、断続的にではあるが、かれこれ二〇年以上のつきあいになる。中南部アフリカ・ザンビアの北部に住むベンバの調査も一〇年を経過した。そして、ごく最近、西南タンザニアのマテンゴ社会とのつきあいが始まった。私の調査歴は、これら三民族の生態・社会・文化の相互関係を問う経験の蓄積過程であった。それは、疎開林帯に住む三民族の比較研究であり、生態人類学というディシプリン内の研究として位置づけることができるのであるが、一方で、ディシプリンの枠をはみだし、地域研究に足を踏み入れたようにも思うのである。あるいは、ディシプリンと地域研究との往還が始まったといってもよい。その往還を促す大きな契機は、それぞれの民族社会の変貌であった。ここではトングウェ社会とベンバ社会の変貌をとりあげ、その諸相と地域研究とのつながりについて考えてみたい。

1　トングウェ社会の変貌

一九七一年から一九七二年にかけて調査した当時のトングウェは、自然の中に埋もれるようにして暮らす人びとだった。山がちなトングウェ・ランドで、人びとは小さな集落を構え、散在して居住し、焼畑農耕・狩猟・漁撈・採集などの、強く自然に依存した生業を営んでいた。しかし、このような暮らしは、私が第一回目の調査を終えた直後から激しい変動の渦に巻き込まれていく。「ウジャマー村政策」と呼ばれる、タンザニア独自の社会主義的改革が強力に押し進められ、トングウェ社会も根源的な変容を余儀なくされたのである。

「ウジャマー村政策」は、散居する小集落の人びとを集住させてウジャマー村（同朋の村）を創設し、村有の共同農場での生産を組み込む農村開発政策を基本としていた。トングウェ・ランドでは、タンガニイカ湖の湖畔域にいくつかのウジャマー村が設定され、人びとは半ば強制的に移住させられた。一九七四年のことである。

一九七六年に私は短期間ではあったがトングウェの地を再訪し、ウジャマー村に移った旧知の人びとと再会した。彼らの話しから、共同農場での綿栽培がうまくいかないこと、十分なキャッサバ畑の確保も難しいこと、湖魚の入手が困難になったことなど、さまざまな問題がうかびあがってきた。しかし多くの人びとは時代の宿命として受けとめ、なんとかウジャマー村での生活に適応しはじめているように見えた。山奥では、かつての集落が細々と維持されているところもあり、そのような集落の一つで、伝統的なムワミ（首長）の即位儀礼がおこなわれた。伝統的なトングウェ社会は、小規模な親族集団のゆるやかな連合体であり、その親族集団の長がムワミで

写真8-1　婚礼の踊りに興ずるトングウェ

ある。多くのトングウェがつどい、慣習にしたがって儀礼が進行し、新しいムワミが誕生した。ムワミの重要な責務は、代々の祖霊や精霊を祀ることである。山奥に住むトングウェは、祖霊や精霊への信仰を砦として、時代の潮流にひそやかに抵抗していたのかもしれない。

一九八〇年にもトングウェの地を訪れたのだが、当時のタンザニアは激しいインフレや物資不足にみまわれ、経済は危機的な状況にあった。アミン政権下のウガンダとの戦争や第二次石油ショックの影響も甚大であったが、ウジャマー村政策がいきづまりつつあることも明瞭であった。湖畔のウジャマー村には山奥から強制的に移住させられた人びとが加わり、また、北方のハや対岸のザイール〔編者注：現在、コンゴ民主共和国〕から移住してきたベンベなどの他民族も混住し、大集落を形成していた。トングウェたちは激しいインフレ状況を嘆きつつも、淡々と暮らしを立てているように思えた。一方で、伝統文化へのアイデンティティを確認するかのように、ゾウの悪霊払いの儀礼や双子の霊を祀る儀礼などが次つぎにおこなわれてもいた。また、霊力の強さで名高い、山奥に住む精霊ムラングワが、祭祀者の強制移住などに腹を立て、湖岸部に暴風雨をもたらすという噂が広がったこともある。しかし、ついに精霊の怒りが爆発することはなかった。

こうして、ウジャマー村への定着化が進み、かつてのトングウェ・ランドは広大な無人地帯になっていった。しかし他方で、野生のチンパンジーをはじめとして豊かな動植物相に恵まれたトングウェ・ランドを国立公園とする計画が、日本人研究者の努力もあって、実現への道を歩み始めていた。そして一九八五年に、マハレ国立公園の設置が正式に認められるに至る。

しかし、ウジャマー村政策そのものは破綻し、一九八二年には新農業政策が導入され、また一九八六年以降にはＩＭＦや世界銀行による構造調整の勧告にしたがった経済の自由化政策がとられ、タンザニアの経済は新たな激動の時代を迎えている。

一九八八年と一九九三年に、その後のトングウェの消息を追って、私はタンガニイカ湖畔の村に赴いた。かつてのウジャマー村のンコンクワでは、多民族の混住化が進み、民族間の通婚も一般的となり、国語のスワヒリ語が深く浸透していた。ウジャマー村政策の一環として教育の振興がはかられ、子どもたちが全て学校に通うようになったことの意味は大きい。一方で、人びとは農耕地などを求めて隣接地域に広がりはじめていたのだが、トングウェは山裾に、北方から移住してきた農耕民のハは山裾と湖岸の間の低地に、ザイール〔編者注：現在のコンゴ民主共和国〕から移住してきた漁撈民のベンベは湖岸部に住む傾向が認められた。一九九三年には、湖岸から六時間ほど歩いたところにある小さな集落を訪れた。そこでは、村人は川辺林の木を切り倒して焼畑をつくり、野獣を狩り、蜂蜜を採集して暮らしていた。こうした集落は、もはや痕跡的にしか存在していないのであるが、山住みの生活を指向するトングウェ文化の伝統はいまも存続しているように思えるのである。

ンコンクワ村の形成過程は、現代アフリカの一つの動向を示すものであり、学校教育やスワヒリ語の浸透などを媒介として、草の根からの国民形成につながる動きとして理解することもできる。同時に私は、多民族の混住化の実態にふれ、かつてのトングウェの民族形成史を思い起こしていた。トングウェ社会は一五を越す氏族から構成されていたのだが、そのいずれもが異域に住む民族に由来するという歴史伝承をもっていた。ほぼ二〇〇年前に、それらの諸民族がトングウェの地に移住し、混住してトングウェ民族が形成されたのである。現代の諸民族の移住と混住化は、強力な国家政策によってもたらされたものではあるが、生活集団の形成過程という側面では、かつての民族形成史に通ずる特徴を見出すこともできるように思えるのである。

2　ベンバ社会の変貌

ベンバの調査は一九八三年から開始した。ベンバは、疎開林そのものを巧みに利用した、チテメネ・システムと呼ばれる焼畑農耕を営む人びとだが、植民地化以前には広大な領土をもつ王国を形成していた。私は、疎開林の王国形成をめぐる生態人類学的研究を意図していたのだが、同時に現代アフリカの農民が抱える問題にアプローチしたいとも考えていた。

調査地には、ザンビア国北部州の県都郊外の村を選んだ。村は、県都との間を自転車で一日の内に往復できるところにあるのだが、そこでの生業はチテメネ型の焼畑農耕だった。村の男は疎開林の木に登って枝を全て伐採し（写真8-2）、女が枯れ枝を伐採域の中心部に運ぶ。そこに火を放って焼畑を造成し（写真8-3）、シコクビ

写真 8-2　ベンバの男は木に登って枝を伐採する。

写真 8-3　枯れ枝の堆積物に火が放たれ、焼畑が造成される。

エ（アフリカ起源の雑穀）の栽培を核としつつ、混作・輪作を組み合わせて多種類の作物を耕作する。それは疎開林の生態に適応した、つつましい自給型の農業であった。

このチテメネ・システムは、ほぼ三〇〇年前に、彼らの祖先が西方の地に栄えたルバ王国を出て、ベンバ・ランドに移住して以来の歴史をもつ。植民地時代から独立を経て現在に至るまで、チテメネ・システムが森林破壊をもたらす農業であり、生産性の低い自給農業であるとして放棄を迫る政策が続いてきたが、ベンバ農民は営々としてチテメネ・システムを保持してきたのである。

しかし一九八六年ごろから、調査地の村むらで大きな変化が起きた。樹木の根を取り除いて整地し、化学肥料を投入して、ハイブリッド種のトウモロコシを換金作物として栽培する半常畑耕作が急速に浸透しはじめたのである。

第一次の石油ショック以降、銅生産に圧倒的に依存していたザンビア経済は急激に悪化傾向をたどり、鉄道沿いや大都市の周辺域でのトウモロコシ生産も低迷しはじめた。このような経済状況を背景として、ザンビア政府は一九七〇年代後半に、先進国の援助を受けて北部州などの地方の農業総合開発計画を押し進めたのであるが、その影響が調査地の村にもおよんだのである。

トウモロコシの半常畑耕作は、ベンバ農民にとって画期的な現金収入源となったのであるが、疎開林の生態条件下では、より激しい土壌の浸蝕・荒廃や疎開林の破壊をもたらす可能性がある。中南部アフリカでも、近年になって、降雨量が減少し、干ばつにみまわれる年が多くなってきていることも気にかかる。また慢性的な経済危機のもとで、トウモロコシの代金支払いが遅れ、ハイブリッド・トウモロコシの種子や化学肥料の遅配がおこりかねない。インフレゆえにトウモロコシ価格が相対的に低下し、化学肥料が高騰することもありうる。おりしも

写真 8-4　山裾にあるトングウェの集落

ザンビア政府は、ＩＭＦや世界銀行の勧告を受け入れ、経済の自由化にふみきった。

村むらで積極的に半常畑耕作を導入しはじめたのは、都市部から村に戻ってきた人びとや、ザンビア国の独立後に教育を受けた世代だった。地方の村でも世代の交替が進み、生活も変わりはじめた。現在では村内の大半の世帯に半常畑耕作が普及した。しかし一方で、焼畑によって自給用作物を確保する道も保持され、二つの耕作形態が並存している。疎開林で練りあげられてきた焼畑農耕民の生き方は、いま、大きな転機を迎えている。

疎開林帯は、サハラ以南のアフリカのほぼ四分の一の広さを占める。そこでの「自然と文化」の関係を問う旅は、また、激動する現代アフリカの実態にふれる旅でもあった。アフリカの奥地の生活も、国家や世界的レベルでの政治・経済の動向と深く連動しはじめたのである。それは、食糧問題や環境問題、民族紛争や国民国家の動揺などにもつながりうる動きでもある。大きく変貌する民族社会の同伴者としての視線は、一方で「世界の中のアフリカ」にも向けられなければならないのである。

アフリカの生態・歴史・文化がもつ固有性をみつめ、現代アフリカが抱える諸問題に正面から向き合う研究が要請されているのである。それらは、「総合的地域研究」が担わなければならない課題である。

第9章　アフリカ疎開林帯における焼畑農耕社会の持続と変容

1　疎開林と焼畑農耕

私たちが調査の対象とした村むらは、中南部アフリカの疎開林帯にある。アフリカ大陸の植生は、赤道直下のコンゴ盆地やギニア湾岸に発達した熱帯多雨林から外縁部に向かって乾燥度を増していき、ほぼ同心円状に疎開林・サバンナ・ステップ・半砂漠・砂漠とつづいていく。疎開林は、湿潤な熱帯多雨林と乾燥したサバンナとの間に広がる植生であり、サハラ以南のアフリカの約四分の一の面積を占める。それは、年間の降雨が八〇〇～一二〇〇ミリメートルの地域に分布し、年間が乾季と雨季に明瞭に分かれるのだが、ほぼ半年間も続く乾季の存在

図9-1　調査地

ゆえに、乾燥疎開林と呼ばれることが多い。この疎開林を構成する主要な樹種は、マメ科のジャケツイバラ亜科（Caesalpinioideae）に属しており、それを代表する樹種の方名を冠してミオンボ林と呼ばれることもある。高木層の樹高は一五～二〇メートルに達し、木と木との間隔は三～五メートル程度にすけた林である。

　疎開林の土は、風化の進んだ、貧栄養の砂質土壌からなり、一般に農業的な生産力は低いと考えられている。また、眠り病を媒介するツェツェバエの分布域と重なることもあって、ウシの飼養には不向きの土地でもある。しかし、そこを居住域とする諸民族はローカルな環境条件に適応した焼畑農耕を発達させ、営々と暮らしを立ててきたのである（掛谷　一九九三）。

　ザンビア国北部の疎開林帯に住むベンバ（図9-1）も、そのような民族の一つであり、彼らはチテメネ・システムと通称される独自の焼畑農耕をねりあげてきた。乾季の間にベンバの男たちは疎開林に通い、木に登って斧一本ですべての木の枝を切り落とす（写真8-2）。この作業をベンバ語でクテマという。チテメネは、この動詞の派生語である。女たちは、乾燥した木の枝を伐採域の中心部に運ぶ（写真9-1）。雨季が始まる直前に、その枯れ枝の堆積物に火を放って焼畑を造成する（写真8-3）。そしてシコクビエ（アフリカ起源の雑穀）の栽培を核としつつ、四〜五年間、混作・輪作を組み合わせて、キャッサバ・ラッカセイ・インゲンマメ・ササゲなどの多種類の作物を栽培した後に耕地は放棄され休閑地となる（図9-2）。それは、疎開林の生態に根ざし、長期にわたって自然と社会の再生産を支えてきた生産様式であった。しかし他のアフリカ諸地域と同様に、ベンバ社会でも、道路沿いの村むらへの集住化や人口増加、商品経済の拡大などの影響のもとで生活様式の変容が進行し、焼畑農耕は休閑期間の短縮などの歪みをかかえこむことになった。その一方で、樹木の根を除去して整地し、化学肥料を投入して換金作物のハイブリッド種トウモロコシを栽培する半常畑耕作が浸透しつつある。トウモロコシの半常畑耕作はベンバ農民にとって画期的な現金収入源であるが、その拡大は、疎開林の生態条件下では、土壌の浸食や荒廃につながる可能性がある。

写真9-1　女は枯れ枝を伐採域の中央に運ぶ。

こうした状況認識のもとで、私たちは一九九二年度から三年間、文部省の科学研究費補助金（国際学術研究）を得て、「アフリカ疎開林帯における焼畑農耕社会の内発的発展をめぐる生態人類学的研究」を進めてきた。主要な調査対象として、一九八三年から民族誌的研究を蓄積してきたベンバ社会を選び、その村に調査拠点を設定し、焼畑農耕（チテメネ・システム）と新たに普及しつつある半常畑耕作をめぐって、農業生態学的調査と社会生態学的調査を統合する

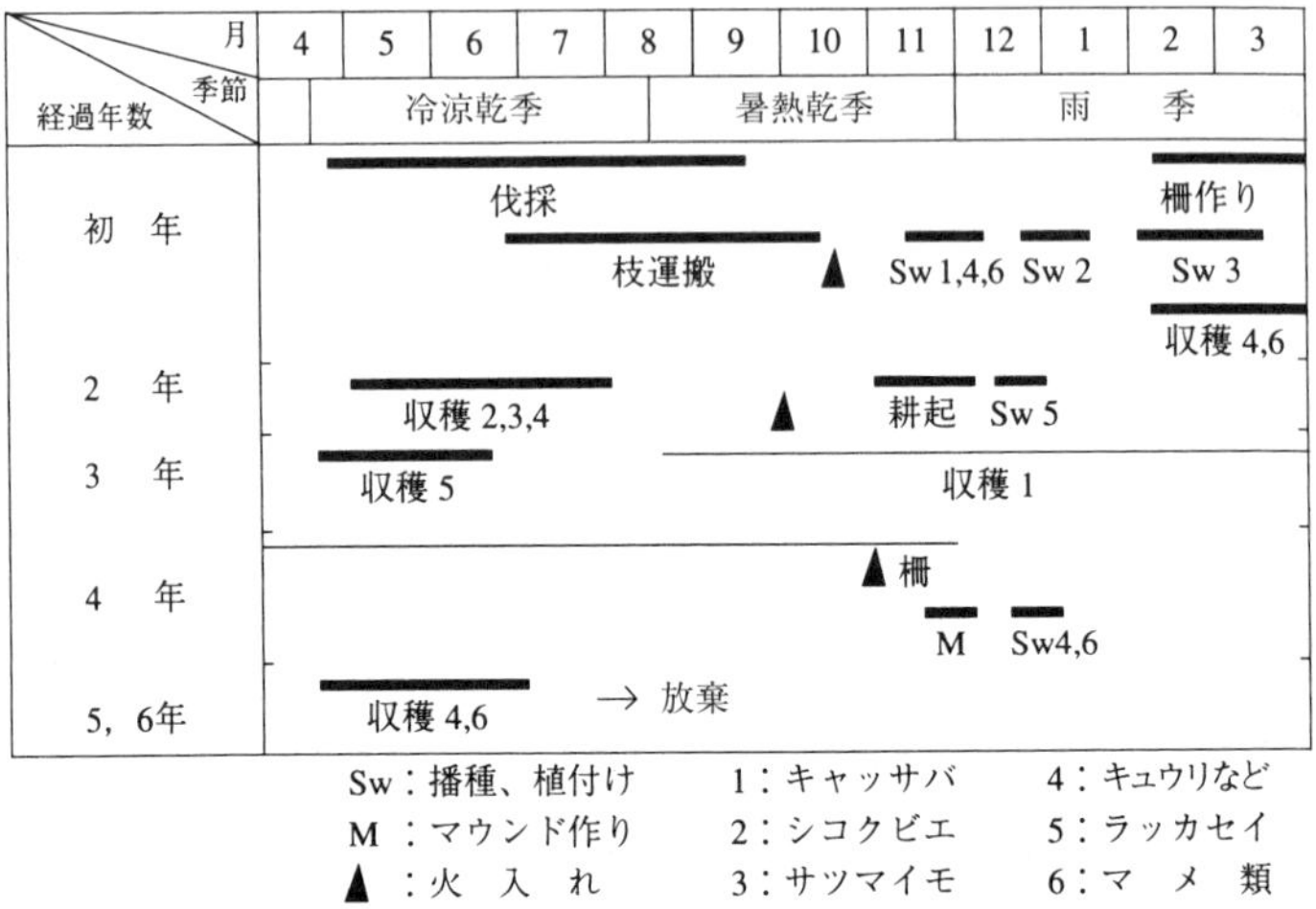

図 9-2　チテメネ耕作の農耕暦

研究を目指したのである。その中心的な課題は、伝統的な焼畑農耕を支えてきた自然・経済・社会・文化の諸条件とその変容の動態を明らかにし、地域の生態と伝統に根ざした持続可能な農業生産と内発的発展の可能性を探ることにある。また、疎開林のポテンシャルを把握するために、タンザニアの疎開林帯に住む民族（トングウェ、マテンゴなど）の比較調査を実施したが、ここではベンバ調査に焦点をしぼって報告することにしたい。

2　ベンバの伝統的な生計経済

調査の拠点は、ザンビア国・北部州のムピカ県内にあるムレンガ＝カプリ村に定めた（図9-1）。村は、県都のムピカと西方のビサ地域とを結ぶ道路沿いにある。県都までは二七キロメートルの距離だが、人びとは自転車で一日のうちに県都まで往復できる。ムレンガ＝カプリ村の人びととは、一九八三年以来のつきあいである。当時は戸数が一三、人口が五三人の小さな村であったが、この村には戸数が約三〇戸のンドナ村が隣接しており、二つの村は地域的なまとまりを保持していた。ムレンガ＝カプリ村は、最長老の一人が一九五八年に出稼ぎ先のコッパーベルト（銅鉱業地帯）から戻り、兄弟姉妹を核とする母系の親族を集めて創設した村である。一三世帯の中には、三戸の母子世帯が含まれている。ベンバ社会は母系制を基本としている。しかし居住形態は、結婚後の一定期間を妻方で暮らした後に夫方に移住する慣習が一般的である。このような居住形態と母系制とは矛盾を内包しており、それゆえ離婚が頻発し、母子世帯の存在は常態的である。村びとの多くは都市部での生活を経験していたが、一九八三年当時には、チテメネ・システムに生計の基礎をおき、自給的な生活を営んでいた。

チテメネ耕地は村の近辺域に求められるのであるが、その適地が少なくなれば、村からほぼ六キロメートルの範囲内に出造り小屋を建て、約半年間そこに移り住んでチテメネを開墾する。チテメネの規模は、世帯員の構成、夫や妻の年齢などに応じて二〇アールから七六アールの幅があり、平均すれば一世帯あたり約四〇アールの広さになる。チテメネ耕作の主要作物であるシコクビエの収穫量は、一ヘクタールあたり穂重で三トン前後と、かなり高い値を示す。こうして平均値でいえば、一世帯が一二〇〇キログラム程度のシコクビエを保有することになる。しかし年間を通してシコクビエを主食用の練り粥として消費すれば、シコクビエの量は不足気味の傾向を示す。シコクビエは、儀礼時や週末の楽しみとして欠かすことができない酒の原料でもある。酒造りは女の仕事であり、とくに母子世帯の母親にとっては重要な現金収入源となる。また、西方のスワンプ域に住む漁民との交換で干し魚を手に入れて道路沿いの村むらや町で売れば、かなりの現金を得ることができる。しかし村びとは、人びとの生存に必要な量を大幅に越えるような生産を指向しない。つまり、伝統的な主要作物のシコクビエ生産については、その必要量や潜在生産量を下まわる「過少生産」の傾向性をもつといってよい。主食の不足分は、一九三〇年代以降にチテメネの輪作体系に組み込まれたキャッサバで補われる。

こうした「過少生産」とともに、生産物が世帯間で平準化することを促し、あるいは特定の世帯に偏在することを押しとどめる分配・消費のメカニズム（平準化機構）が保持されていることもベンバの伝統的な生計経済の特徴である。

平均的な規模を上回るチテメネを耕作する青・壮年の世帯の男たちは、西方のスワンプ地帯に赴き、シコクビエとの交換で干し魚を手に入れ、それを売って得た現金で酒を買って飲み、人びとに要求されて酒をふるまう。母子世帯の母親たちは酒の代金として得たお金で近隣の男たちを雇い、チテメネの伐採を依頼する。そして他の農作業は自前でこなし、そこそこの収穫を確保する。酒を醸造する女たちは、その原料の半分で共同飲酒用の特別の酒を造り、村びとに無料で提供するのが慣習である。食糧が欠乏した親族の者にシコクビエを分与することもある。こうしてチテメネ生産の差異は平準化され、村の成員はほぼ同じ水準の生活を維持してゆく。このような互酬性と共存を原則とする社会関係は、人びとの妬みや恨みに起因する呪いへの恐れや、首長の祖先霊への畏れによっても支えられてきたのである。

3　チテメネの生態学

チテメネ・システムの大きな特徴の一つは、耕地の六倍以上の伐採域から枝葉を集め、その堆積物に火入れをする点にある。それは樹木の生育密度の低さを補いつつバイオマスを集積し、火入れによって土壌養分を添加・

増大させる農法なのである。その一つの効果は、樹木に蓄積されたカリウムやリンなどの栄養素を灰の形で土壌に還元することにある。実際、耕地への灰の添加量とシコクビエの収量とは正の相関を示すのである。焼土効果や乾土効果も、その重要な働きの一つである。高温で土を焼くことによって焼土効果が働き、土壌中の窒素が活性化され、植物が利用しうるアンモニア体窒素に変わる。また長期にわたる乾季の終わりにおこなわれる火入れは、土壌の乾燥化を劇的に高め、その後の降雨による土壌有機物の分解を昂進させることになり、乾土効果が発揮される。フィールドと実験室をつなぐ研究によって、チテメネ・システムは灰の添加とともに、焼土効果や乾土効果を有効に引き出す農法であることが明らかになった。疎開林帯の土壌は、分解の程度が低く、窒素分の少ない砂質土壌であり、その炭素と窒素の比（C／N比）は、ほぼ一八の値を示す。一般に植物が利用しやすい土壌有機物のC／N比は一〇前後であり、それゆえチテメネ型の火入れによって焼土効果や乾土効果を引き出さなければ、土壌有機物が有効に利用され得なかったであろう（Araki 1993）。そして火入れは、土壌中の雑草の種子を除去する効果をもっていることも指摘しておく必要がある。

もう一つのチテメネ・システムの際だった特徴は、大木を根本から切り倒さず、木に登ってすべての枝を切り落とす樹上伐採の作業にある。通常、二メートル以上の樹高があり、胸高直径が一五センチメートル以上の木が樹上伐採の対象となり、それ以下の木は胸の高さのところで切り倒されることが多い。この樹上伐採によって、上述のようにバイオマスを集積し、同時に樹幹部を残すことによって疎開林の更新を促すのである。

私たちは、ライントランセクト法やコードラート法、それに航空写真や衛星画像による解析によって、チテメネ耕作が疎開林に与えるインパクトや、疎開林の更新過程についての調査を進めた（写真9-2）。通常、チテメネ耕地には一ヘクタール当たりで五五トン程度の枝葉が持ち込まれ、伐採地となった疎開林の現存量は減少する。

写真 9-2　調査地周辺のランドサット画像（1992 年 9 月）。小さな斑点がチテメネ伐採地

しかし、その減少は樹上伐採によって低く抑えられており、伐採地では一四年後、火入れによって木の株や立木が枯死する耕作地では三〇年後に疎開林の再利用が可能になることが明らかになった。衛星画像には撮影年に開墾されたチテメネが一つ一つはっきりと写っており、その通時的な分析の結果、村の移動や出造り耕作などによって疎開林の分散利用がはかられ、疎開林の破壊が回避されていたことも明らかになった（大山　一九九五）。チテメネ・システムは、疎開林の再生を組み込んだ農法であり、また場所によっては樹種の多様化を促すことにもなり、「造林農業」の一面をもつ（高村　一九九三）。

しかし近年にいたって、道路沿いの村むらへの集住化が進み、後に述べるようにトウモロコシの半常畑耕作が普及して出造り耕作が減り、休閑期間が一〇年も経過していない村周辺の疎開林でチテメネを耕作する傾向や、地上伐採が増大する傾向がみられる。また、政府が入植者を募って開墾を進める大規模開発プロジェクト予定地が村近くにまで延び、チテメネ適地が狭小化する可能性もある。チテメネ・システムは、大きな試練の時を迎えているのである。

4　農耕システムの変容と安定化

ムレンガ＝カプリ村の前を通る道路沿いにはベンバの村が点在しており、それらの村のいくつかでは、一九八〇年代の初頭からファームと呼ばれるトウモロコシの半常畑耕作が普及しはじめていた。ザンビア政府は、銅生産に圧倒的に依存していた経済の低迷を背景として、一九七〇年代後半ごろから先進国の援助のもとに地方の農業総合開発に着手し、その影響が調査地の周辺域にも及んだのである。しかし一九八三年当時、ムレンガ＝カプリ村とンドナ村では合わせて三人の村人が小規模なファームの開墾をはじめたのみであった。私たちは、すでにファーム耕作が普及したアルーニ村との比較研究を進めたのだが、その結果、伝統社会の安定性を支えてきたと思われる平準化機構が、条件次第では新しいイノベーションを推し進める機構としても働き、ファーム耕作の導入を促進することが明らかになった。

アルーニ村は、ムレンガ＝カプリ村の西方二〇キロメートルのところにあり、一九八五年ごろには村びとの大半がファーム耕作に従事していた。七〇戸を越す世帯のうち、九〇キログラム詰めで三〇袋以上のトウモロコシを出荷する本格的な耕作者三名を含めて、実に六〇パーセントの村びとが小規模なファーム耕作に従事していた。その大部分は、政府のトウモロコシの買い取り価格が二〇パーセント値上げされた一九八二年以降にファーム耕作に着手している。アルーニ村では、すでに一九六六年に、都市部から帰郷した人がファーム耕作をはじめ、それ以後、幾人かの村びとが細々とファーム耕作に手をつけた。他の村びとは、濃厚な日常的なつきあい関係の中で、それらの「変わり者」の行動を注視する機会をもち、徐々にファーム耕作の意味を了解していく。こうして村内部での条件が熟成しはじめたころに、トウモロコシの買い上げ価格の大幅な値上げなどの農業政策が打ち出され、いわば内部的条件と外部的条件が同調し、一九八二年を境にして村びとの大半が一気にファーム耕作になだれこんだと考えられるのである。それは、ネガティブ・フィードバックとして働いていた社会的な平準化機構が、ポジティブ・フィードバックに切り替わる過程であった。

ムレンガ＝カプリ村は、村内での紛争を契機として一九八六年にいったんは消滅し、一部の村びとは隣接するンドナ村に移住した。しかし一九九二年に新しい村長候補者が首都のルサカから戻り、旧ムレンガ＝カプリ村の人びとが徐々に集まりはじめ、村が再興される過程にある。そして、ほぼ村の消滅と期を同じくするようにして、この地域でもファーム耕作が急速に普及しはじめたのである。

一九八五年までムレンガ＝カプリ村とンドナ村では、前に述べたように、三人の「変わり者」の村びとが小規模なファーム耕作に従事するのみであった。しかし一九八六年には、この地域にも前借りで化学肥料やトウモロコシの種子を購入することができるローン制度の普及がはかられた。それを契機として平準化機構の制御が突き破られ、ファーム耕作が一気に拡大していったのである。その過程の分析から、いくつかの基本的な特徴がうかびあがってきた。一つは、青壮年層が積極的にローン制度に対応し、生産を拡大する努力を続け、九〇キログラム詰めで二〇～四〇袋を出荷するようになっていったことである。その背景として、ほぼこの時期に村の主要構成員の世代交代が進んだことがあげられる。一九九二年には、村の男の大半が五〇歳以下であり、またザンビア国の独立（一九六四年）以降に学校教育を受けた青壮年層が村の主要構成員となっている。ベンバは、植民地時代からコッパーベルトでの鉱山労働者の供給源であった歴史をもつ。しかし、これらの青壮年層の中には、一時的にコッパーベルトや都市部に滞在した経験をもつ者もいるが、経済の低迷状況にある都市部に定着せず、村に戻り、結婚してチテメネ耕作に従事してきたのである。ムレンガ＝カプリ村の消滅やファーム耕作の急激な普及は、このような村における世代の交代の時期と重なっている。

二つ目の特徴は、コッパーベルトや都市部での仕事を退職し、一九八六年以降に村に移住してきた世帯（三戸）がファームの普及を推し進める役割を果たしたことである。彼らは退職金で購入した服や石鹸、料理用油を報酬として村人を雇い、ファームを開墾し、積極的に、そして着実にファームを広げていった。

青壮年層や都市からの帰村者は、一時的な雇用労働の活用を含めて積極的にトウモロコシ生産の拡大を進めていったのであるが、ファームの開墾・拡大は、男たちがチテメネ時代よりも格段に多くの時間を農作業に投入するようになった結果であることを強調しておく必要がある。

こうしたファーム耕作の急速な拡大過程は、世帯間の差異化を広げていく社会的過程であった。とくに、成人の男性労働力を欠く母子世帯はファームの開墾に遅れをとり、多くの母子世帯の母親たちは他の世帯のファームを拡大する労働力として雇用された。しかし、ほぼ二年間の過渡期を経て、母子世帯も徐々にファームの開墾を進めはじめた。なんとか男性労働力を確保し、木を伐採して根を取り除いて整地ができれば、女手でも十分にファーム耕作を続けることができる。

チテメネ時代には、女たち、とくに母子世帯の母親たちはシコクビエ酒を醸造し、それを販売して現金収入を得て、そのお金で村びとを雇いチテメネの伐採作業を依頼したり、生活必需品の購入にあてていた。しかしファームが普及しはじめたころ、激しいインフレで生活必需品の価格が高騰したにもかかわらず、村での酒の値段は上げられず、女たちは県都のムピカまで酒を運んで販売したこともある（Sugiyama 1992）。その後一九九一年に、近隣の町を訪問していた女性がンベスティニと呼ばれる新しい酒造りの方法を習得して帰り、それを村中に広めた。それは、原料のシコクビエにイーストと砂糖を加えて発酵させる酒であり、伝統的なシコクビエ酒と比べるとはるかに効率の良い酒造りの方法であった。こうして母子世帯でもファームの時代に適応した生活戦略を展開し、男たちがトウモロコシを売って得たお金が再び村内で還流しはじめ、母子世帯でもファーム耕作が広く普及するようになった。それは新たな平準化の動きであるといってよい。

こうして村びとは大きな生活の変容期を経験したが、一方で自給用のチテメネ耕作も続けている。村びとの多くは、かつてチテメネを放棄して食糧の確保が困難になった村の例などを挙げ、当面はチテメネ耕作とファーム耕作の二本立てで生計を保持していくと語っている。また、村びとは化学肥料の安定した供給が肝要であることを自覚し、男女のそれぞれが農業クラブを結成し、化学肥料購入の基礎資金の蓄積につとめるなど、新たな村づくりに向けての動きもある。

5　おわりに

チテメネ耕作は、広大な疎開林、低人口密度、分散した居住様式、環境に適応した農耕技術、それに環境の改変を小規模にとどめる社会・文化的な機構などによって、長期にわたって持続可能な生産を保持してきた。しかし近年にいたってチテメネ耕作を支えてきた諸条件が大きく変わり、チテメネ耕作の存続基盤が揺らぎはじめている。

一方、ファーム耕作も多くの問題を抱えている。冒頭部でも述べたように、その大規模な拡大は、疎開林の生態条件下では、土壌の浸食・荒廃をもたらす可能性がある。実際、地力の低下やネズミなどの畑荒らしによって、数年のうちに放棄されたファームの耕地も多い。これまでの記述ではファーム耕作を半常畑耕作として位置づけてきたが、あるいはブッシュ休閑、もしくは草地休閑型の農業システムと考えるのが適切かもしれない。

ザンビア国は慢性的な経済危機の状況にあり、ローン・システムなどの社会制度、運輸手段などのインフラストラクチャー、それに市場経済などの機能が不全におちいる可能性もある。おりしもザンビア政府は構造調整政策を受け入れ、経済の自由化を推し進めており、遠隔地でのファーム耕作の存続はきびしい条件下にある。

あるいはベンバ農民は、このような状況に対する自衛策として、二つの農耕形態が併存するシステムを選択したのかもしれない。彼らの社会は、したたかに自給を確保する「伝統」をもち、その「伝統」はイノベーションの累積と安定化の機能を備えているのである。

今後は、他の諸民族との比較研究を踏まえ、疎開林帯における在来農業と、それを支えてきた農民社会がもつ潜在力の多面的な解明に力を注ぎたい。

第10章　フロンティア世界としてのアフリカ

——地域間比較に向けての覚え書き

1　はじめに

この総合的地域研究の研究計画が始まって以来、アフリカと東南アジアとの地域間比較を可能にする切り口を求めて、模索を続けてきた。当初は、アフリカにおける「世界単位」の考察を試みたのであるが（掛谷　一九九四aなど）、アフリカ内陸部を対象とすれば、世界単位を設定する思考法とは馴染みにくい、というのが一応の結論であった。

世界単位は、たとえば「生態環境と、そこに住んだ人間と、さらにはそこに流入した外文明の複合体」、あるいは「生態、風土、外文明と積み重ねられたもの」であり、「歴史の中に現れた重要そうな領域」として、ゆるやかに定義される（高谷　一九九三）。しかし、私が主たる研究対象としてきたタンザニア西部やザンビアを含む広大なアフリカ内陸部では、ほぼ一九世紀にいたるまで、ほとんど外文明の強い影響を受けることがなかった。そこは、多彩な風土に生きる諸民族が、同化と分離の二側面を含みつつ住み分け、流動的な共存関係を展開する空間であった。その生態・社会・文化のダイナミズムに地域の特性をみる立場からいえば、アフリカ内陸部に世界単位を設定する試みが、しっくりと適合するようには思えないということであった。

しかし、「世界単位論」の背景には、長年にわたる東南アジア研究の蓄積と、そこからつむぎだされた重要なキーワード群がある。たとえば、内世界と外文明、小人口世界、フロンティア世界、周辺性、海域世界、圏とネットワークなどである。これらのキーワードのいくつかは、アフリカとの地域間比較の重要な切り口になるかもしれない。たとえばフロンティア世界論を中心におき、内世界、小人口世界、周辺性というキーワードを組み合わせれば、内陸アフリカの地域性の生成と展開に見られる特性と照応する側面をもつように思える。この場合、アフリカと比較対照される東南アジア像は、たとえば以下のようにイメージされることになる。東南アジアは、中国やインドの大人口・大文明の周辺にある、森の卓越した小人口世界であり、その内世界は、「フロンティアの形成と成熟の社会過程を経て、実質的な中身を」与えられ、「無限フロンティア形成」の論理に支えられてきた地域である。そして、それは重層性をもった文明流によるフロンティア形成という大きな特徴をもつ（矢野　一九九〇）。また、東南アジアのフロンティア論は、精緻な実態調査にもとづく開拓農民や開拓空間についての考察や、フロンティアとしての都市論など、多様な相貌のもとに展開されている（田中　一九九〇、一九九三、高谷編　一九九一など）。ここでは、それらの議論を念頭におきながら、特に内陸アフリカを対象にして、アフリカ的なフロンティア世界を構成する、いくつかの特徴について考えてみたい。

フロンティア世界としてのアフリカについては、すでにコピトフ（Kopytoff 1987）が重要な論考を発表している。ここで述べる私のフロンティア論は、コピトフの論考と、東南アジアのフロンティア論から受けた刺激の産物であり、おおまかなデッサンにすぎない。コピトフの論考との詳細な比較検討は今後の課題としたい。

2　低人口密度の大陸世界

アフリカは三〇〇〇万平方キロメートルの面積をもつ大陸であり、熱帯多雨林からサバンナ、砂漠にいたる多様な植生帯に覆われ、それぞれの植生帯も広大である。大陸の周囲を取り囲む海は、北部の地中海や東部の海岸域を除いて、海流の流れが激しく、また自然の良港が乏しく、一五世紀にいたるまで海上交通による他地域との交流を遮断してきた。そして人びとは、狩猟採集、牧畜、焼畑耕作など、薄く広く環境を利用する生業を営んできた。こうした環境条件や生業形態などのゆえに、総体的にいって、アフリカはきわめて低い人口密度を保持してきた大陸である。二〇世紀以前のアフリカの人口密度については推計によるしかないのだが、経済史家のマンロー（一九八七）がまとめた資料に基づいて算出してみると、サハラ以南のアフリカでは、一八五〇年の時点で一平方キロメートルあたり三から六人の間ということになる。あるいは、五人前後と表現してもよい。当時の東南アジアの人口密度は一〇人程度、中国では一〇〇人、インド地域では五〇人が一応の目安であるという（坪内一九九三）。現代のアフリカは六億人を越える人口を擁しているが、その地域性の形成史は、低人口密度の大陸世界という条件と深く結びついている。

3　移動と移住

アフリカ社会は、八〇〇を越す民族集団から構成されている。その生活様式や文化は多彩であるが、人びとの頻繁な移動や移住など、多様な民族に共通する特徴もある。遊動生活を基本とする狩猟採集民や牧畜民のみならず、多くの農民社会でも、その特徴を見いだすことができる。農民は所有する土地への強い執着と定住指向をもつと考えられがちであるが、アフリカでは、むしろ半定住、半遊動の民と考えたほうが実状に合うと思われる場合も、しばしばみられる。その典型的な例は、かつて広範な地域を占めていた焼畑農耕民である。

たとえば、ザンビア北部の疎開林に住むベンバの例を取り上げてみよう（写真10-1）。ベンバは、チテメネ・システムと呼ばれる特異な焼畑農耕を営んでいる。彼らは、原則として疎開林の樹木を木の根本から切り倒さず、枝のみを伐採し、乾燥した枝葉を中心部に集め、火を放って焼畑にする。シコクビエを主作物とする焼畑は、毎年、開墾されるのであるが、集落の近辺に焼畑適地が少なくなると、村落から歩いて一時間から二時間の距離を隔てた疎開林に出造り小屋を建て、ほぼ半年間そこに移り住んで焼畑を開墾する。それは焼畑適地を求める行動であるが、ときには村落内での社会的な葛藤を回避する行動でもある。その葛藤が深刻になれば村落が分裂し、一部の村人が他地域に移住していくことも、しばしばみられる。村落自体も、一定の年限の後に移動することが多い。

写真10-1　ザイールからタンガニイカ湖を渡ってトングウェの地に移住した漁民の集落

西部タンザニアのトングウェは、山がちな疎開林帯に住む焼畑農耕民であるが、小さな集落が互いに距離をへだてて散在する居住様式をとる。それらの集落間をつなぐのは人びとの往来である。集落を訪れたトングウェに訪問の目的を尋ねれば、たいていの場合「テンベアだよ」という答えが返ってくる。テンベアはスワヒリ語で人の移動を意味するのだが、ぶらぶら歩きから長期にわたる移動まで、はばひろい意味内容を含む。テンベアに出掛けたトングウェは、ときに他集落に長期滞在し、場合によっては、そこに住み着いてしまうこともある。それは、おおらかでホスピタリティに富んだトングウェ社会の特徴を反映しているのだが、一方で、集落内での親族関係のもつれや、呪いを回避する行動でもある。

南西タンザニアの山地帯に住むマテンゴは、ピット（掘り穴）耕作と呼ばれる集約的な農法を発達させてきた。山腹に繁茂した草を刈って格子状に並べ、格子の間の土を鍬で掘り起こして草の上にかぶせて畝を作る。作期をずらしてインゲンマメとトウモロコシを耕作し、二年周期でピットと畝の位置を変え、ほぼ一〇年間は畑地として利用する。この集約的な農法は、一九世紀の中頃に南方から侵入してきた好戦的なンゴニ族を避けて山地に集住した時代に発達したらしい。しかし植民地時代からタンザニア独立期にかけて、山地の中心域での人口圧もあって、多くのマテンゴが周辺の疎開林に移住していき、現在も開拓前線は広がりつつある。彼らは拡大家族の単位で移り住み、疎開林を伐採して造成した焼畑でシコクビエを耕作する。その焼畑の跡地は草地になり、そこでピット耕作を始め、生計の基盤を確立していくのである。新しい開拓地には、親族や姻族、あるいは同村の出身者が、つてを頼って移り住み、他村からも人びとが移住してきて開拓村が形成されていく。

農耕に基盤を置いたアフリカの多くの民族社会は、上述したように、むしろ移動と移住を常態とした流動性の高い社会なのである。あるいは、移動と移住を生み出す構造をもった社会であるといってよい。

4　チャマとテンベア

北部タンザニアに位置するエヤシ湖の湖畔域に、マンゴーラ村と呼ばれる開拓村がある。このマンゴーラ村で、多民族（部族）が混住する地域社会の研究を進めた和崎洋一（一九六六a、一九六六bなど）は、民族社会に根をもつと同時に、多民族をつなぎ、地域社会の形成力として働く組織化の原理（チャマ）と行動様式（テンベア）について考察している。

一九三〇年代から開拓民が移住して形成されたマンゴーラ村は、和崎が調査を進めた一九六〇年代には、農

写真10-2　首長に聖性を付与するトングウェの儀礼

耕・農牧・牧畜・狩猟採集など、異なった生業の民族が混住し、農耕民はバントゥ系の一七民族に由来する出自をもっていた。それらの農耕民は、同じスワヒリであるという、共通した集団意識を保持している。彼らは、東海岸から内陸部に拡大してきたスワヒリ文化との接触を通じて、スワヒリ化した農耕民である。しかし一方で、彼らはそれぞれの民族の意識や感情をもち、村内で各民族ごとに住み分けて暮らしている。

スワヒリとしてのまとまりや集団意識には、重層的な要因が関与しているのだが、和崎は特に、同じ薬の呪力を信奉するチャマ（結社）の重要性を指摘している。それは、特定の民族の結社であったが、マンゴーラ村では、もともとの民族の枠を超えた集団構成をもち、スワヒリの凝集性を内側から支えているという。

マンゴーラ村の農耕民は、自らの出生地を離れ、各地を遍歴し、その間にスワヒリ文化やスワヒリ意識を身につけた人びとである。この遍歴は、スワヒリ語でテンベアと呼ばれるのだが、それはトングウェ社会での人の移動と共通する行動様式でもある。つまりテンベアは、民族社会に深く根ざした行動様式であるとともに、民族の混住化と、それらの結合をもたらす行動様式でもある。

マンゴーラ村の事例は、タンザニアでの国民国家の形成過程を背景としているのであるが、アフリカにおける民族や、その形成過程についても重要な示唆を与えている。

5　民族形成の過程

写真 10-3　治療儀礼用の薬を調合するトングウェの呪医

私はこれまで、共通のアイデンティティをもち、一定の地域に住む民族を対象にして調査を続けてきた。しかし、それらの民族は、すべて、異なった地域に居住していた民族が現在の地に移住し、あるいは移住してきた諸民族が混住して形成されたとする伝承をもっていた。たとえばトングウェは、ほぼ一五〇〇年から二〇〇〇年前に、タンガニイカ湖の対岸域に住むタブアやホロホロ、北方に住むハ、南方のフィパやベンバなどの異域に住む諸民族が移住し、混住して形成された可能性が高い。マテンゴも、異なった地域に住む諸民族が現在の地に移住して形成された民族であり、出自を異にする父系の親族集団が居住地を住み分け、ゆるやかな連合を保っていた。しかし一九世紀の中頃に、南方から侵入してきたンゴニに対抗する過程で、首長制を発展させていったという。また、ベンバは、ザイール国〔編者注：現在、コンゴ民主共和国〕の南部の地に栄えたルバ王国の後裔であり、二〇〇年から三〇〇年以前に現在のベンバ・ランドに移住してきたという伝承をもっている。いずれの民族の場合も、無人地帯に移住して形成されたとする伝承は共通しており、また、その移住の時期はせいぜい一五〇年から三〇〇年前であったと推定されるのである。このような民族形成の特性は例外的なものではなく、むしろサハラ以南のアフリカの大半の民族に共通していると考えることができる（Kopytoff 1987）。

6　おわりに――内に広がるフロンティア世界

サハラ以南の多くの民族社会は、移動と移住を常態とした流動的な社会であった。それは、広く薄く環境を利用する生業の特質と連動しており、また、強い分節化の傾向性を内包する社会的、政治的な構造とも結びついている。人びとは生業の適地を求めて移動する。テンベアの心に促されるままに、遍歴を重ねる人も多い。ときに、干ばつや飢饉、あるいは疫病のゆえに、移動や移住を余儀なくされる場合もある。多くの民族社会は、即位儀礼などによって聖性を付与された首長や王に収斂していく集権性と、親族組織に基盤をおき、その成員間の潜在的な平等性を求める傾向性とのバランスの上に成立している（掛谷　一九九三、一九九四a）。このようなバランスが崩れれば内部集団は分裂し、一部の集団は、その社会からの離脱を余儀なくされ、ときには積極的に新天地を求めることになる。あるいは、ウイッチクラフトから逃れ、ウイッチクラフトの嫌疑のゆえに村を追われる人もいる。そのような人びとは、民族社会の外縁部に広がるフロンティア、つまり人口の稀薄地帯や政治的な空白地帯に移住していく。そして、かつて所属していた諸民族の伝統文化を再編しつつ、新たなフロンティア社会を形成していく。

フロンティア社会を永続的に再生産していく地域の原構造は、紀元前数世紀（紀元前一〇〇〇年という説もある）と推定されるバントゥの大移動に求めることができる。バントゥは、現在のナイジェリアとカメルーンの国境付近から移動・拡散していき、先住民のピグミー系やコイ・サン系の狩猟採集民と共生関係を保ちながら、あるいは彼らを駆逐しながら、文化的な適応放散を遂げていった。そして、一〇世紀までに数次の大移動を経ながら、中部・東部・南部のアフリカに居住域を広げていった。それ以後、地域によっては人口の増加や、域内の交易の展開にともなって徐々に人口分布の密度化が部分的に進むが、それらの地域でも王国などが発達していくのは一五世紀以降である。一五世紀までのサハラ以南の内陸部は、基本的に移動の時代であり、フロンティア性を濃厚にもつ集落連合体や小首長制などの、規模の小さな政体を主流とする時代であった。

一八世紀に至って、ルバなどの大規模な王国、あるいは帝国が勃興してくる。それらの王国や帝国の盛衰は、新たな移住の波をつくりだし、多くのフロンティア型の社会を創出させていった。一九世紀には、ギニア湾岸を根拠地とするポルトガルや、東海岸に拠点をおくアラブとの奴隷交易が本格化したこともあって、人びとの離散や移動・移住が頻繁に繰り返される大激動の時代となり、一九世紀末の西欧列強による植民化の時代につながっていく。

アフリカという低人口密度の大陸世界は、移動と移住を生み出す構造をもった社会を育み、その社会の縁辺部に広大な人口の稀薄地帯や政治的な空白地帯を存在させてきた。こうした基本的な条件のもとで、内陸アフリカは、大小さまざまな水玉模様にたとえることのできる流動的な政体が消長する歴史を刻み続けてきたのである。それは、アフリカ大陸で自成的に展開してきた歴史であり、内に広がるフロンティア世界の歴史であった。

第11章　内陸アフリカの論理
——内的フロンティア世界としてのアフリカ

1　はじめに

「内陸アフリカ」とはどこか。いわゆる「外文明」の影響が比較的少なかった内陸部という程度のイメージであるが、私がこれから話す範囲が内陸アフリカであると考えてほしい。

「内的フロンティア世界」というような捉え方は、一九九〇年に京都大学へ移って来てから考え始めたことだ。東南アジア研究センターと共同で地域間研究を進める過程で、このような発想が生まれ、同じ頃にアメリカの人類学者コピトフの「アフリカン・フロンティア」という本から強い刺激を受けた（Kopytoff 1987）。そして、私自身がアフリカで続けてきたフィールドワークの中で気にかかっていたことが、この「内的フロンティア世界」と深く関わっているのではないかと考え始めた。

私は以前に、ほぼ一九世紀に至るまで外文明の強い影響を受けることがなかったアフリカ内陸部は、「多彩な風土に生きる諸民族が、同化と分化の二側面を含みつつ住み分け、流動的な共存関係を展開する空間」であるという考えを提示した（掛谷　一九九四 a）。だが、なぜそういう空間であり続けてきたのかという疑問は残っていた。

東南アジア研究センターにおける地域研究は、世界単位論をその一つのピークとしつつ、さまざまなキーワードに集約される多彩な成果をあげている。「内世界と外文明」「小人口世界」「フロンティア世界」「周辺性」「海域世界」「圏とネットワーク」等々、キラ星のごとくキーワードが生み出されてきた。その言葉から受けるイメージは、アフリカと重なるものが多い。例えば「フロンティア世界」を中心に据えて、「内世界」「小人口世界」「周辺性」というキーワードを組合わせれば、私が「内陸アフリカの地域性の生成と展開」で考えていた地域特性と照応するように思われる。

それらのキーワードで描き出される東南アジアのイメージは、例えば次のようになる。東南アジアは、中国とインドという、大人口・大文明地帯の周辺にある、森の卓越した小人口世界であり、その内世界は「フロンティアの形成と成熟の社会過程を経て、実質的な中身」を与えられ、「無限フロンティア形成」の論理に支えられてきた地域である。それは重層性を持った文明流入によるフロンティア形成という大きな特徴をもつ（矢野　一九九〇）。また、東南アジアのフロンティア論の背後には、精緻な実態調査にもとづく開拓農民や開拓空間についての考察（田中　一九九〇、一九九三など）もあり、あるいはフロンティアとしての都市という形で展開される考察もある。このような東南アジアにおけるフロンティア論を頭の片隅に置きながらアフリカについて考えていきたい。

2　低人口密度の大陸

アフリカでは「低人口密度の大陸世界」という事実を押さえておく必要がある。二〇世紀以前の人口については推定に頼るしかないが、サハラ以南の人口は、経済史家のマンロー（一九八七）によれば、一八五〇年の場合、マキシマムで一億二〇〇〇万人あまり、ミニマムで七〇〇〇万人弱と推定できるという。人口密度では平方キロメートルあたり三〜六人の間におさまるだろう。坪内さん（一九九三）がまとめられた資料によると、一八五〇年当時、東南アジアでは平方キロメートルあたり一〇人、中国で一〇〇人、インド（バングラデシュ、パキスタンを含む）が五〇人、ヨーロッパが四五人、日本が九〇人という人口密度の値が出ている。つまりアフリカの人口密度は、小人口世界である東南アジアの半分程度ということになる。それらの人びとが、熱帯多雨林からサバンナ、砂漠に至る多様で広大な植生帯の中で暮らしてきた。また、ツェツェバエの分布域に象徴的に示されているように（図11-1）、ヒトや家畜の生存をおびやかす風土病や病原体の問題も大きい。それらがアフリカの生態史を考える時の舞台装置としてきわめて重要な特性になるだろう。

コナー（一九九三）は『熱帯アフリカの都市化と国家形成』という本で八つの地域を取り上げている（図11-2）。それは何らかの形で超越的な枠組み、国家、あるいは小さな地域を越えて同質化していく文明的な地域だった。

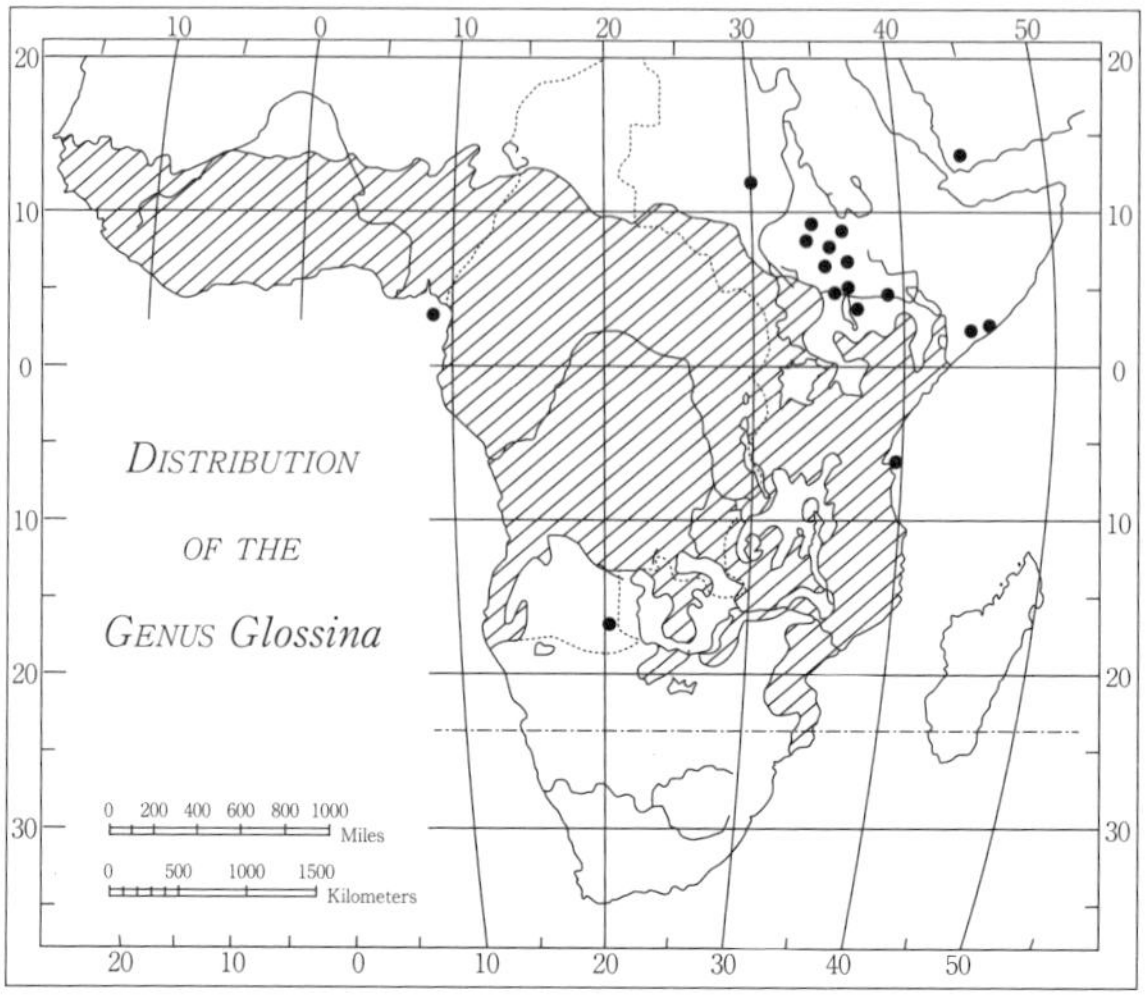

図 11-1　ツェツエバエの分布域（黒丸は孤立した小分布域を示す）
(NaSh 1969: p. 45)

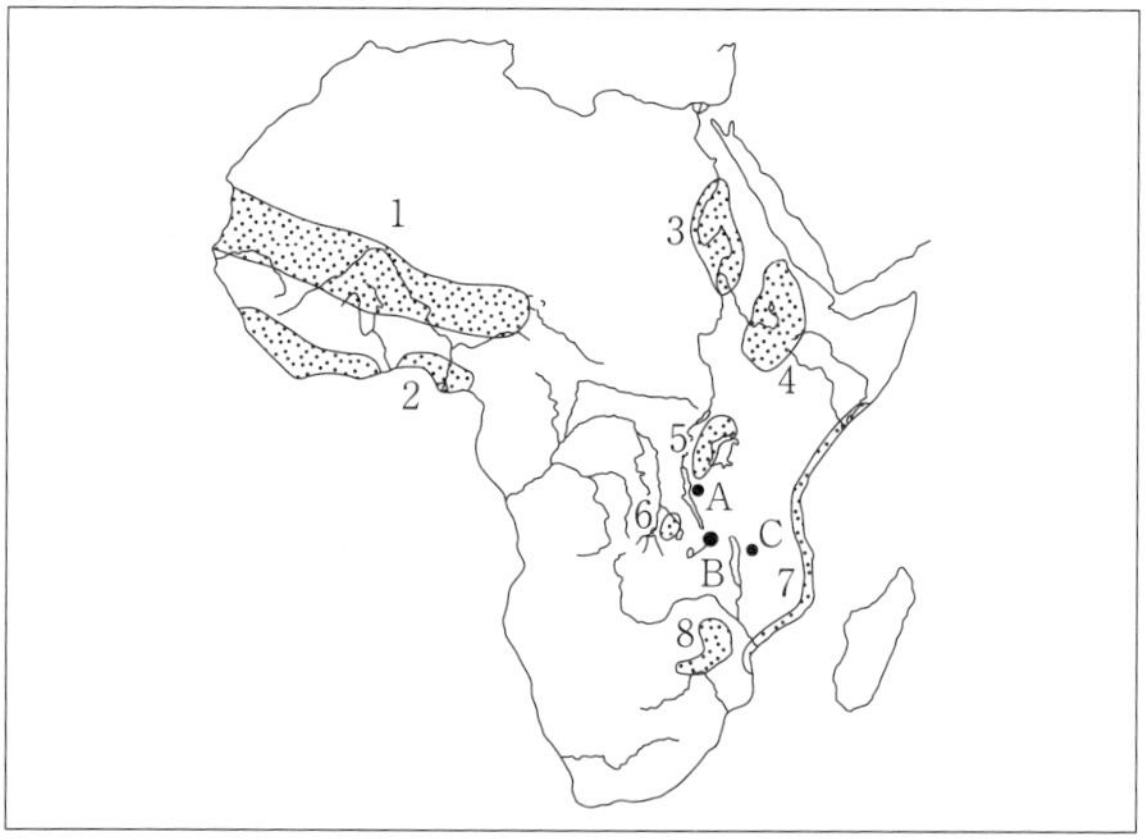

図 11-2　G. コナーが『熱帯アフリカの都市化と国家形成』で取り上げた諸地域と報告者の調査地
（コナー　1993：p. 37）

1. 西アフリカ・サバンナ　2. 西アフリカ森林地域　3. ナイル川中流域　4. エチオピア高地
5. 湖沼地域　6. ウペンバ凹地　7. 東アフリカ海岸　8. ジンバブウエ高原
A. トングウェ　B. ベンバ　C. マテンゴ

しかしアフリカ内陸部は、そのような特性の稀薄な地域であるといってよい。私も市川さんも、これまで、超越的な枠組みを作ってこなかった人たちに深い関心をもち、なぜ超越的な枠組みに人は頼らねばならないのかという問題について考えてきた。文明化や発展に関心を持つ人の問いかけとは逆転している面がある。

今日の話では超越的な枠組みを志向しなかった人びとを基本的な対象とするが、アフリカ内陸部に大きな帝国を作った例がないわけではない。ウペンバ凹地（図11-2参照）では一八～一九世紀ごろにルバ帝国が形成されている。それは、ほとんど外側からの影響なしに、アフリカ内部で自生的に形成された帝国だと言われている。そのような地域も視野に入れながら、内陸アフリカの論理を考えてみたいのだが、タンザニアのタンガニイカ湖畔から東側に広がる山地帯に住むトングウェ、内陸国ザンビアの北部に住むベンバ、タンザニアの西南部に住むマテンゴという三つの民族集団の調査体験を基礎とし、それらの民族に共通する特性を軸にして話を進めたい。

3　民族誌的なパースペクティブ

市川さんも指摘されたが、アフリカの歴史の基層部には「移動と移住」という特性が潜んでいるように思われる。これらの特性については私自身の調査体験の中でも強く印象づけられた。アフリカではさまざまな民族（あるいは部族）が多様な暮らしを展開しているが、その中でも人びとの頻繁な移動や移住は、それぞれの民族の個別性を越えて、かなり共通した特徴と考えることができる。それは、遊動生活を基本とする狩猟採集民や牧畜民のみならず、多くの農民社会にも見い出すことができる。東南アジアのフロンティア論の中で、モーバイル・ペザント（動きまわる農民）について語られているが、アフリカでも、農耕民は半定住、半遊動の民であると考えた方が実状に合う。特に焼畑農耕民は、文字どおりモーバイル・カルティベーター、あるいはノマディック・カルティベーターと位置付けることが可能だ。

モーバイル・ペザント、あるいはモーバイル・カルティベーターの一例として、チテメネ・システムという特異な焼畑農耕をおこなうベンバを挙げることができる。チテメネ・システムは焼畑農耕の中でも集約性が高い。彼らは原則として疎開林の木を根元から伐り倒さずに枝のみを伐採し、乾燥した枝葉を中心部に集めて火を放って焼畑にする。シコクビエを主作物とする焼畑は毎年開墾され、集落の近辺に焼畑適地が少なくなると、村から歩いて一〜二時間程度の距離を隔てた疎開林に出造り小屋を建て、ほぼ半年間そこに移り住んで開墾する。しかし彼らとの会話から、村落内での社会的な葛藤を回避するために、出造り小屋に移る場合も多いということがわかった。出造りのために村から離れて住むということで、大義名分が立つのだ。村内での社会的なコンフリクトと出造り耕作とは、かなり強く連動している場合がある。

村落内の葛藤から村が分裂するケースもある。私の調査体験でも、村が分裂して、消滅した例を挙げることができる。村落自体が一定の年限の後に移動するのは、ごく一般的である。焼畑適地がなくなるというエコロジカルな条件もあるが、村全体が移動するのは、例えば村長の死を契機にするような場合などが多い。ベンバについては、一九三〇年代にイギリスの人類学者のリチャードが調査しているが、彼女の調査した村を再確認して、その後の変化をたどることは難しいと言われている（Moore & Vaughan 1994）。

移動は頻繁であり、しかも極めて気軽に移って行くように見える。タンザニアの焼畑農耕民のトングウェは、ムワミと呼ばれる首長を中心とした父系の親族集団のゆるやかな連合体からなる社会を作っている。彼らは、小さい集落が互いに距離を隔てて存在するという居住形態をとっている。その集落間をつなぐのは人びとの行き来である。トングウェには「テンベア」という行動様式を認めることができる。「テンベア」は、スワヒリ語で「人の移動」を意味する言葉だが、散歩から長期にわたる移動まで幅広い内容を含んでいる。テンベアに出かけたトングウェは、気ままに他の集落に長期間滞在することもあり、そのまま住み着いてしまった例もある。

「テンベア」はトングウェ社会の特性を反映する行動様式である。トングウェ社会には、客人を受け入れる洗練されたホスピタリティの文化が発達している。しかし一方で、村の中での親族関係のもつれや、呪われた、呪われそうだということで村を出ていく場合もある。それは、村から人が出ていかざるをえない押し出し要因も強く内在させた社会だ。

最近ではマテンゴを対象に調査をしている。彼らは焼畑農耕民ではない。開墾のときには焼畑を使うが、基本的には非常に集約度の高いピット（掘り穴）耕作という特異な農耕を営んでいる。斜面地の草地を刈って井桁状に草を並べ、井桁の間の土を掘り、その土を草の上にかぶせて畝を作る。遠くから見れば蜂の巣のような畑である。そこで、インゲンマメとトウモロコシをセットにして、二年で一サイクルの農耕をおこなう。彼らも疎開林帯に居住する人びとだが、これまで私が調査してきた民族とまったく違う農耕様式をもっていた。

マテンゴは一八〇〇年代中頃にピット耕作を始めている。もともとは小規模な集団が分散して住んでいたと言われている。一八三〇年代頃に南方からンゴニの進攻があった。南アフリカではズールー王国が一八〇〇年代初頭に勃興してくる。ズールーから派生したンゴニは好戦的な集団で、彼らが北へ攻めのぼって来るのを避け、山地に退避したマテンゴが、ピット耕作を始めたのである。彼らは、歴史的なある時点の条件下で、マテンゴ・ピットという集約的な農法を発達させてきた。

ンゴニの侵入の時代が過ぎ、パックス・ブリタニカの時代になると、疎開林を次つぎに開墾し、新しい開拓村を形成していった。開墾時には焼畑では耕地を広げていくが、その後に、ピット農法に切り換えて生活を維持していく。定住性と強く結びつくような集約型の農法も移動や移住と強く結びついているのである。これらの事例を踏まえれば、アフリカの農耕社会は、むしろ移動と移住を常態とした流動性の高い社会と考えるべきだろう。トングウェのテンベアも、ベンバの消えた村も、エコロジカルな基盤とともに、移動と移住を促す構造を持つ社会の反映であると考えられる。

最近私は、移動・移住をベースにする暮らし方を「エキステンシブな生活様式」と表現している。それは移動性に支えられ、広く薄く環境を利用する生業を基本にした生活である。農耕民といえども、狩猟、採集、漁撈をセットとしてもっている。基本的には自然利用のゼネラリストと考えるべきだろう。自給のレベルを大幅に超えることのない生産指向を保持し、生産されたものは、村の中で、あるいは村を超えて平準化していく。物財が偏在することを避けるかのような分配・消費のメカニズムがある。それは、「最小生計努力」の傾向性と「平準化のメカニズム」を備えた生計経済を特徴としているといってよい。政治的な統合度の低いトングウェの社会も、かつては大きな王国を形成したことで知られるベンバの場合も、村レベルで見る限り非常によく似た生計経済の特徴をもつ。基本的にこれらの社会は、差異の累積化を原動力とした拡大型の経済よりも、差異を平準化し、安定した生計経済を維持する指向を強く持った社会なのだ。

それは擬制的なものも含めたイディオムとしてのキンシップ（親族）の絆と、その内部での互酬性と共存の論理を基礎とする社会なのである。しかし、それは「お人好しの住む社会」という意味ではない。むしろ、このような基本的な論理から逸脱する者は、例えば精霊や祖先霊からの怒りや懲罰を受ける。あるいは人びとの間の妬み、恨みに起因する呪いの標的になる。そういうものへの「恐れ」によって支えられている社会という側面をもつ。集住がもたらす社会的なテンションを回避し、分散的な居住を促すというモチベーションがある。人びとの集住という求心的な傾向性よりも、移動と分散を常態とした、遠心的な傾向性をベースにもつということだ。より規模の小さな親族集団を基礎とした分節的な社会、セグメンタリーな傾向性をもつ社会である。それが、エキステンシブな生活様式を基礎とする社会の特長である。

北部タンザニアのエアシ湖畔域にある開拓村のマンゴーラは、いわゆる多部族混住地域だ。ここは和崎さんが調査されてきた。和崎さんは、民族社会に根をもつと同時に、多くの民族あるいは部族をつなぎ、地域社会の形成力として働く組織化の原理（チャマ）や、移動をする習性としての行動様式（テンベア）について考察している（和崎　一九九六a、一九九六b）。一九三〇年代からマンゴーラ村に開拓民が移住してきたが、和崎さんが調査を進めた一九六〇年代には、農耕、農牧、牧畜、狩猟採集という、異なった生業をもつ民族が混住し、農耕民について言えば、バントゥ系の一七部族に由来する出自をもっていたという。日野さんの話にもあったように、農耕民は「スワヒリ」という共通した集団意識を持っていた。しかし一方で、彼らはそれぞれの出身の部族の意識、部族としての感情ももち、村の中では部族ごとに住み分けて暮らしている状況があった。スワヒリという集団意識については、重層的な要因が関係しているが、例えば同じ呪薬（ダワ）の威力を信奉する結社（チャマ）の重要性が和崎さんによって指摘されている。それはもともとスクマ系の民族に由来する結社だが、マンゴーラ村では、もともとの民族、部族の枠を越えた集団構成をもち、スワヒリとしての凝集性を内側から支えている。

マンゴーラ村の農民は、自らの出生地を離れ、各地を遍歴し、その間にスワヒリ文化やスワヒリ意識を身につけた人びとである。この遍歴は、スワヒリ語で「テンベア」と呼ばれる。それはトングウェ社会での人の移動と共通する行動様式である。「テンベア」は部族社会に深く根ざした行動様式であるとともに、一方で民族の混住化や結合をもたらしてもいる。

マンゴーラ村の事例は、国民国家形成という流れの中での一つの動きではあるが、その動き自体は、アフリカの民族社会の形成についても非常に示唆的である。これまで私が調査をした民族は、ほとんどがここ一五〇年から三〇〇年の間に、異なる多民族が集まって一つの民族を形成してきた歴史をもつ。トングウェは、ほぼ一五〇年から二〇〇年前に、タンガニイカ湖の対岸域に住むタブアやホロホロ、北方に住むハ、南方のフィパやベンバなどの諸民族が移住し、混住して形成されたという伝承をもっている。マテンゴも、他地域に住む諸民族が現在の地に移住して形成された民族であり、出自を異にする父系の親族集団が居住地を住み分け、ゆるやかな連合を保っていた。しかし一九世紀の中頃に、南方から侵入してきたンゴニに対抗する過程で、首長制を発展させていったという。ルバ帝国の後裔であるとする伝承をもつベンバ王国も、約二五〇年前に現在の地に移住して、形成されてきた。いずれの民族の場合も、無人地帯に移住して形成されたとする伝承は共通している。それらは、天地開闢以来、その地に住み、民族としてのまとまりを形成してきた社会ではない。内陸アフリカの多くの民族社会は、むしろ新しく作られてきた社会で、それも流動的な人びとが離合集散するなかで形成されてきた社会である。

4　内陸アフリカの歴史

このような社会的特徴の淵源の一つは、市川さんも取り上げたバントゥ拡大の歴史にあるように思われる。「Chifumbaze complex」という、考古学者のフィリプソンが命名したタームがある。ビクトリア湖の北部から南アフリカまで、非常に共通した特徴をもつ遺物がある。それは鉄器、農耕、土器の文化複合で、紀元前の二〜三世紀から紀元四世紀頃にわたって広く展開しており、バントゥの拡大と結びついた遺跡群だと考えられている（図11‑3）。一番古い遺跡は、紀元前二、三世紀で、ビクトリア湖北岸のウレウェにある。アフリカ南端域には紀元四世紀末に達していると言われている。

図11‑3　Chifumbaze complex の分布
（Phillipson 1993: p. 191）

ルアラバ河（コンゴ河）の上流域にあるウペンバ凹地はルバ帝国の領域と重なる。Chifumbaze complex の分布内に位置しており、この地域にもバントゥの移動があったことになる。内陸部アフリカでは、古い時代から現在に至るまでの、編年的なデータ収集が可能な考古遺跡はほとんどない。ルバはその中でも、長期間にわたって編年が可能な例外的な地域と言われている。ルバの編年史を見ると、Chifumbaze complex が四世紀頃までにこの地域に展開し、五世紀に Kamilambian と呼ばれる鉄器時代が始まる。八世紀末には、Ancient Kisalian tradition の時代になり、社会的な階層化の萌芽が見られるという。墓の発掘から、祭祀用の鉄斧、鉄床、鉄製の槍、銅製の腕輪などが発見されている。

このウペンバ凹地で帝国という超越的な枠組みが形成されていく。そこは森林とサバンナのモザイク地帯であり、オープングラスランド、疎開林へと連なっていく地域だ。このウペンバ凹地をはじめ、ザンベジ河上流、カフエ流域、そして、ムウェル湖に流れる川沿いに展開するフラッドプレーンなど、河川流域のフラッドプレーンが、超越的な社会体制を作っていく基盤となっている。そこでは同時に塩や鉄・銅などの重要な資源が分布しているが、特に有名なコッパーベルトがこのあたりを通っている。銅と鉄と塩という資源の分布と王国や帝国の形成との密接な関係が窺われる。ウペンバ凹地には小さな湖や沼が連なっており、狩猟、漁撈、農耕を組み合わせて、比較的高い人口密度が保持されていたようだ。このような環境を制御していくために、ある種の共同労働と、それを管理するシステムが出現する。銅、鉄、塩、乾燥魚などの域内交易の中心地でもあり、このような条件のもとで、社会体制の展開があったと考えられる。

それが特に明確に現れてくるのは、一一世紀の Classic Kisalian tradition の頃である。銅の生産が活発化し、その域内で装飾品や威信財が流通し始める。ルバの中心地から二〇〇キロメートル離れたコッパーベルトとの交易

郵便はがき

料金受取人払郵便

左京局
承認

3060

（差出有効期限
平成31年
6月30日まで）

6068790

（受取人）

京都市左京区吉田近衛町69
京都大学吉田南構内

京都大学学術出版会
読者カード係 行

▶ご購入申込書

書　名	定　価	冊　数
		冊
		冊

1．下記書店での受け取りを希望する。

都道　　市区　店
府県　　町　　名

2．直接裏面住所へ届けて下さい。

お支払い方法：郵便振替／代引　公費書類（　　）通　宛名：

送料　ご注文 本体価格合計額　1万円未満：350円／1万円以上：無料
代引の場合は金額にかかわらず一律230円

京都大学学術出版会
TEL 075-761-6182　学内内線2589 / FAX 075-761-6190
URL http://www.kyoto-up.or.jp/　E-MAIL sales@kyoto-up.or.jp

お手数ですがお買い上げいただいた本のタイトルをお書き下さい。

（書名）

■本書についてのご感想・ご質問、その他ご意見など、ご自由にお書き下さい。

■お名前

（　　歳）

■ご住所

〒

TEL

■ご職業	■ご勤務先・学校名

■所属学会・研究団体

■E-MAIL

●ご購入の動機

A.店頭で現物をみて　B.新聞・雑誌広告（雑誌名　）

C.メルマガ・ML（　）

D.小会図書目録　E.小会からの新刊案内（DM）

F.書評（　）

G.人にすすめられた　H.テキスト　I.その他

●日常的に参考にされている専門書（含 欧文書）の情報媒体は何ですか。

●ご購入書店名

都道府県　市区町　店名

※ご購読ありがとうございます。このカードは小会の図書およびブックフェア等催事ご案内のお届けのほか、広告・編集上の資料とさせていただきます。お手数ですがご記入の上、切手を貼らずにご投函下さい。
各種案内の受け取りを希望されない方は右に○印をおつけ下さい。　案内不要

が本格的になってきた。そして一四世紀末のKabambian traditionの頃には、十字型の銅の鋳造物（インゴット）が出てくる。小型、均一、そして定型化したインゴットは、貨幣として使われていたのだろう。一五世紀にはインゴットが急増していることから、域内での交易が大きく拡大してきたと考えられている。一四世紀以降には、コッパーベルトが二つの交易システムの結節点となった。一つは、北の熱帯多雨林の辺縁域の特産物であるラフィア布の交易と結びついた交易システムであり、もう一つは、南のザンベジ河の周辺域に広がる交易圏と結びついたシステムである。それは、さらにジンバブウェ交易網にもつながっていったと言われている。このような域内交易の拡大とともに帝国化が進み、ついに一八世紀には広大なルバ帝国が成立する。

一一世紀の銅生産が拡大していったClassic Kisalian traditionの時期に、この地域からバントゥが東方へ移住していった。この東に行った人の流れが、ザンビア西部やマラウィで王国形成に関わってきたと言われている。こうした王国や帝国の盛衰は、新たな移住の波をつくりだし、多くのフロンティア型の社会を創出させていった。

サバンナの帝国として有名なルバは、交易や生産の背景とともに、分節的なセグメンテーションを常態とする社会の枠組みを変える文化的装置、あるいは社会的装置を創出している。それはバンブージェという秘密結社であった。リネージの長に当たる人びとが、リネージやクランを超えて秘密結社を作り、そのシステムが王権を支えていく。この秘密結社が、セグメンタリーな傾向性を制御してきた。ローカル・プリーストが「聖なる王」に転化するような文化装置、儀礼装置も付け加えながら、大帝国を形成していく（Reefe 1981）。交易や生産的な背景のほかに、文化的装置、社会的装置の創出によってルバ帝国が巨大化していった。その影響は、周辺地域に及び、各地に王国が形成されていった。しかし、これらの王国は、王位の後継者争いなどを契機としてセグメント化し、衰亡していく場合が多かった。

5　内的フロンティア世界

アフリカ内陸部では一〇世紀頃までバントゥの大移動に由来する移動拡散の時期であった。一〇世紀以降は人口分布の密度化の時代が続いていく。それはフェーズを変えながらも、移動と拡散を生みだし続けてきた。一七世紀までに、域内交易と集権化が進んだが、一方で内部的なセグメンテーションを誘発し、それが移動拡散を促す時代であっただろう。一八世紀以降には大帝国の形成と、それにともなう移動拡散の時代であった。一九世紀になれば、いわゆる長距離交易の時代になる。東方からはアラブが、西方からはポルトガルが奴隷や象牙を求めて進出し、大陸を横断するような交易ルートが確立した。あるいは南からのンゴニの進攻があり、他民族の侵入にともなう移住拡散の時代でもある。

アフリカという低人口密度の大陸世界は、移動と移住を生み出す構造をもった社会を育んできた。それは、エキステンシブな生活様式と連動しており、強い分節化の傾向性を内包する社会的、政治的な構造とも結びついている。人びとは生業の適地を求めて移動する。テンベアの心に促されるままに、遍歴を重ねる人も多い。ときに、干ばつや飢餓、あるいは疫病のゆえに、移動や移住を余儀なくされることもある。多くの民族社会は、即位儀礼などによって聖性を付与された首長や王に収斂していく集権性と、親族組織に基礎をおき、その成員間の潜在的な平等性を求める傾向性とのバランスの上に成立している（掛谷　一九九三、一九九四ａ）。このようなバランスが崩れれば内部集団は分裂し、一部の集団は、その社会からの離脱を余儀なくされる。ときに、積極的に新天地を求めて移住していく。ウィッチクラフトから逃れ、あるいはウィッチクラフトの嫌疑のゆえに村を追われる人もいる。そのような人びとは、民族社会の辺縁部に広がるフロンティア、つまり人口の稀薄地帯や政治的な空白地帯に移住していく。

内陸アフリカは、このような基本的な条件の下で、大小さまざまな水玉模様にたとえることができる流動的なポリティが、消えたり現れたりする歴史を刻んできた。それぞれの社会は、共通したバントゥ的な特性をもち、移動や分散の過程ではイノベーションも含め、バラエティを持ったものが出逢い、その文化要素を再編しながら、新たなフロンティア社会を形成してきたのだろう。

一部の地域では、ルバ帝国やザンベジ河のフラッドプレーンに展開したロジ帝国、大西洋岸との長距離交易で栄えたルンダ王国のような大規模な王国が点在した。だが内陸部のアフリカの基本的な流れは、移動と分散を繰り返し、それを常態とするような社会だ。最も基層的で広い地域を覆っていたのは、より小さな政体、ポリティを温存する社会である。それは基本的にはアフリカ大陸で自生的な形で展開した歴史であり、内側に広がったフロンティアを前提とした歴史だったのではないか。その意味で内陸アフリカの世界は「内的フロンティアの世界」と位置付けることができるだろう。

コメント

山田　勇

アフリカと東南アジアを比較するうえでの問題点を述べておきたい。まず一つには、地理的、歴史的なスケールの違いがある。生態資源量の差でも、アジアとアフリカは対比的に比較できる。アフリカ大陸は一つのまとまりと捉えてもいいが、その地図を例えば東南アジアに当てはめれば、インドも中東も入ってしまう程の非常に広大なスケールを持つ。このスケールのまま東南アジアと比較するのでは、整合性が非常に難しい。これらのことを認識したうえで比較しなければ、議論は噛み合わないものになるだろう。アフリカの歴史的なスケールの話は確かに説得性があり、歴史的事実に相違ないのだろう。だが、それだけではないようなものがあり、そこが面白いのではないかという印象を受けた。

東南アジアのフロンティア世界の一つの例を比較の意味で出してみたい。ボルネオは世界第三の大きさを持つ島で、資源量も世界で最も多い島となっている。この大きさは、アフリカで言えばスワヒリの世界に相当すると思う。サラワクのルジャン川の下流から上流にかけて遡り、その川沿いに人や森の状況が変わっていく様を調査してきた。乾燥地を調査されている方は乾燥地が一番いいと思われているようだが、森林を調査してきた我々としては、乾燥地は地の果ての荒れ地のような印象を受ける。熱帯多雨林は全てが濃緑の世界で、資源量も非常に豊富だ。熱帯多雨林の木材は、世界の森林の中でも東南アジアが一番だと思う。

サラワクのルジャン川河口から木材が日本などへ出荷されている。最近は製材所ができ、半分くらいは製材して出せるようになった。木材は上流からバージを使って一度に数百本が下ってくる。少し上流に行くとロングハウスが建てられており、そのうしろでは焼き畑による陸稲栽培がおこなわれていた。中流にあるカピットはかつては小さな村落だったが、客を乗せた船の停泊港になり、いまでは町になっている。その上流には川沿いに陸稲を作る焼き畑があり、奥はずっと森林になっている状況だ。カピットから約四時間、川を遡ったブラガ村がある。この上流にダムを作る計画がある。ここにリゾートを作って世界最大のダムを作ろうという、少なくともマレーシアでは最大のプロジェクトである。水位が二〇〇メートル上がり、上流に住む五〇〇〇人位の村が全て水没することから問題にはなっているが、政府は強引に押し切ろうとしている。

さらにこの上流域に木材の伐採現場がある。飯場があり、そこでは巨大なローリー等の機械が、山から降りて来た材をバージに載せて下流へ送る。サラワクはいろいろと批判されているが、私が見た限りはしっかりと管理されていたと思う。伐採された木材には全てカードが付けられチェックされていた。これに森林局の印がないと下へ送れないシステムになっている。上流域はコンセッションに分割され、さらにブロックに分割されて、その一つ一つを数カ月かけて伐採していくシステムで、インドネシアとの国境までの全てが計画の対象になっている。

伐採キャンプには教会も建てられ、自家発電ながらも全てに電気が通じている。この域内だけで一つの村が出来ているという印象を受けた。林道を大きなトラックが行き来している。中には生協もあり、約二〇〇人が生活できるような空間になっている。道は二〇トンクラスのブルドーザーが十数台で削って作っている。山を一つ崩して上を平らにし、ここへ通じる道路が縦横にサラワク中を駆け巡っている。これが現在見られる熱帯多雨林の、フロンティアの一つの姿である。夜になれば、専門の自動車整備工が、時には夜遅くまで重機やトラックの整備や修理をしている。インドネシア側にはここまでの設備はないが、サラワクの場合は非常に伐採会社の力が大きく、見渡せる範囲の全てを押さえている。山の中にもコンピュータが導入され材の管理や本部との連絡をとっている。こういうキャンプが一つの川の流域に二〇〜三〇ある。伐採後の二次林でも植林の事業が始まっている。

そういう伐採を主体とした世界の中にも伝統社会がある。この村から更に上流に行くとプナンの村があり、その向こうはインドネシアになる。ボルネオの中でも移住というのはごく普通に行われていて、この村も約三〇年前にインドネシア側から移住してきた。プナンも非常によく移住する人びとだが、その理由はやはりテンベア的で、移住することが楽しいという基本的な性格があるように感じる。この伝統的な村にも野菜栽培が入り、これは伐採キャンプで売られている。プナンでは、純粋な狩猟採集民は約四〇〇人と言われ、のこりの一万人は焼き畑をやりつつ狩猟採集をしている。湿地性以外のサゴが二種類あり、コメが無くなるとこれを採集して食べるような生活だ。プナンの人や、サラワクの郊外の村では、ロタンを編んだ工芸品が交易品になっている。

ボルネオを中心とした熱帯多雨林では、フカヒレや燕の巣が中国向けの目玉商品になっている。もともと燕の巣は、沿岸部の石灰岩地帯でとっていたが、最近はボルネオの山の中心地にまで人が入っている。沈香という香木の中心もボルネオである。上流でプナンやクニャの人びとが集めた沈香をラワスから船で下へ降ろし、そこで集められたものはさらにシンガポールへと送られる。シンガポールにはインドネシア、マレーシア、タイ、カンボジアなどの沈香が集められており、その流通の中心となっている。香港の漢方薬屋を覗くと、東南アジア産の沈香、シナモン、キャラなど、千種類にも及ぶ生態資源が集められていた。それはアメリカ、カナダ、オーストラリア、ヨーロッパに売られるという。

つまり熱帯多雨林のフロンティア世界で採れた資源が、ポンティアナク、バンジャルマシン、サマリンダという小さな港町に集められ、それがさらにジャカルタに集められ、最終的にシンガポールへ行くという仕組みになっている。沈香の島嶼部と大陸部のシェアは、島嶼部が全体の七〇パーセント、大陸部が三〇パーセントで、全体量は二〇〇〇トンぐらいになるという。このうちの七〇パーセントがアラブへ行っているが、その間に入るのがバングラディッシュ商人とインドのムスリム商人である。もう一方には、日本、中国へのルートがある。この熱帯の多雨林で得られた資源が、川を通じて海へ出る。その海から更にアラブの世界、あるいは中国の世界まで行き着いている。これはまさにネットワーク化であり、非常に密な仕組みがきれいに出来上がっている。これが東南アジア世界であると言えるだろう。

一方で、沈香採取の中心は移動していく。かつてはサラワクの北にあったが、いまは東カリマンタンに中心があり、さらにイリアンへと移っている。資源が移動することによって人が動くのは、沈香だけではなく木材や他の資源でもそうだろう。資源の移動とともに人は動いて行く。それが熱帯世界の一つの常態であると考えれば、資源の大小ということを視野に入れておく必要がある。今後の方向としては、一つ一つの資源を緻密に見て積み上げていったうえで、大理論を検証していく方向が重要ではないかと考えている。

質疑応答

家島　コンゴ盆地にプランティン・バナナが導入された時期はいつ頃だろうか。

市川　それは分からない。東アフリカには紀元一世紀に入っているとされているが、それ以前に入っていた可能性も十分ある。紀元前後にはバントゥの人びとはすでに東アフリカのビクトリア湖岸に達しており、手に入れることは可能だったと思う。

家島　鉄器の導入、その利用とプランティン・バナナの栽培との時間的な差はかなりあったのではないだろうか。

市川　最初に森林の中に入ったのは、バナナを手に入れる前だったし、鉄器を持っていたかどうかもわからない。その頃はヤムを持って行ったのだろう。ヤムは森林の中の暗い環境にあまり適していないが、川沿いに森の内部へ入って行ったことから考えれば、疎開林のようには簡単ではないが、陽あたりも比較的良く栽培は可能だと思う。その他にアブラヤシもあるが、やはり漁撈が重要だったと思われる。

立本　内陸アフリカの範囲はどこになるのか。

市川　難しい質問だ。掛谷さんに聞いて下さい。

嶋田　ルバの雨量はどれくらいあるのか。

掛谷　一二〇〇ミリメートルぐらいだろう。

古川　マテンゴのピット農法はいつ頃から始まったのか。

掛谷　一九世紀の中頃にこの農法を発達させたのだろうと言われている。一八三〇年前後ではないか。

日野　ンゴニが動いたのは。

掛谷　一八三〇年ごろで、これもバントゥ系の人びとだ。

嶋田　塩はどういうものか。

掛谷　濃い塩分を含んだ沼沢地の泥を円錐形のフィルターに入れて、熱湯を注ぎ、水分を蒸発させて塩のかたまりを取り出す。

田中　移動と移住が常態だったというのは、東南アジアとよく似ている。一九世紀の長距離交易は外側からのものだが、一八世紀の帝国は自生的な形成で、これは内陸的な、外からの影響が無かった移動と移住だと思う。とすると、一九世紀以降、移動と移住を伝統に基づいて繰り返すとすれば、その時のインセンティブは何だったのか。外からの影響が移動を更に促進したということがあるのだろう。

掛谷　そうだと思う。大激動の時代で、あの辺りの地域全体が大再編されていく時代だ。

田中　その時にモーバイル・カルティベーターは同じ農業をするのか、違う農業をするのか、東南アジアとの比較で聞いておきたい。

掛谷　さまざまなパターンがある。基本的にはシフティング・カルティベーションの伝統をベースにしているが、細かく分類すればかなりのバラエティがある。一方ではマテンゴのように、この一五〇年で集約的な農耕に向かった例もある。ザンベジ河の流域では、フラッドプレーンでの集約的な農耕が展開し、一種の官僚制が非常に発達した。パックス・ブリタニカの時代に、その官僚制のたがが緩み、エキステンシブな農業に回帰した。しかし多くの地域では環境に合った形で小さなバリエーションを作りながら、シフティング・カルティベーションを持続してきた。

古川　市川さんも掛谷さんも、移動について極めて難しく考えておられる印象がある。市川さんは乾燥化が引き金になったと言われたが、掛谷さんが言われた自然利用のゼネラリストという言葉を考えれば、十分対応していくことはできそうだ。乾燥化では、牧畜でも農耕でもいろいろと対応する手だてがありそうだ。乾燥化でバントゥの大スプレッディングを本当に説明できるのか。もっと単純な実質的な引き金があったのではないか。奴隷商人との関係はどうだろう。サヘルから北はアラブかベルベル人の文化圏で、南の方へ奴隷を捕まえに来る。それに追われて逃げたと考えられないか。

例えば、ブラジルはアフリカの内陸部にほぼ相当するか、あるいはそれより大きいかもしれない。コロンビアとの国境近くにイエズス会が奴隷商人から逃げるインディオのための避難所を作ったことは、一〇〇～二〇〇年の間に奴隷商人が全ブラジルを隈なく探索し尽くしたことを鮮やかに示している。そういうことを考えれば、強力なるサハラのアラブやベルベルの奴隷商人達が追いかけたためにバントゥが逃げたと考えてはどうだろうか。

市川　紀元前後から奴隷を捕まえに、森林の奥深くまで追いかけて行ったというようなことはちょっと考えられない。

古川　内陸部からいまのスワヒリ地域を奴隷が象牙を担いで行進をしていく。大量の資源を外に出すためのポーターとしての奴隷の話だが。

市川　それはバントゥが広がっていった後になる。動き始めた動機は誰にもわからない。だがその条件が整わなければ動き始められない。その条件を整えたものとして、プッシング・エフェクトとしては北から違う人達が来たというのが一つ、プリング・エフェクトとしては居住環境と似た環境が、コンゴ盆地をとりまくように東方に広がってきた。その両方が乾燥化に関係していただろうということだ。しかし移動しなくても、そこで集約的な農耕に転化すればいいという説はもちろんありうるが、そうはならなかった。それはなぜかわからない。転化した人も一部にはいたかもしれないが。

日野　そこは選択肢の問題だったのだろう。そこで別の形の生活様式を作ろうとして残った人もいれば、人口圧のプッシュで動いた人もいる。自分達の住環境に近い環境が乾燥化によって東方に拡大してきたことは、非常に大きなアトラクティブな要素として考えていいだろう。奴隷交易の説は無理だ。

嶋田　「緑のサヘル」が終わり乾燥化しても、四世紀まではラクダはいなかった。サハラ交易が盛んになるのは八〜九世紀以後である。奴隷交易がさかんにおこなわれたとしてもそれは、その後だ。またサハラのような大砂漠を人を連れて歩いて行くことは非常に困難だ。大西洋の奴隷交易とサハラの奴隷交易の比較を少しずつはじめているが、サハラを越えて連れさられた奴隷は女性が中心で、男は少ない。場合によれば嫁入りのようなつもりで喜んでついて行くこともあったと考えている。いずれにせよサハラの奴隷の量はたいしたことがない。しかもこの奴隷交易が中心になるのは、バントゥの拡大運動の中心になっている所よりもはるか北の方になる。

坪内　掛谷さんの話では、内陸部が海岸といかに離れているかという印象を非常に強く持った。日野さんの話では、海岸でまさに人が混じり合い、混血し、文化が創造されている。それが内陸に向かって押し寄せていく。内陸の方はその影響を受けたかのように思っていた。だが、内陸には断固として堅い核がある。この距離の大きさに強烈な印象を受けた。

東南アジアの島嶼部を考えれば、内陸はまったく無いような状態で捉えられる。その全てが日野さんの話と同じように捉えてもいいが、もっと伝統的に混じり続けていることが常態であるという印象が強い。新しい混合の発生は意外に少ないのではないかとすら思える。高谷さんの言われるマレー的な世界と、立本さんの言われたマレー的な世界が矛盾し合うようにも見えるが、それらは一つの実体として存在している。混じり合った状態自体が一本で捉えられるような雰囲気があるように感じた。その中でも、ボルネオ、カリマンタンは、アフリカのミニアチュア的なものが少しはあるかもしれない。しかし、これも少し違う形で捉えた方がいいように思う。インタクトな内陸と変貌する周辺という構造において、東南アジアとアフリカとは違う考えで捉えるべきなのかもしれない。

アフリカの小人口を説明されるときに、その要因の一つにツェツェバエが出されていた。東南アジアで小人口を説明するには、ツェツェバエの分布もなく、せいぜいマラリアが一番大きな要因として出せるぐらいだろう。それにしても、アフリカのマラリアはいまでも非常に恐ろしく強いが、東南アジアのマラリアは意外に簡単に後退し、絶滅に近い形に追い込まれていったメカニズムがある。それでも東南アジアで開拓を行うときにはマラリアのないところを狙い、適地を選びながら人が広がっていく。アフリカの話ではツェツェバエの分布も関係なく広がっていた印象を受けたが、アフリカでは人が強靭にフラットに広がっていく感覚で捉えていいのだろうか。アフリカでも残された地域と選ばれた地域があり、それによって広がっていったのだろうか。

掛谷　初期のバントゥの大移動では、大きく適地を選んで広がっている。ある地域では二〇世紀まで石器が連続して見られるところもある。時代を追うごとにフロンティア地域が限定されてはきただろうが、それでも一八〜一九世紀まで広大なフロンティアが残っていた。長距離交易や奴隷交易の展開とともに地域内の人口分布の再編が進み、フロンティアの構造も錯綜していった。パッチ状に広がる人間の居住域も流動的で、フロンティアを再生産しつづけてきたという側面もある。

日野　スワヒリ文化が入ってきた時、アフリカの内陸世界がそれに対抗する強さを持っていたと言われたと思う。強さというよりもむしろ逃げていなくなるという印象が強い。固定的なルバの王国は壊されてしまうが、逆に移動性のある集落はパッと逃げて、環境を変えたなかでも適応していける。強く抵抗したのではなく、行ってみたらもう逃げて居ないというイメージが強い。

第12章　東南アジアをどう捉えるか
――アフリカ世界から

1　はじめに

　私が地域研究を強く意識し始めた契機は、それまでつき合ってきた民族社会の急激な変貌だった。一九七一年に初めてアフリカを訪れて以来、西部タンザニアのトングウェや北部ザンビアのベンバなど、疎開林帯に住む焼畑農耕民の生態・社会・文化の相互関係を調査することが私の課題だった。それから四半世紀が経過したが、トングウェやベンバの社会は、国家や世界的レベルでの政治・経済と連動するかのように、大きく変貌していった。それは、食料問題や環境問題・民族紛争や国民国家の動揺など、現代アフリカが抱える問題群にもつながりうる動きであり、「世界の中のアフリカ」や、より広い枠組みのなかで民族社会について考えることを促しているように思われた。

こうして私は地域研究に足を踏み入れた。あるいは生態人類学と地域研究との往還が始まったのであるが、そのころに東南アジア研究者との交流が頻繁になった。そして東南アジアとの対比のなかでアフリカの特性について考え始め、それが地域間比較へと展開しつつある。

こうした経緯を背景として、今の私にとっての地域研究は、トングウェやベンバの調査経験を基礎としつつ、それらの民族社会の諸特性を、より広い時間的・空間的な視野の中で位置づけるアプローチと、経済や情報のボーダーレス化のなかで変貌する現代アフリカの諸相を把握するアプローチを併用した試みの過程にある。本章では、その現状における見取り図を呈示しておきたい。

2　物見の視点

ここ数年間、「総合的地域研究」の一環として、地域間比較の試みが続けられてきた。この地域間比較という方法は大きな可能性を秘めているように思えるが、他方で茫漠として、つかまえどころがないという印象も強い。その一つの理由は、これまでのディシプリンでなじんできた比較の手法とは異なった視点を要求しているからであろう。例えば、アフリカの疎開林に住む焼畑農耕民の生態人類学的な調査を続けてきた私にとって、東南アジアの熱帯多雨林に住む焼畑農耕民を視野に入れ、その環境や農法、生計経済の比較を試みることは常套的なアプローチであるといってよい。しかし、アフリカと東南アジアという地域を取り上げ、それらの地域間の比較をするという手法は、細かく対象を限定した比較だけでなく、より地域の全体像に迫りうる比較の視点の模索を要請しているのである。

このような東南アジアとアフリカとの地域間比較のまとまった試みとして、海外学術コロキアム「東南アジアとアフリカの地域間研究へ向けて」(海外学術調査に関する総合調査研究班　一九八九)と、重点領域研究での研究会「東南アジアとアフリカ——地域間研究の視点から——」(重点領域研究「総合的地域研究」総括班　一九九六)をあげることができる。いずれもが地域間比較の方法論の模索を含む試みであるが、立本成文が「物見と網方」という比喩によって表現する比較の視点を一つの軸として進められたといってよい。それは、「伊豆の漁村で漁師さんに聞いた話で、湾の外まで見渡せるところから魚の動きを見て指示する物見と、実際に湾の中で網をかける網方という二つの役割がある。全体を見る人と部分を見る人ということで比喩できる。網の比較でも、糸満の網と伊豆の網を比較しても学問となり、それがディシプリンとなる」。しかし、「地域研究は網方の視点だけでなく、物見の視点で比較しなければならない」という主張である(高谷編　一九九九、三二八—三二九頁)。あるいは、地域の中に一つのまとまりを見出し、それらの地域像を物見の視点で比較することが必要だという主張であるといってもよい。

海外学術コロキアムでは、東南アジアを商業的多雨林多島海の世界、アフリカを閉鎖的農牧的大陸として対比する高谷好一の問題提起が大いに議論を呼んだ。コロキアムに参加したアフリカ研究者の側では、大まかで粗っぽすぎるアフリカ理解であるとして反発が強かったように思う。しかし高谷は、むしろ意図的に大まかな特徴を基礎に据えて比較を試みたのであろう。「地域間研究の一つのやり方は、できるだけ鮮明にその地域の特徴を際立たせ、比較するということである。たとえ、実際には極めて複雑なものであっても、単純化し、地域の売り物をはっきりとさせ、こうして相手にも理解してもらいやすい形にして、比較をしていくことである」。だから「アフリカと東南アジアの違いはライオンと船だ、ぐらいの所から考えて見ろ！」（高谷　一九九六、四—五頁）ということであったようだ。高谷の問題提起は、物見の視点からの地域間比較の重要性を挑発的に示す試みであった。

3　サヘル、スワヒリ、内陸アフリカ

重点領域研究での地域間比較は、いわば高谷の挑発にアフリカの研究者が応答する形で展開し、サハラ以南のアフリカをサヘル・スワヒリ・内陸アフリカの三地域に分け、それらの地域性を大づかみに捉えて議論を進めた。アフリカの地域性の形成という観点からみれば、特にアラブ・イスラーム世界との交流の歴史は重要である。サヘルとスワヒリは、いずれもアラビア語の「岸辺」を意味する言葉を語源とする地域である。サヘルはサハラ砂漠の南縁部に沿って帯状に広がる「岸辺」であり、八世紀ごろからラクダの隊商がサハラ砂漠を越えて往来し、イスラーム化した北アフリカと長距離交易を保持し続けてきた。西アフリカ西部の金やサハラの岩塩などの交易を保護し、その課税に経済的な基盤をおくことによって、ガーナ王国やマリ帝国など、多くの王国や帝国が盛衰してきた地域である。

スワヒリはインド洋岸に沿った「岸辺」であり、古くからモンスーンを利用してアラビア半島などからの航海者が交易に訪れ、七世紀の末にはイスラームが伝来した。こうして東アフリカ海岸域には汎インド洋交易の一翼

を担うイスラーム化した港町が発達し、在来のバントゥ系の文化と融合したスワヒリ世界が展開した。

最近、ユニークなアフリカ通史（宮本・松田編　一九九七）が出版された。日本人の研究者によるアフリカの「新しい歴史（ニューヒストリー）」の試みであり、いくつかの斬新な視点から構成されている。その一つは、トランス・サハラ交渉史、インド洋交渉史、大西洋交渉史など、外世界との交渉のダイナミズムを積極的に取り上げ、アフリカ大陸を世界史の舞台で位置づけることに力を注いだ点である。この書でも強調されているように、トランス・サハラ交渉史やインド洋交渉史を通じて形成されたサヘルやスワヒリ世界も、一五世紀末から海岸域に沿って展開するヨーロッパ主導の奴隷交易を核とした大西洋交渉史の過程で、苦難に満ちた新たな展開を強いられる。そしてアフリカは、一九世紀末に強大な西欧列強による植民地支配に組み込まれていった。このようにアフリカ史の大きな流れの一つは、確かに外世界あるいは外文明との交渉のダイナミズムによって理解することができる。

しかし私が、ここで提示したいのは、ほぼ一九世紀に至るまで外世界や外文明の強い影響を受けることがなかった広大な内陸アフリカの地域性の形成原理である。あるいはアフリカ内陸部で自成的に展開してきた内的フロンティア世界の特性であるといってもよい。それが、アフリカ史を理解するもう一つの軸になりうるのではないかという主張である。

4　内的フロンティア世界としてのアフリカ

前述したように、私の地域研究はトングウェやベンバなどの調査経験を、より広い時間的・空間的な視野の中で位置づけるアプローチを基礎としている。それは、空間的には内陸アフリカを主対象とし、時間的にはバントゥ語族の大移動が展開した三〇〇〇年の歴史を念頭においている。

トングウェやベンバは、いずれも内陸部の疎開林帯を生活の場とする焼畑農耕民である。トングウェは河辺林や山地林を切り開いて焼畑を造成し、ベンバは疎開林そのものを対象としてチテメネ・システムと呼ばれる特異な焼畑耕作を営んできた。彼らの焼畑耕作は、広大な疎開林と低人口密度のもとで、畑地の移動と植生の更新による地力の回復を基礎にし、広く薄く環境を利用する、熱帯アフリカの生態に適合した生業である。それは、狩猟・漁撈・採集ともセットを成してきた。彼らは、自然利用のジェネラリストなのである。村を単位とした生計経済は、自給のレベルを大幅に越えることはなく、分配や相互扶助を組み込んだ平準化機構が働いて世帯間の経済的な差異を最小化する傾向性に支えられていた。その社会は、人の移動や移住を常態とする遠心的な分散傾向と分節化に向かう動態を基層部にもつ。このような生態・社会・文化の複合を、私はエクステンシブ（非集約的）な生活様式と呼ぶ（掛谷　一九九七）。

トングウェの伝統的な社会は、ムワミと呼ばれる首長をもつ小規模な親族集団のゆるやかな連合体であった。ベンバは、一九世紀の後半には、インド洋岸に根拠をおくアラブやスワヒリとの長距離交易などを媒介として、広大な領土から成る王国を形成した。ベンバ王国は、村レベルの生計経済と、長距離交易による威信経済が併存する社会であった。しかし、いずれの民族社会も、せいぜい一五〇年〜三〇〇年ほど前に、異域に住む民族、あるいは民族群が現住の地に移住して形成されたと推定できる。そして、こうした民族形成の特性は、多くのサハラ以南の民族社会に共通しているといえるのである。

内陸アフリカは、熱帯多雨林・疎開林・サバンナ・半砂漠と多様な自然環境から成り、それぞれの植生域も変異を含みつつ広大な広がりをもつ。このような自然環境と低人口密度という条件のもとで、焼畑農業や牧畜、狩猟採集などの移動性を属性としてもつ生業を主とする多くの民族が営々と暮らしを立ててきた。それらの暮らしは、紀元前数世紀（紀元前一〇〇〇年とする説もある）に、現在のナイジェリアとカメルーンの国境付近から移動・拡散していったバントゥ語族の文化的な適応放散の歴史を背景としている。多くの民族社会は、その基層部にエクステンシブな生活様式の特徴をもち、「ある条件下では集中し統合するが、許されるかぎりは、分散の原理を通して安定しようとする社会」（富川　一九七一）であり、移動と移住を常態とする流動的な社会という特徴を保持してきた。そして、その社会の外縁部にはフロンティア、つまり人口の稀薄地帯や政治的な空白地帯が広がっていた。逆に、そのようなフロンティアの存在が流動的な社会を育み、フロンティア性を濃厚にもつ社会を再生産し続けてきたといってもよい。

こうした基本的な条件のもとで、内陸アフリカは大小さまざまな水玉模様にたとえることができる流動的な政体が消長する歴史を刻み続けてきた。それは、内に広がるフロンティアが育んできた自成的な歴史であった。

アフリカ内陸部の地域特性を大づかみで表現するなら、それは内的フロンティア世界であったというのが、現在の私の見解である。それは、東南アジアを一つのフロンティア世界として把握する見方との対比の中で、次第に明確なイメージを結び始めてきたといってよい。

東南アジアは中国やインド、イスラームなどの大文明の周辺にある海域世界であり、森の卓越した小人口世界であった。豊富な森林物産や南海物産に恵まれた地であり、東西貿易の中継地でもあった東南アジアは、人びとの移動を常態とする世界であり、重層性をもった文明流によるフロンティア形成という大きな特徴もつ。立本成文は、I・コピトフ（Kopytoff 1987）の先駆的な業績を踏まえ、アフリカを「閉じられたフロンティア（internal frontier）」として捉え、それとの対比で、東南アジアを「開かれたフロンティア（external frontier）」として位置づける考えを提示している（前田　一九八九、重点領域研究「総合的地域研究」総括班　一九九六）。私の「内的フロンティアとしてのアフリカ」というイメージは、このような東南アジアをめぐるフロンティア論やコピトフの業績に強く刺激されて形成されてきたのである。

5　変貌するアフリカ社会

トングウェやベンバでの調査経験は、一方で「内的フロンティアとしてのアフリカ」の考察につながっていったが、他方では、それらの社会の大きな変貌を通して「世界の中でのアフリカ」について考えさせられる契機となった。ここでは、私が最も長くつきあってきたトングウェ社会の変化の跡をたどり、小さな民族社会の動態を通して、国家や世界の動向と関わるアフリカ奥地の状況について検討しておきたい。

一九七一年から一九七二年にかけて調査した当時のトングウェは、自然の中に埋もれるようにして暮らす人びとだった。トングウェ・ランドは、タンガニイカ湖の東岸域に広がる山がちな疎開林帯にあり、人びとは三〜一〇戸から成る小さな集落を構え、広大な疎開林の中で散在して居住し、焼畑農耕・狩猟・漁労・採集などの、強く自然に依存した生業を営んでいた。しかし、このような暮らしは、私が第一回目の調査を終えた直後から激しい変動の渦に巻き込まれていった。「ウジャマー政策」と呼ばれる、タンザニア独自の社会主義的な改革が強力に推し進められ、トングウェ社会も根源的な変容を余儀なくされたのである。

タンザニアは、イギリス統治下の植民地から一九六一年にタンガニイカ共和国として独立し、一九六四年にザンジバルと合邦してタンザニア連合共和国となった。タンザニアは、初代大統領ニエレレの強力な指導力のもとで次第に社会主義への傾斜を深め、一九六七年に「アルーシャ宣言」を採択してアフリカ型の社会主義への道を歩み始めた。それは、散居する小集落の人びとを集住させてウジャマー村（同朋の村）を創設し、村有の共同農場での生産を組み込んだ農村開発を目指す「ウジャマー政策」を基本としていた。当初は住民による自発性が尊重されたが、一九七四年ごろから強権的にウジャマー化が推進されだした。トングウェ・ランドでも、タンガニイカ湖の湖畔域にいくつかのウジャマー村が設定され、人びとは半ば強制的に移住させられた。

一九七六年に私は短期間ではあったがトングウェの地を再訪し、ウジャマー村のンコンクワに移った旧知の人びとと再会した。彼らの話しから、共同農場での綿栽培がうまくいかないこと、十分なキャッサバ畑の確保も難しいこと、湖魚の入手が困難になったことなど、さまざまな問題がうかびあがってきた。しかし多くの人びとは時代の宿命として受けとめ、なんとかウジャマー村での生活に適応し始めているように見えた。

山奥では、かつての集落が細々と維持されているところもあり、そのような集落の一つで、ムワミ（首長）の即位儀礼が行われた。伝統的なトングウェ社会は、小規模な親族集団のゆるやかな連合体であり、その親族集団の長がムワミである。多くのトングウェがつどい、慣習にしたがって儀礼が進行し、新しいムワミが誕生した。ムワミの重要な責務は、代々の祖霊や精霊を祀ることである。山奥に住むトングウェは、祖霊や精霊への信仰を砦として、時代の潮流にひそやかに抵抗していたのかもしれない。

一九八〇年にもトングウェの地を訪れたのだが、当時のタンザニアは激しいインフレや物資不足にみまわれ、経済は危機的な状況にあった。アミン政権下のウガンダとの戦争や第二次石油ショックの影響も甚大であったが、ウジャマー政策がいきづまりつつあることも明瞭であった。湖畔のウジャマー村には、山奥から強制的に移住させられた人びとが加わり、また、北方のハや対岸のザイール（現在のコンゴ民主共和国）から移住してきたベンベなどの他民族も混住し、大集落を形成していた。トングウェたちは激しいインフレ状況を嘆きつつも、淡々と暮らしを立てているように思えた。一方で、伝統文化へのアイデンティティを確認するかのように、ゾウの悪霊払いの儀礼や双子の霊を祀る儀礼などが次つぎに行われてもいた。この時期に、霊力の強さで名高い、山奥に住む精霊ムラングワが、祭祀者の強制移住などに腹を立て、湖岸部に暴風雨をもたらすという噂が広がった。しかし、ついに精霊の怒りが爆発することはなかった。

こうして、ウジャマー村への定着化が進み、かつてのトングウェ・ランドは広大な無人地帯になっていった。しかし他方で、野生のチンパンジーをはじめとして豊かな動植物相に恵まれたトングウェ・ランドを国立公園とする計画が、日本人研究者の努力もあって、実現への道を歩み始めていた。そして一九八五年に、トングウェ・ランドの大半部を含むマハレ国立公園の設置が正式に認められるに至った。

しかし、ウジャマー政策そのものは破綻し、一九八二年には新農業政策が導入された。また、ＩＭＦや世界銀行による構造調整の勧告にしたがって一九八〇年代の中頃から経済の自由化への路線が動き始めていた。

一九八八年と一九九三年に、その後のトングウェの消息を追って、私はタンガニイカ湖畔の村に赴いた。一九九三年には、湖岸から六時間ほど歩いたところにある小さな集落を訪れた。そこでは、かつてのトングウェの暮らしが細々と存続していた。村人は川辺林の木を切り倒して焼畑をつくり、マスキット銃で野獣を狩り、蜂蜜を採集して生計を立てていた。私は村人とともに、蜂蜜を加えて造った蒸留酒を飲み、ブッシュバック（中型のアンテロープ）の肉を存分に食べながら、トングウェの暮らしの大きな変化に思いを馳せていた。

ンコンクワの村では、死亡した呪医の霊を埋葬する儀礼に参加した。初めてのトングウェ調査時に縁があって入門儀礼を受け、いわばトングウェ公認の呪医となった私にも、知らせが届いたのである。呪医は、妬みや恨みに起因し、多くの病や不幸の源である呪いを払い、自然・人・精霊が織りなすコスモスの歪みを修復する役割を担っていた。その呪医のシステムが、激しい社会・文化の変容のなかで、どのように維持・継承されているのかを知る良い機会であった。

呪医の霊の埋葬儀礼は夜半に始まった。仲間の呪医たちは、儀礼用のトウモロコシ酒を準備し、地面に黒・赤・白の呪薬で、故人となった呪医を示す人型や呪医の持ち物などを描いていく。深夜、屋外に参集した村人に囲まれ、精霊が乗り移った呪医たちが、太鼓やガラガラの音、それに人びとの歌声に合わせ、激しく身体をふるわせて踊る。翌朝、絵柄を描いた呪薬をジャコウネコの毛皮に包んで原野に向かい、それを埋葬して儀礼は終わった。村の一隅で行われた儀礼は、呪医の文化が脈々と続いていることを示していた。

懇意にしている呪医から草根木皮の呪薬について教わり、多民族が混住する村で見られる呪術の諸相などについても語ってもらった。彼によれば、トングウェは人の成功を妬み、例えば大きな畑で豊作に恵まれた者などに呪薬を仕掛けて呪いをかけるという。しかし、タンガニイカ湖を渡ってザイールから移住してきたベンベは、例えば他人が豊漁に恵まれれば、それ以上の魚を取ろうとして呪薬を駆使するのだという。こうしてベンベは、どんどんと魚を取るのだが、トングウェは、ある程度まで取れれば満足し、過剰に取る気にはなれない。だからトングウェには「マエンデレオ（発展）」がないのだと言う。

昔なじみのトングウェは、「もうトングウェも終わりだね」と嘆きつつも、大きな村での暮らしに適応していた。かつてのウジャマー村のンコンクワでは、多民族の混住化が進み、民族間の通婚も一般的となり、国語のスワヒリ語が深く浸透していた。ウジャマー村政策の一環として教育の振興が図られ、子どもたちが全て学校に通うようになったことの意味は大きい。

ンコンクワ村の形成過程は、現代アフリカの一つの動向を示すものであり、学校教育やスワヒリ語の浸透などを媒介として、草の根からの国民形成につながる動きとして考察されるべき現象である。同時に私は、多民族の混住化の実態に触れ、かつてのトングウェの民族形成史を思い起こしていた。トングウェ社会は一五を越す氏族から構成されていたのだが、そのいずれもが異域に住む民族に由来するという歴史伝承をもっていた。ほぼ一五〇〇～二〇〇〇年前に、それらの諸民族がトングウェの地に移住し、混住してトングウェ民族が形成されたのである。現代の諸民族の移住と混住化は、強力な国家政策によってもたらされたものではあるが、生活集団の形成過程という側面では、かつての民族形成史に通ずる特徴を見出すこともできるように思われるのである。

タンザニアでは、東西冷戦の終結後、構造調整政策がより明確な路線となり、複数政党制による政治の民主化が図られるなど、根本的な変動の時代を迎えている。内陸アフリカは新たな地域形成の論理を醸成しつつあるのだろうか。

6　ボーダーレス時代の地域性

揺れるアジア

東西の冷戦が終結して以降、経済や情報のボーダーレス化が急速に進み、国際的な政治・経済の枠組みが大きく揺れ動いている。情報革命に即応した高度資本主義体制を確立したアメリカに範をとり、国際標準（グローバル・スタンダード）への対応が声高に叫ばれる状況のなかで、アジア・アフリカの諸地域は、身もだえしながら進むべき道を模索しているように見える。

日本では、戦後の経済発展を支えてきたシステムが根源から揺らぎ、長期にわたる経済不況、停滞する行財政改革、銀行や証券会社の倒産、金融不安、構造的な汚職、精神の荒廃を暗示する犯罪の頻発などの多くの問題に直面している。

近年に驚異的な経済発展を遂げたアジア諸国も、深刻な経済危機にさらされている。一九九七年七月にタイの通貨が切り下げられ、それが引き金となって、東南アジアや東アジアの各国に通貨・金融の危機が波及していった。こうした状況の中で、国際通貨基金（ＩＭＦ）は経済構造の改革を条件に緊急融資に踏み切った。タイや韓国は、ＩＭＦが提示する条件を受け入れ、大きな犠牲をともなう経済改革の道を選択した。一方、インドネシアのスハルト大統領は、家族主義にもとづいた経済運営を規定した憲法などを盾にして、ＩＭＦへの強い抵抗の姿勢を示した。しかし、失業や物価の上昇などが拍車をかけ、社会不安が増大し、ついにスハルト大統領は退陣に追い込まれた。資本主義の純化の国際的なプロセスは、経済的な危機を媒介しながら、ボーダーレス時代の地域性を浮き彫りにし始めたと見てよいであろう。

構造調整下のアフリカ

一九九八年の一月から二月にかけて、中南部アフリカのザンビア国に調査にでかけた。その目的の一つは、一九八三年から調査を継続しているベンバの村を訪れ、政府が推し進めている市場経済化の政策が僻遠の地にある村に、どのような影響を与えているのかを確かめることにあった。この政策は、世界銀行やＩＭＦの主導のもとに、経済の自由化、政治の多党化を基本とする民主化を柱とし、公共部門の削減と民間の活力を引き出すことを目指している。いわゆる構造調整政策であり、サハラ以南の大半のアフリカ諸国で実施されている。それは「世界標準」のパラダイムのもとで展開する市場経済化のアフリカ版であるといってよい。

ザンビアでは、前年の一〇月末に中級将校がクーデターを企て、数時間の後に鎮圧されたものの、政情不安への懸念は残っていた。しかし首都のルサカは平穏だった。古いホテルは改装され、インド料理や中華料理の新しいレストランが開かれ、大きなスーパーマーケットが賑わっていた。首都の一部に限っていえば、経済の自由化を反映して、確かに以前よりは活気があるように見えた。しかし地方の村むらでは、生活の困窮化にもつながる大きな変化が起きていた。

私たちが調査を続けているベンバの村は、北部ザンビアの疎開林帯にある。北部州・ムピカ県の県都から二七キロメートルほど西方の、道路沿いの村である。一九八三年に初めて私たちがこの村を訪れたとき、村人たちはベンバ特有の、チテメネ・システムと呼ばれる焼畑耕作を生業の基盤としていた。それは、疎開林を切り開く焼畑であり、樹幹を残しながら枝葉のみを伐採し、広い伐採地から枝葉を中心部に集め、そこに火を放って焼畑を造成する農耕である。この焼畑で栽培する主要作物は、アフリカ起源のシコクビエと、一九三〇年代に導入されたキャッサバであるが、ラッカセイ、インゲンマメ、キュウリ、トマト、カボチャなどの作物も混作し、四～五年間は耕地として利用する。それは自給を主体とした農業であるといってよい。しかし一九八六年頃から、村人たちがファームと呼ぶ半常畑耕作が急速に普及し始めた。ファームは、木の根も取り除いて耕地を整え、化学肥料を投入してハイブリッド種のトウモロコシを栽培する農業である。それは、先進国の援助によって地方の農業の総合開発を目指す政策を背景としており、化学肥料と種子を前借りするローン制度に支えられていた。村むらでは、過渡期を経て、次第に焼畑耕作とファームが併存する安定した農業システムが形成されていった。しかし経済の自由化政策によって貸付制度も変わり、ローンの返済率の低い小農には化学肥料が回らず、村人たちはファーム耕作を放棄しなければならなくなった。人びとは再び焼畑耕作に回帰し、また数年前から始めてはいたが、不慣れな豚の飼養にも力を入れ始めた。しかし村の近辺では、焼畑に適した疎開林が少なくなった。近在の別の村では、人びとは道路沿いの集落を捨て、木と水を求めて大きな川のそばに移住した。それが、市場経済化の潮流のなかで展開するアフリカのローカルな世界の一つの実態である。

〈強い空間〉と〈弱い空間〉

アジア・アフリカの諸地域は、強大な金融資本が主導する国際標準化の流れに翻弄されているように見える。地域の視点に立てば、それは、〈強い空間〉の論理が〈弱い空間〉の論理に変革を迫る状況として描くことができよう。矢野暢は、〈強い空間〉と〈弱い空間〉について以下のように概括している。「国際秩序が、〈強い空間〉と〈弱い空間〉との相互作用のうえに成立していることは自明のことである。〈強い空間〉は、強国というより、おおむね強大な文明を発生させる。それは、広域的な支配と組織化につながる統合のイデオロギーと権力装置をもち、そして周辺地域を文化的に同化する影響力をもつ。それにたいして、〈弱い空間〉は、社会形成においては基本的にはエスニシティの論理にしばられ、生態系に素直に適応する特徴をみせ、固有文化を顕著に発達させ、反復される文化様式が伝統として制度化される世界である」（矢野　一九九三：四頁）。ここでの文脈でいえば、欧米を核とし、情報化時代の高度資本主義体制を確立した〈強い空間〉が、東南アジアやアフリカなどの〈弱い空間〉に、経済を律する世界標準の文化の同化を迫る状況にあるといってよいであろう。それは、長い歴史的な過程で繰り返されてきた〈強い空間〉と〈弱い空間〉との相互作用の一変形なのだろうか。それともポストモダンの新たな世界秩序に至る過渡期の様相なのだろうか。

低緯度の熱帯に位置するアフリカと東南アジアは、大陸世界と海域世界という、それぞれの基本的な場の条件に対応するかのように、「内的フロンティア」と「開かれたフロンティア」としていわば在来のフロンティア世界を保持してきた。長い歴史時代の大半においては、これらの在来のフロンティア世界は、〈弱い空間〉として存続し続けてきたといってよい。それらの地域の論理がもつ潜在力を掘り起こし、世界の諸地域が共存しうる基礎条件を見出す作業は、二一世紀の切実な課題であるといわなければならない。

第Ⅲ部——地域研究と国際協力

掛谷英子さん。ザイール（コンゴ民主共和国）にて。（1972 年）

第13章　ミオンボ林の農耕民
――その生態と社会編成

1　ミオンボ林と三つの農耕社会

一九七一年に西タンザニアのトングウェの地をおとずれて以来、私のアフリカ研究はミオンボ林に住む農耕民の調査を主軸として展開してきたといってよい。ミオンボ林のなかの踏み跡をたどり奥地の村むらをたずね歩く旅が、私のアフリカ調査の原点であり、その体験が、後の研究に大きな影響を与えつづけてきたように思う。

ミオンボ林は木の高さがせいぜい二〇メートル、木と木の間が三～五メートル程度にすけた疎開林（ウッドランド）である。マメ科のジャケツイバラ亜科に属する特定の樹種群をスワヒリ語でミオンボと呼ぶのだが、それらを主要な構成種とする疎開林がミオンボ林なのだ。この植生帯では、八〇〇ミリから一二〇〇ミリの雨が集中して降る雨季と、ほとんど雨が降らない乾季とに年間が明瞭に分かれる。雨季にはミオンボの木々が羽状の複葉を繁茂させ、あざやかな緑の疎開林となり、乾季には多くの木々が葉を落とし、下生えの枯れ草に野火がはなたれる。季節的な湿地性草原、河辺林や山地林などの森林がモザイク状に分布したミオンボ林には、ゾウやアフリカスイギュウ、多くのアンテロープ類を含む動物が生息している。また野生のミツバチが多く、ミオンボの花などを蜜源として良質の蜂蜜を産出する。

このような特徴をもつミオンボ林は、湿潤な熱帯降雨林から乾燥したサバンナへの遷移帯であり、サハラ以南のアフリカのほぼ四分の一の広さを占める。それはアフリカを代表する植生帯の一つであるといってよい。ミオンボ帯は、ときに眠り病を媒介するツェツェバエの温床となり、人間の居住域の拡大をおさえ、あるいはウシの飼育を困難にしてきた歴史をもつのだが、独特の農耕を生業の基礎とする多彩な民族文化をはぐくんできた。そのような民族文化のうち、私はこれまで西タンザニアに住むトングウェ、東北ザンビアに住むベンバを主対象に選び、研究を進めてきた（口絵地図）。

トングウェは、高度二〇〇〇メートル近くの山地帯にまで居住域をひろげ、ミオンボ林の中にモザイク状に発達した山地林や河辺林などの森林を開墾して小規模な焼畑を耕作する。その社会は、異なった諸民族に由来するという伝承をもつ父系の親族集団のゆるやかな連合体であり、政治的な統合度は弱い。一方ベンバは、なだらかな高原状のミオンボ帯に住み、森林の未発達という条件のもとでミオンボ林そのものを焼畑の開墾地とし、チテメネ・システムと呼ばれる特異な焼畑農法を発達させてきた。彼らの社会は母系を原理としており、かつては最高首長を頂点とする広大な王国を形成していた。おなじような環境のもとで、疎開林の利用法が異なり、その伝統的な社会編成も対照的なトングウェとベンバを比較しつつ、ミオンボ林における自然と社会、あるいは自然と文化の諸関係を探求することが私の基本的なテーマの一つであった。

最近、このような比較研究の視野にあらたな対象が加わった。短期間の予察を終えたばかりであるが、西南タンザニアに住むマテンゴである（口絵地図）。高度一三〇〇メートル以上の山間部にひろがるミオンボ帯を居住域とするマテンゴは、ピット（掘り穴）耕作と呼ばれる、きわめてユニークな常畑農耕を営んでいる。彼らは、小領域内で首長国を形成してきた歴史をもつ。

この小論では、これらの三つの農耕社会をとりあげ、その生態と伝統的な社会編成の特性について概観してみたい。

2　トングウェ社会

トングウェ調査の基地は、タンガニイカ湖畔の村カソゲにあった。その後背部には高度二〇〇〇メートルを越すマハレ山塊がそびえている。私はカソゲにトングウェ風のどっしりとした家を構え、マハレ山中の三集落に草ぶきの「別荘」をもち、一定期間ごとに居を移して調査を進めた。ときにはトングウェの友人たちとともに、最小限の荷をかつぎ、奥地の村むらをおとずれた。

トングウェ・ランドの人口密度は、一平方キロメートル当たり一人に満たない。山地帯を含む広大なミオンボ林と低人口密度は、トングウェ社会の存続を支えてきた基本的な条件である。山住みのトングウェは数戸から一〇戸程度の家屋からなる小さな集落を形成し、それらが互いに距離を隔てて散在する居住様式をとる。彼らは、河辺林や山地林などの森林を切り開き、トウモロコシやキャッサバを主作物とする焼畑を耕作する。また、スタンレー時代以来の先込め銃や多種類の罠によって野獣を狩り、湖や河川で魚を捕り、疎開林に蜜箱をすえて野生の蜂蜜を採集する。ミオンボ林は野獣の狩猟地・蜂蜜の採集地として利用されるが、焼畑として開墾されることはない。それは非農用空間なのである。

生態学的な視点からトングウェの生計維持の機構をあきらかにするため、彼らの生業活動を調べ、食料の生産―分配―消費の過程を追った。焼畑の面積を計測し、作物の収穫量や村人の年間の食料摂取量の推定を試みる。各集落で調査の協力者を求め、日々の食生活の内容や、集落をおとずれる客人の記録などを依頼した。それらの資料は、彼らの生計経済が「最小生計努力」「食物の平均化」という基本的な傾向性をもつことを示していた。

小さな集落に住むトングウェは、住民が年間に消費する量に見合った程度の作物を生産し、身近な環境内で入手できる肉・魚・野菜に依存して暮らしをたて、できるだけ少ない生計努力によって安定した食物を確保しようとする「最小生計努力」の傾向性をもつ。それは、つつましい自給指向の生産原理であるといってよい。こうして生産された食物は頻繁におとずれる客人にも供されるのであるが、その集落の住民もしばしば他集落で食事の供応を受け、集落内での食料の備蓄は微妙なバランスを保つ。ときに食料が不足すると、人びとは親族や近隣の集落をたずね、食料を分けてもらう。ホスピタリティーや互酬性・相互扶助として現れる分配・消費の機構が「食物の平均化」をうながすのである。

これらの原則に反する行為は、しばしば呪いの対象となる。ぬきんでて大きな畑を耕す者は人びとの妬みを招き、食物を分け与えない者は人びとに恨みの感情を残す。そして妬みや恨みの感情は呪いを誘い出す。そんな呪いへの恐れが、生計経済にみられる基本的な傾向性を背後から支えているのである。

おおらかで平穏な日々を生きるトングウェだが、その生活を脅かすのは、病や死などの不幸である。それらの不幸をもたらすのは精霊や祖霊の怒りであり、妬みや恨みをもつ人の呪いだ。このような病の原因を占いによって探り出し、多くの薬草や動物性の呪薬を駆使して治療するのは伝統医である。トングウェの心と生態をつなぐ鍵が伝統医の世界にあると考えた私は、日ごろから親しくしていた伝統医に頼みこみ、正式な儀礼をうけて弟子入りした。伝統医としての修行の過程で実に多くのことを学んだのであるが、それは呪いへの恐れが彼らの社会を深層部で律していることを確認する機会でもあった。

平等性を基調とする生計経済を営むトングウェ社会は、ムワミと呼ばれる首長を擁する小規模な父系の親族集団（系族）を社会的・政治的なまとまりの単位とする。ムワミは、守護霊や祖霊の加護を背景とし、その即位儀礼時に与えられた霊力や呪力を権威の源泉としている。一つの系族に属する人びとは、いくつかの集落に分かれて住む。そして、それぞれの系族は特定の氏族への帰属意識をもつ。トングウェの社会には一五を越す氏族があるのだが、そのいずれもが、異域に住む他民族に由来するという歴史伝承をもっている。ほぼ一五〇～二〇〇年前に、タンガニイカ湖の西方に住むベンベやタブワ・ホロホロ、あるいは北方のハ、南方のベンバなどがトングウェの地に移住し、それぞれが領域を住み分けつつトングウェ族を形成してきたのだという。トングウェの地に移住した後に兄弟間のいさかいなどによって複数の系族に分かれ、あるいは遅れてやってきた人びとが別の系族となり、それぞれがムワミを擁するにいたる。かつては氏族間で戦いもあったというが、トングウェ社会は集権的な政治体制の構築に向かうことはなかった。彼らはトングウェの一員であるというアイデンティティを共有しつつ、より小さな親族集団のゆるやかな連合を基本とする社会編成を保持してきたのである。

3　ベンバ社会

かつて強大なミオンボの王国を形成したベンバの調査を始めたのは一九八三年だった。それは、トングウェの一氏族の故郷をおとずれる旅でもあった。

私は、北部州ムピカ県にあるムレンガ＝カプリ村を調査地に選んだ。一二世帯五〇人の構成員からなり、村を創建した長老の兄弟姉妹の世帯を核とする母系の村である。県都のムピカまで自転車で一日のうちに往復できる距離にある近郊の村だが、村人は伝統的な焼畑農耕、つまりチテメネ・システムに強く依存した暮らしを営んでいた。

チテメネ・システムはミオンボ林そのものを開墾の対象とした焼畑農耕である。乾季が始まると男は焼畑予定地の疎開林にかよい、木に登って、斧ですべての枝を伐り落とす。この作業をベンバ語でテマと呼ぶ。チテメネという名称はこの語に由来する。伐採された枝は三週間あまり放置して乾燥させる。女は、この枯れ枝を頭上に乗せて中心部まで運搬する。こうして伐採域の中心部に円形の枯れ枝の堆積物ができあがる。そして雨季の始まる直前に枯れ枝の堆積物に火がはなたれ、厚い灰におおわれた焼畑が造成される。

雨季の到来とともに作物の植えつけ作業が忙しくなる。アフリカ起源の雑穀シコクビエがもっとも重要な作物であるが、キャッサバ・ササゲ・ウリ・カボチャ・トマトなどを混作する。二年目にはラッカセイを植えつけ、三年目にはキャッサバを掘り出して食べる。四年目には畝を立ててインゲンマメをまく。四〜五年間、混作と輪作を組み合わせて作付けした後に畑を放棄し、一五〜二〇年のあいだ休閑させるのである。

チテメネ・システムはミオンボ林でねりあげられた農法である。耕地の六倍ほどの伐採域から枝を集めて木の生育密度の低さをおぎない、木の根元から切り倒さずに樹幹を残し、ミオンボ林の更新をうながす。大量の枯れ枝を燃やして、木に蓄積されていた栄養分を土にもどす。高温で土を焼き、乾燥させることによって、土中の栄養分の化学的活性を高め、雑草の種子を取り除く。混作と輪作によって耕地を多面的に利用し、多様な自給用作物の供給が可能になり、病虫害の危険分散をはかる。また、つねに作物が地表をおおうことになり、乾季の強い陽光や雨季の激しい降雨による土壌浸食を防ぎもする。

チテメネが産出するシコクビエは、ベンバの伝統的な主食の素材であり、儀礼時や週末の人びとの楽しみとして欠かすことのできない酒の原料でもある。女たちはシコクビエ酒をつくって貴重な現金収入を得ることができる。漁民との交換で干し魚を入手して町で売れば、いい儲けにもなる。しかし人びとは、その生存に必要な量を大幅に越えてシコクビエを栽培することはない。そこには、トングウェ社会でみられた生計経済と共通する原理を認めることができる。

一平方キロメートル当たり七人以下の低人口密度という条件のもとで、ベンバは、ミオンボ林の生態に適応した焼畑農耕をねりあげてきた。そして自給的生産と、その生産物が人びとの間で平準化することをうながす経済・社会・文化のメカニズムによって、持続可能な生産を維持してきたのである。一九三〇年代にベンバ社会を調査したリチャーズの報告（Richards 1939）なども合わせて考えれば、少なくとも村レベルでは、このようなチテメネ・システムを基盤とした自給的生産が、はるか以前から営まれてきたといってよい。こうした焼畑農耕社会が、どのような歴史的条件のもとで強大な王国を形成するにいたったのであろうか。

口頭伝承と文書記録にもとづいたベンバの歴史研究によれば（Roberts 1973）、彼らの祖先はザイール国〔編者注：現在、コンゴ民主共和国〕南部の地に栄えたルバ王国を出て、一七世紀ごろに現在のベンバ・ランドに移住し、徐々に周辺の諸民族を侵略していったのだという。そして一九世紀後半には急速に領土を拡大し、一大王国を築きあげた。その重要な契機となったのは、インド洋岸と内陸部を結ぶ長距離交易である。ザンジバル島を根拠地とするアラブ商人たちは象牙や奴隷を求めて内陸奥地に進出し、一八六〇年ごろからベンバの首長たちと直接的な取り引きを始めたのである。海岸部からもたらされる商品は、木綿布やビーズ玉、それに鉄砲であった。ベンバの首長たちは交易を独占し、それによって得た木綿布やビーズ玉を配下の者に分け与えて支配力を増してゆく。鉄砲の導入によって軍事力も強化される。そして一気に領土を拡大していったのである。

ベンバ王国はチティムクルと呼ばれる最高首長を頂点とし、二人の上位首長と一五人の地方首長からなる政治体制をとっていた。これらの首長はすべて初期移住者の系譜をひく氏族に属し、その権威は、諸精霊や首長の祖霊の加護を背景とした霊力を源泉としている。最高首長のチティムクルはそれらの権威を集約する存在であり、「聖なる王」としての性格をもつ。インド洋岸との長距離交易は、このような首長の権威を肥大化させる威信財と軍事力を増強する鉄砲をもたらした。しかしそれは生業構造や技術の変革にむすびつくことはなかった。ベンバ王国は、自給的な焼畑農耕を基礎とする生計経済と、首長たちの権威を支える威信経済とが並存する二重経済システムのもとに存続してきたのである。

二〇世紀初頭にイギリスの植民地支配によってベンバ王国は実質的に平定される。しかし、その政体は間接統治機構のなかで温存され、一九六四年のザンビア国独立以後も地方行政機構のなかに組み込まれて存続している。

4　マテンゴ社会

タンザニア西南部の町ソンゲアからマラウィ湖にいたる道のなかほどを過ぎ、山間部にさしかかったころ、ミオンボ林がとぎれて視界が開け、山地斜面に緑の帯が格子状にひろがる美しい畑の景観が現れた。それが、ピット（掘り穴）耕作と呼ばれる独自の農法によって造成されたマテンゴの畑であった。

ピット耕作は草地を対象とした農法である。当初、人びとは山腹のミオンボ林を伐採して焼畑耕地とし、一～二年間はシコクビエを耕作する。そのあとの草地を、以下に述べるようなピット耕作によって開墾するのである。雨季が終わりに近づいた三月、男たちは草を刈りとって一週間ほど乾燥させ、その草をたばねて格子状に配列する。女たちは格子の間の土を鍬で掘り起こして草の上にかぶせてゆく。こうしてピット（掘り穴）と格子状の畝ができあがる。畝にはインゲンマメをまき、かるく土でおおう。六月にインゲンマメを収穫した後は雑草がはえるにまかせる。雨季が始まる一一月にふたたび雑草を刈りとってピットに投げいれ、畝の部分にトウモロコシをまく。翌年の六月から七月にかけてトウモロコシを収穫した後は休耕させる。三年目の三月には、前のピットの部分に格子状の畝を造成してインゲンマメをまき、同様の耕作サイクルを繰り返してゆく。それは、水分の保持や土壌浸食の防止、有機肥料の確保などの多くの機能を統合した農耕システムであるといってよい。ピット耕作の農業生態学的な調査、それを支えてきた生計経済や社会・文化的な機構の解明は今後の重要な研究課題である。

きわめて特異的な集約農耕の発達をうながした諸条件についても詳細な調査が必要であるが、いくつかの文献

（Basehart 1972, 1973 など）は、おおよそ以下のような歴史的条件を示唆している。伝承によれば、トングウェの場合と同様に、異なった地域に住む他民族の人びとが現在の地に移住し、混住化してマテンゴ族が形成されたという。彼らの社会は、出自を同じくする父系の親族集団の集合体であり、分節的な社会編成をとっていたが、一九世紀の中ごろから大きく変容しはじめる。南アフリカで権勢を誇ったズールー王国シャカ王の支配から逃れて、ンゴニ族がソンゲア地方に侵入してきたのである。このンゴニ族の侵略を防ぎ、あるいは対抗する過程で、マテンゴ社会は次第に集権的な社会編成を強化してゆく。植民地期には、最高首長と三人の首長からなる政治体制をとるにいたるが、そのもととなる首長制はンゴニ族との抗争期に確立したと考えられる。この首長制の確立期にピット耕作が発達し、普及してゆくのである。ンゴニの侵略に対抗するために、限定された領域内に人びとが集住し、その人口圧のゆえに農耕の集約化が進み、集権化しつつあった政治体制がそれを支えたのであろう。一九五七年のセンサスにもとづいた計算によれば、人口密度は一平方キロメートル当たり二一人であるが、人口の集中地域では三〇人から四〇人を数える。かつてのンゴニ族との抗争期には、より多くの人口が中心域に集住した可能性がたかい。

ピット耕作は、ミオンボ林における農耕様式と社会編成の相互関係や、アフリカにおける集約農耕の発達について多くの示唆を与えてくれる。

5　まとめと展望

これまで私自身の研究の展開にそって、ミオンボ林における三つの農耕社会をとりあげ、その生態と伝統的な社会編成を概観してきた。それは、自然のなかに埋没するかのように暮らすトングウェの生活への共感を基点としつつ、集権的な社会編成や集約的な農耕の生成過程への関心に導かれた研究の軌跡を示している。

アフリカの「農」の基層部には、うすく広く環境を利用する原理と、平等性を基調とする生計経済の原則がいきづいている。そのような基層部のうえに、あるいはそれと並存するかたちで、集約的な環境利用がおこなわれ、集権的な社会編成が生成する。ミオンボ林における三つの農耕社会の存在は、そんなアフリカ像を喚起してくれるのである。

それぞれの社会は、現在、大きな変容期のただなかにあり、伝統と近代化のはざまで揺れうごいている。そのような地域社会の健全な発展は、ミオンボ林の持続可能な利用に基礎を置くものでなければならないであろう。そんな視点に立ち、農学者と共同して在来農業の総合的な研究を進めることが今後の重要な課題の一つである。本論の中で分析を試みたように、在来農業は、地域の自然条件とともに民族の歴史・文化・社会と深くむすびついている。これまでの研究をふまえつつ、ミオンボ林がはぐくんできた知恵の結晶を読み解く努力が、地域の未来を展望することにつながれば、というのが私のひそかな願いである。

第14章 「呪い」をめぐる人類史的考察

私は理学部の出身ですが、「呪い」の問題を扱うようになったのは、東アフリカ・タンザニア国の西の端のタンガニイカ湖、その湖岸部から奥地にかけて住む、トングウェという人びととの付き合いのなかからです。トングウェは五人から三〇人程度の非常に小さい集落を構え、それが点々と散在し、この集落を本拠地としながら焼畑農耕、狩猟、採集、漁撈といった生業を営む人びとでした。彼らと付き合い始めたのが一九七一年ですからもうかれこれ二〇数年になりますが、実はこの間に大変な生活の変貌を遂げるに至っています。今日は、私が以前に集中して調査した頃のトングウェの世界を題材としてお話しさせて頂きます。

トングウェの仕事をしていた時、彼らの世界で非常に重要な位置を占める「呪医」(伝統的な人類学では、witch doctor とか doctor magician とかいろいろ言われます)の世界に強い関心を持ち、縁《えにし》があって入門して修行したという経験があります。その経験を一つの切り口にしてお話しいたします。次いで、いったい呪いとは何なのか、四〇〇万年程度の人類史を背景として考えてみたいと思います。その素材としてチンパンジーの社会、ヒト化の過程、それから人類史の時間の大半を人類は狩猟採集民として生きてきたわけですが、その狩猟採集民の世界を踏み台にし、そして再びトングウェの世界、広くいえば焼畑農耕民の世界に戻って呪いの意味を考えてみます。

私自身はもともと理学部自然人類学講座で、基本的な視点は生態、Ecology、つまり人間の暮らしと彼らの生活環境との関係を問うことにありました。いわば自然と文化の関係を追うことから仕事を始めたわけです。ですから最初は大変即物的な、彼らがそこでどういう風に暮らしを成り立たせているかという素朴でシンプルな問題意識でスタートしました。調査の結果、彼らの生活を支えている二つの原理というか原理的な傾向性を見出すことができたわけです。規模の小さな集落で、村人が耕す焼畑の耕地やどれくらいの生産量があるかといったことを計算してみますと、せいぜい彼らが一年間食べていけるぎりぎり、あるいはさほどオーバーすることがない程度の作物しか耕作していません。また、身近な生活環境の範囲内で入手可能な、湖の魚だとか川魚とか野獣の肉などを副食とするような暮らしでした。いわば自給的な生産志向を持つ社会でした。そのようなつつましい伝統的な生産志向を私は「最小生計努力」と呼んでいます。それは「自給的な暮らし」の重要な特徴の一つですが、もう一つのプリンシプルとセットにして考えることが重要だというのが私の問題把握です。

村人がぎりぎり一年間食べられる程度の作物の生産量ですが、分配消費の過程を調べてみると、原野の中にぽつんと孤立して存在しているかに見える集落なのに、結構人の出入りが多く、場合によっては年間の消費の四〇パーセントくらいが客に供せられるというデータが得られたわけです。作物生産がかなりの余裕をもっているならいざ知らず、ぎりぎりの状態で、四〇パーセントが客に供されたらどうなるのか。実は村の人も他所の村に出て行って同じようにやっている。結局、往来そのもののなかで食物が人の動きに従って流れていく、そういう現象がありました。時には、村によって食料が底をつく。そういう場合には、近くの村あるいは親族の村へ食物を分けてくれるよう頼みにいくわけですね。村人は、トングウェ流の社会的倫理のゆえに、それを断ることはできない。結局、食物は村むらあるいは人びとの間をぬって、最終的には全体で平均化していくようなプリンシプルがあります。それは「食物の平均化の傾向性」と呼んでよいでしょう。実は「最小生計努力」と「平均化の傾向」は二つセットになっておりまして、相互に支え合う関係にあります。この生計経済の二つの原理に、人を呪う・呪われるという世界が濃くかかわっていることがだんだんと解ってきました。つまり他人よりも大きな畑を耕作し、豊かな暮らしを送っていると、人びとの妬みの対象になります。客を十分にもてなさなければ、恨みの感情を発生させることになります。こういう妬みや恨みというものがトングウェ流の文化的回路を経て呪いとして表現されるということです。つまり基本的な生計経済の原理に反するような行動に対して、常に呪いという社会的制裁のメカニズムが働くことになっている。結局、呪いが彼らの生計経済を裏で強く支えていると思うに至りました。いわば即物的な形で、どういう風にして物質的な暮らしを支えているのかというテーマにそって調査を進めていき、呪いの世界が、彼らの生計経済を制御する隠れた影響力を持っていると思うに至ったわけです。

　呪いは病や不幸と強く結びついています。病を含めたさまざまな不幸の説明原理のことを、最近の人類学の用語では「災因論」と言います。病を例にとってみると、祖先霊とか、精霊とかを含めた多元的な病因があるのですが、その中で大きな比重を占めるのが呪いなのです。そこで、日頃良く付き合っている呪医に入門を願い出て、呪医の世界に入ったというわけです。徹夜の儀礼などを経て呪医となり、後は先生にくっついて、治療の現場に一緒にいっていろいろと教わりました。頭が悪い、頭が悪いと何度もどやされながらですが。

写真 14-1　悪霊の住む河原で病因を探す。

精霊がある人にとりついて、その精霊の言わば思し召しで呪医になるというのが基本です。呪医は基本的には、さまざまな病気の原因を占いによって診断し、治療します。掌《たなごころ》に傷をつけ、占い能力を授ける薬が塗り込められており、その能力に頼って手をこすりながら病の原因を突き止めます。

例を挙げれば、ある女性が第一子を生んだのですが、以後子宝に恵まれないというので占いにやってきました。呪医は彼女に、川に住む悪霊に取り付かれている、なおかつ村のある人が悪霊をそそのかして彼女に取り付くようにした、いわば呪いと悪霊という二重の不幸を背負うことで不妊症にかかったと述べました。

悪霊は川の淵に住むので、川に出かけていってその悪霊を払うことが、病因を除去する治療になります（写真14-1）。そこで、水の入った土鍋の中に、植物性のもの、動物性のものを含め、たくさんの呪薬を投入し沸騰させます（写真14-2）。これは彼女に付いている悪霊を取り払うところですが（写真14-3）、まず悪霊が帰るべき場所を示すために村から持ってきたバナナの株を植えます。そして足もとに沸騰した土鍋を置きまして蒸気で洗い流すわけですね。一種のサウナ療法と言えるかもしれません。患者には毛布とか布を被せます（写真14-4）。

写真 14-2　土鍋で呪薬を煮る。

写真 14-4　呪薬の蒸気を浴びて病根を取り去る。

写真 14-3　女性にとりついた悪霊を払う。

写真 14-5　呪薬を採集する呪医

患者は上半身裸になり、七、八分間ずっと湯気を浴び、病の元を追い出すということです。その後に同じ様な薬が入っている冷たい水で体を洗い流して病根を流し去るわけです。

　そして剃刀で患者の体に傷をつけ、そこに強力な呪薬を塗り込めます。アンテロープの角に入った強力な呪いよけの薬です。これはトングウェの呪医によれば、病院での注射にあたるものだということです。その後、彼女の分身である髪の毛や爪などを、布とか供犠したニワトリと共に土鍋で被せて封じ込めるわけです。こういう形での治療、呪いにかかわる根本原因の除去をここでやって、後は村に帰って対症療法的な薬を投与して治療する。それがトングウェの呪医による治療の基本です。

　これ（写真14-5）は、トングウェの中でもよく知られている大呪医が特別の薬を採集しているところです。木に供物を捧げ、呪文を唱えながら薬を採集しているところです。

　実はこの後、大呪医は素っ裸になりまして、呪医自身が半分呪いをかけてその薬を採集する。それは、呪術の世界のリアリティをまざまざと感じさせられる場面でした。

薬は、植物性のものだけで四〇〇～五〇〇種類はあります。かなりしつこく聞いていきますと、それなりのロ

写真 14-7　棘のある樹木カゴボレ

写真 14-6　樹皮がなめらかな樹木ムテレレ

ジックがございます。一つ重要なのは木の性質ですね、木の形態とか生態とかを一つの基準にして薬を選んでいるわけです。これはムロレルワハレという名前の木ですけれども、「遠くから見える」という意味です。樹皮の色が非常に白く、一〇〇～二〇〇メートル離れたところでも、あれがムロレルワハレだとすぐわかる。白色というのは彼らにとっては健康とか清浄さを象徴しており、カラーシンボリズムを背景にしてこの薬が選ばれるということです。

これ（写真14-6）はムテレレという木ですが、樹皮が簡単に剥がれて幹がツルツルになる。ムテレレというのは滑り落ちるという意味で、これを使えば体のなかに巣食っている病根が滑り落ちるというわけです。

これ（写真14-7）はカゴボレですが、バラの木のように刺が生えてます。トングウェ語のゴボラ（引っ掛ける）という語に由来していて、藪のなかに入るとその刺に引っ掛けられてしまうことから木の名前になりました。病の源を引っ掛けて引きずり出す薬として選ばれているということです。

木の性質とシンボリックに連合させて、あるいは木の名前と連合させる象徴的なロジックで薬が選ばれることが多いですね。苦さとか香りがあるとかしびれるとか、樹木の化学的性質に直接関係した根拠で選ばれることもあります。

さて、呪いとはいったい何なのか、トングウェの体験をベースにしながら少し考察を広げていこうと思います。人間に内在する妬みとか恨みつらみなどの情動、感情が文化的に回路付けられて、呪いとして表出されるというのはアフリカの世界ではたいへん一般的な現象だと思います。

これがいったいどういうところから来ているのか。簡単に言ってしまえば、人間が非常に深いところで平等性を強く求めている。あるいは平等性を基礎とすることこそが人間的な条件であり、そのような条件と呪いとは深く結びついているというのが、私の今日話したい事の核心部です。実は私は、ニホンザルやチンパンジーなどの研究で世界的に有名な伊谷さんの下で学び、人類の起源や人類進化史に深い関心を持ちつづけてきました。そのような視点から、この問題を考えてみようと思います。

伊谷さんは、「人間平等起源論」という論文の中で、霊長類の社会から人間社会に至る進化の過程で、結局、平等性というものを基礎にするように社会を作ったこと、これこそが人間化への道であったという議論をされました。ヒト以外の霊長類の社会では基本的には個体と個体との関係が優劣の関係をベースにしており、順位という形での秩序をもって成立している。霊長類の段階での「先験的不平等」を軸とするような社会、その維持の仕方、あるいは共存のシステムから脱して、いわば「条件的平等」を基礎とする社会をつくったこと、それこそが人間化への条件であったというのが、最近の霊長類社会学における一つの理論的な到達点だと思います。それを支える背景には「認知の階層性」、他者の気持ちを忖度《そんたく》する心の芽生えがある。チンパンジーの認知の構造については、最近特に霊長類研究所の松沢さんという方が中心になって、いわゆる「アイちゃん」として有名なチンパンジーの研究などでたいへんおもしろい問題が出てきています。松沢氏の結論では、言語があるかないかということがチンパンジーとヒトとを分けるわけではない。むしろ認知の階層性、認知の深さ、「自己埋め込み的階梯性」が重要だというのです。人間とチンパンジーを隔てるものがあるとすればそれは認知の階層性だ、深さだと松沢氏は主張しています。チンパンジーと人間では何が違うのか。「道具を作る道具を作るのが人間だ」とかつては言っていた。一次的道具の制作・使用という事についていえば、チンパンジーにも明瞭に見られる事ですから、二次的道具を作れるのが人間なんだ、あるいはメタ道具、メタメタ道具、そういうものを作れることこそが人間の条件である。なんか、人間もめちゃめちゃ追い詰められた感じです。結局、差異は認知の階層性と深く関係しているのであろうと思われます。

チンパンジーの社会では、他者の気持ちを忖度する心や客観視の芽生えと同時に、子殺しとか共食いもある。チンパンジー社会は、完全に「先験的不平等」に徹している社会ではなく、「条件的平等」をかなりの程度に組み込み始めた社会である。思いやりとか客観視とともにいわゆる子殺しとか共食いとか、悪と善と言っておきましょうか、そういうのが背中合わせで出始めている。それが、ヒト化の過程で「条件的平等原則」が基本的な社会を律する原則になる時、その妬み恨みといったような感情も伴ってきた。

次に人類史的時間に関してですが、ヒト化を経て現在にいたるまでの時間を四〇〇万年と考えますと、農耕の開始がだいたい一万年くらい前、また産業革命が三〇〇年くらい前ですね。人類が誕生した時を〇時としますと、農耕の開始というのは二三時五六分、産業革命というのは数秒前のことだということになる。現生人類の出現した四万年前を〇時としますと、それでも農耕の開始は午後六時ごろになる。産業革命に至っては午後一一時四九分の出来事だということです。このような人類史的な時間を前提とすれば、人間というのは狩猟採集民のことだ、そういった視点を持ってもよいのではないか。狩猟採集民の世界は、immediate return system の社会、つまり、狩ってきた獲物をその日のうちにシェアして消費する、せいぜい二、三日のうちにシェアして消費するのが原則の社会です。獲物は徹底して分配される。一次分配、二次分配、三次分配、四次分配、最後は食卓に出てきてみんなで食べるという形で分配される。そして結果的に口に入るというレベルでみますと、キャンプの人たちは平等な形で食物を得る。徹底した分配と共存にもとづく平等主義というのが基本的な狩猟採集民の世界のあり方だと申し上げておきます。

一応は獲物といっても誰が獲ってくるのかはっきり解ります。多くの場合は射た矢の持ち主が肉の所有者になるんですけれども、しかしその矢は互いによく交換されていまして、最後は誰のものか解らない、所有をどこかで曖昧にするような形のメカニズムも含めて分配の世界が展開するわけです。狩猟採集民の価値観では、気前がよく、慎み深く、平等で社交的であることが重要です。

まとめとして、人類史を通してみられる二つの生き方を、タイム・ミニマイザーとエナジー・マキシマイザーという考え方をもとに提示してみたい。これは動物の食料獲得戦略に対応した理論であり、タイム・ミニマイザー（時間最小化戦略）とは、食料獲得に費やす時間を最小限にし、残りの時間を他の活動に振り向ける戦略を意味しています。エナジー・マキシマイザーはエネルギー最大化戦略であり、他の諸活動を犠牲にしても、できるだけ多くの食料エネルギーを獲得しようとする戦略をとるものだといえます。ある人類学者は、人類は狩猟採集民として進化する過程で、このタイム・ミニマイザーの戦略を選択したのであろう、というんです。こういう視点にたちますと、狩猟採集民はもちろんのこと、私が調査したトングウェも、このタイム・ミニマイザーの系譜に属するといってよいのではなかろうか。

では、このタイム・ミニマイザーが、エナジー・マキシマイザーになっていくのはどういう契機なのか。アメリカの人類学者のフォスターは、人間の社会を大きく分けると、妬みを恐れる社会と、妬みを競争に転化する社会があると主張しています。そして、特に妬みを競争に転化する社会は工業化された社会に一般的にみられることが多く、妬みを恐れる社会は前工業社会にみられることが多いというんです。私が問題にしてきたトングウェ社会は、妬みを恐れる社会であり、いわばそれを基軸とする社会である。このタイム・ミニマイザーというのはとだ、といってよい。あるいは生きるために生産する社会である。それに対してエナジー・マキシマイザーは、妬みを競争に転化し、経済の中に埋め込まれた社会に生きる人びとであり、あるいは生産するために生きる人び――カール・ポランニーという経済人類学者のタームを使えば――、社会の中に埋め込まれた経済を生きる人びとだといえるのかもしれない。それからもう一つ、このフォスターは別のところで、「限定された富のイメージ」という理論を出しています。これはかなり古い理論なのですが、現在もっと見直してもいい理論だと思いますので紹介しておきます。これは、メキシコの農民社会の研究でフォスターが提起したもので、彼は「image of limited goods」と呼んでいます。要するに、この世の中の富は基本的に限定された量しかないというイメージ、あるいは認識の方向性をもつ人たちだというわけですね、農民というのが。土地や財産をはじめとして、友情とか愛情とか、あるいは名誉とか地位とか、そういう人生において望ましい全ての事柄は、大体限られた量しかなくて、しかもいつも不足している。そしてそれらの全体量を増加させる能力を農民は持たない。だから、特定の個人が富を増大させるのは、常に他人の犠牲を前提としてるんだ。そういうイメージの世界に生きているというわけです。そういう認識の方向性がある。このような社会では——とフォスターはいうんですが——、制度化された妬み（つまり呪い）が、強力に機能し、その結果農民はできるだけつつましく、そして平均的な生活を営もうとする。ここにも、タイム・ミニマイザーの生きる、あるいは妬みを恐れる社会の系譜を読みとることができます。

現代の地球環境の問題は、新たなるゼロサムゲームといいますか、この image of limited goods の問題を提起しているのではなかろうかと考えることができます。資源の枯渇や、それから何よりも環境破壊は地球的規模での重大な問題群である。つまり良き環境や基本的な資源も、limited goods になりつつあるのではないでしょうか。少なくとも二一世紀に向かう世界は、もはやエナジー・マキシマイザーの路線を突っ走るわけにはいかないでしょうし、何らかの形でタイム・ミニマイザー的な生き方を繰り込んでいかなければならないでしょう。地球は limited goods の世界に向かいつつあるのです。

タイム・ミニマイザーの世界、limited goods の世界というのは、妬みや恨みなどの人間的感情が生活を制御してきた世界であり、その文化的な表現が呪いであった。もしかするとわたしたちはもう一度、そういう意味で、呪いについて考え直してもよい時代に生きているのかもしれない。ということで、ひとまず報告は終わります。

討　論

梅原：産業革命以降というのはほとんど一一時四九分から後ということで、われわれがいわゆる芸術というふうに考えてきたもの、絵画なら額縁に収まった次元平面であるとか、音楽ならステージで演奏されるあいうものが音楽であるとか、そういう概念というのも、おそらくこの二三時四九分以降成立した芸術概念であろうと思うわけです。で、呪医の入門儀礼の時にいろんなものが描かれたりするとか、あるいは精霊が乗り移って踊りを始めるとか、太鼓とかガラガラを鳴らすとか、そこには芸術的なもの、今日の舞踊や、あるいは音楽・絵画という形につながるものがあるのでしょうが、そういう芸術的なものの根源、ルーツ、祖形が、二三時四九分以前はおそらくわりと普遍的にあったのではないか。それでわれわれは、ややもすれば二三時四九分以降の芸術概念でもって前者を、それ以前のものをみて、未熟だとか不純であるとか未発達であるとか、そういうふうにして考えてきた。

それからもう一つ。良い霊と悪い霊があり、良い霊の方に関わるのが呪医だとすれば、その場合でも良い・悪いというのは、われわれが考えるようなまったく二分できるような、あるいは互いに排斥しあうようなあるいは対立するような、そういうものではおそらくないだろうと思うんです。同じ霊的な存在というものがあって、何かそれが悪い傾向に出た場合といい傾向に出た場合と、その間に、まったく対立的な関係ではなくて、両者の行き来みたいなものがあるんではないか。バリ島にバロン・ダンスというのがあるんですけども、あれもバロンというのがいい精霊、霊ですね、それからダンダというのが悪い霊で、両者が戦うんですけども勝負つかないんですね。引き分けに終わって、両方とも最後は僧侶によって慰められるというようなストーリーだったんですけども、何か、悪あるいは病とか、そういったものが排除されるべきものとして存在するんではなくて、何か大きな霊的世界の中に抱え込まれているというような感じがするんですね。

それから、この呪医の段階というのはどういうふうに呼んだらいいのでしょうか、シャーマニズムの世界と呼んだらいいのか、もしくはアニミズムという世界を考えるとしたら狩猟採集民の方の世界をいったらいいのか、その辺の関係をちょっとお聞きしたい。

掛谷：呪いの世界と聖なるものの根は一つではないかというのが最近の私の思いです。たとえば首長のような権力の根拠を考えますと、呪いの世界と聖なるものが、いわば入れ子構造になって、あるいは重層化して、その権威を支えている。それが肥大していくというか、それが拡大していって、階層化された社会につながっていくのではないか。

呪医の世界は、アニミズム的な世界といってもいいと思います。また、精霊憑依が文化的に大きな意味を持っているという意味では、シャーマニズムの一部であると考えても、私はよいと思っております。

小林（嘉）：施設とかいろんな、そういう所の子どもたちの葛藤と非常によく似た……細かいところはなかなか簡単にいえませんけれども、そのような平等性とか優劣とかを巡る問題というのは非常に似たようなものがある。そういう意味でも、人間の個々の発達段階と、人類全体の発展というものが何か二重写しになってるところがありまして、これはたいへん面白い問題です。

呪いという場合に、どうして人格的なものにまずつくのかというのが具体的な疑問なんですが。確かにわれわれ日本でもですね、生き霊というですね、それこそ最近まで丑の刻参りだとか、具体的な人間が誰かを恨んで呪いをかけるということだってあるわけですけども、先ほど精霊とか祖先霊とかおっしゃったときの、ある種宗教的に昇華した方へそういうものがなぜいかないのか。あるいはそもそも、ここトングウェでの宗教生活というのはどうなっているのか。その構造とその呪いというのがどういうふうになっているのか。それから、呪いというより、われわれ日本人なんかは祟りというものの方がもっと身近にあるわけですけれども、例えば昨日田圃で蛇を殺した、今日はどうも体の具合が悪い、これは祟りじゃないか、こういう発想というのはわれわれわりと身近なんですけれども、そういう時は考えてみますと、他者の責任よりもまず自分の責任を先に感じる。何か悪いことをしたんでこうなったんだと。呪いというのは、むしろ自己責任というのはもう切れてしまって、誰かが悪いという方向へいくように聞こえる。その辺の感じが、祟りの世界と呪いの世界では違うのではないか。それは、われわれの側と、アフリカの生活との違いなのか。例えば同じような低生産というか、平均化の傾向はやっぱりわれわれの近世の農村なんかもそういう傾向がありますし、それからアジアにもまだまだそういう所がある。アジア的な感覚と何か違いがあるんだろうか。

掛谷：具体的人格になぜ結びつくのかというのは、大変面白いポイントです。それこそが呪いの世界です。Face-to-faceの関係のなかでいかに平等な関係を保ち、日常性のなかでどのようにして人と一緒に生きていくかということは、人類史の隠れた一つのテーマであった。そのような前提で考えますと、むしろ具体的な人格世界に結びつかなくなったのはなぜか、それこそが、人類史の視点から問われるべき問題ではなかろうかと、私は思うわけです。

トングウェ社会には、祟りのようなものもあります。動物の祟りで病気になるという例もあります。トングウェは、病や悪というのは人間にとって避けることができないものであり、人間存在につきまとうものだということを深く認知している人たちだと、私は思うんです。それは、排除するものじゃなくて、いわば、飼い慣らす、あるいはむしろそれと共存することこそが人間的なんだという、そういう世界に生きてるんじゃないかと思うんです。排除じゃなくてむしろ共存する、悪とも共存する、病とも共存する、そういう生活世界なんだと。アジア的云々という形の展開は、今後の課題ということにしたいと思います。

子供のいじめの問題は、私も関心を持っているのですが、それは四〇〇万年の背景をもつ人類史の現代的な表れという側面をもっているのではないでしょうか。人間が悪というものとも上手につきあってきたのに、今やつきあえなくなってきたことの表れかもしれないとも思うわけです。

高橋：狩猟採集民の場合、植物性の食べ物と動物性の食べ物の比率はどのぐらいでしょうか。

掛谷：バリエーションがあるんですが、熱帯の狩猟採集民は、むしろ採集狩猟民と呼ぶべきだというのが最近の結論で、例えばブッシュマンでは、植物性のものが四、動物性のものが一くらいの比率です。カロリー計算では植物性のものが圧倒的で、なおかつそれをとってくるのが女性、そんな世界です。

高橋：そうしますと、あくまで徹底した平等な分配とおっしゃいましたけども、だから、動物、獲物が捕れた場合には平等な分配ということが必要になるかもしれませんが、植物性の場合には結局いつでも採ろうと思えば採れるわけですね。ですから、そこへ平等主義という原理が生まれてくるような圧力がないんじゃないですか。

掛谷：重要な指摘だと思います。ただ、わたしたちが外側から、カロリー計算の論理でいくとそうなるんですけども、彼らにとっての価値ある食い物というと圧倒的に肉……

高橋：ご馳走……。

掛谷：はい。そういう意味では価値の世界を前提にしなければならない。それに、実は植物性の食物でも、分かち合って食べるんです、現場に一緒におるときには。また例えば病気で、女の人が採りにいけないとか、そんな場合にはやっぱり分与しますね。あるいは、一緒にいたら分かち合わずにおれない人たちであると言ってもよいように思います。じゃあ根っからの善人でそうしているのかというと、どうもそうではない。これも非常に印象的な人類学者の記述ですが、彼があるブッシュマンの年寄りから、「毛布をくれ」といわれた。人類学者は、「あなたにあげても、すぐに他の人に分け与えるでしょう」と答えた。するとその老人は、「私はもう人に分け与えるのに疲れた！」と叫んだというのです。ここらあたりが微妙なところで、何もnoble savageだから分与しているのではなくて、やはり狩猟民的な価値にしたがって分与している。絶対分けずに自分のものとして囲い込むのも一つの人間のタイプであれば、なんせ分けてしまう、分けずにはおれないというのもまたもう一つの人間性の世界であって、滔々《とうとう》たる人類の歴史からいうと、それが本流であると言いたいわけです。

高橋：焼畑農耕民の場合、生産と消費はそれぞれどういう単位でしょうか。

掛谷：例えば結婚する時に男が一定期間住みついて労働する婚資労働などもあって複雑ですが、そういう部分を除けば、基本的に生産は集落単位です。消費は、往来する客人も含めてかなり広がる、そういう世界です。

高橋：そうしますと、例えば与えなければ恨まれるという場合に、恨まれるのは特定の個人というより集落全体になるわけですか。

掛谷：いいえ、基本的にはやっぱり特定の個人ですね。

高橋：それは、与えなければというのは、他の集落に対して与えないということなんでしょうか。

掛谷：やはり具体的などこそこの家での食客、お客さんになるわけですから。その食事はまた村の人びとが持ち寄るということもありますが、誰の客人かははっきりしていますからね。

高橋：食事は、一応家族で……

掛谷：大体、男は男、女は女で集まってということが多いです。客人は特別にという場合もあります。

高橋：最後に、タイム・ミニマイザー、これは食料の生産だけについて……。

掛谷：そうです。基本的には。

高橋：その場合、できるだけタイムを少なくしよう少なくしようという努力なのか、つまり、生産性を上げていこうということなのか、ただまあ、一番ミニマムなところに止めておこう、要するに食料生産はある程度備蓄のあるところでもう十分だということなのか。

掛谷：ベースは後者だと思います。基本的な価値、生活感覚、生活のありようが、多くの時間を生産についやし、多くの余剰を産出するという方向を向いていない。じゃあ残りの時間は何をしているのか。まあおしゃべりしたり昼寝したりしている。そういう意味では、社会関係を保つために大変な時間が費やされているともいえるわけで、そういうなかで生きていくことが人間として生きていくことだという価値の世界にいるのかもしれないと思います。

坂田：一つ私が知りたいのは、こういう世界の人たちが、われわれの住んでいる世界に対してどういうイメージを持っているか、どういう感情を持っているかということ。それから、私はアジアが専門ですが、アジアというのは稲作農業なんですね、水田。われわれが一般的に理解させられたのは、稲作というものが例えばアジア的専制主義のようなものを生んでくるというような。アフリカ社会というのは畑作で混作の世界で、やっぱりそういう風土——まあ風土と還元していいのかどうかわからないですが——そういうものの違いを考える必要はないのか。

掛谷：現代アフリカでも、圧倒的な物量の世界というものの情報はかなり入りますから、物質飢餓症のような感じになっているところがあって、彼らが物質飢餓感をかきたてられるような、ものの豊かな世界に生きている人たち、というふうには基本的にわれわれは見られているんだと思います。それから、タイム・ミニマイザーというようないい方をしましたが、バラエティがあると思うんです。例えば、日本の農民というのは勤勉といわれます。私もそう思います。実は、いわゆる勤勉の哲学というのを打ち破りたいというか、勤勉と人間的ということとは違うということを何とか証明したいというたいへん個人的な思いもあるんです。例えば日本の稲作と東南アジアの稲作のタイプはだいぶ違います、どういう風土のもとでどういう生業が行われているかという議論を精緻化しようと思えば、当然それはもうバラエティとして考えていかなければならない。そういうバラエティを丁寧に検討したうえでもこの話が成り立つかどうかがむしろ問題でして、ガラガラと音をたてて崩れるのかもしれません。

（文責・島田洋一）

発言者名簿

掛谷誠（京都大学アフリカ地域研究センター）
梅原賢一郎（京都造形芸術大学）
小林嘉宏（福井県立大学交流センター）
坂田幹男（福井県立大学経済学部）
高橋正立（福井県立大学経済学部）

第15章　アフリカ地域研究の今後

1　アフリカ地域研究への道――個人的な軌跡

アフリカに通い始めて、かれこれ二五年あまりが経過した。この間、私は、東アフリカ・タンザニアの西部に住むトングウェ、中南部アフリカ・ザンビアに住むベンバ、そして西南タンザニアのマテンゴなどの調査を進めてきた。それは、アフリカの主要な植生の一つである乾燥疎開林を居住地とする農耕民の生態人類学的な調査の積み重ねであり、アフリカを舞台とした人類史の復元への関心に支えられた比較研究であった。しかし一方で、それらの調査は民族社会が大きく変貌していく過程を追跡することでもあった。それは、さまざまな困難を抱えつつ激動する現代アフリカの実態に触れる経験であり、アフリカの奥地の生活も、国家や世界レベルでの政治・経済と連動し始めたことを実感する機会でもあった。このような現代アフリカのリアリティーをも捉えうる地域研究が必要だと、私は考え始めた。

2　アフリカ「学」から地域研究へ

総合的地域研究についての座談会で、以前にアフリカ「学」とか東南アジア「学」について語られた根拠への問いかけがあった。その際に、私は以下のように語っている。「アフリカ学については、そう言いたい時期があった。アフリカに関わった研究者として、世界の中心に対して、大きな潮流に対して深い疑問を抱き、アフリカという周辺部から何かいわなければならない、声なきアフリカの民を代弁したいという気持ちがあった。その発露としてのアフリカ学。人類の起源地でもあったアフリカが、今や世界の中で取り残されつつある。かつてのアフリカと現在のアフリカをつないで、もの申せないかという思いだ。」（高谷ほか　一九九六：二一頁）。

このような「アフリカ学」を代表する著作として、たとえば『アフリカ学への招待』（米山　一九八六）や『アフリカ論』（川田編　一九八七、一九九三ａ）をあげることができる。あるいは、変貌するアフリカに焦点をあてた『続 自然社会の人類学』（田中ほか編　一九九六）や、フィールドワークの経験を基礎としたアフリカ通史の試みである『地域からの世界史　九　アフリカ』（川田　一九九三ｂ）や『新書 アフリカ史』（宮本・松田編　一九九七）なども、この流れにつながる最近の成果である。それらは、いずれもディシプリンとしての人類学を一つの基盤としているが、それを超える意欲を秘めたアフリカ地域研究の胎動を伝えてもいる。

私自身の経歴を反映して、ここでは人類学に偏った視点から例をあげたが、アフリカ地域研究は、多くのディシプリン（専門領域）に開かれた開放系の学問である。しかし同時に、「アフリカの地域性」や「アフリカとは何か」という命題をめぐって超領域的な統合化を目指す学問であるといってよい。それゆえアプローチの方法は多様であるが、なによりもフィールドワークに根ざした実証的研究を重視する。地域の生活を経験し、その生態や経済、社会や政治、文化の実態にふれ、地域の現場で発見した問題を一次資料を駆使して解明する姿勢が、地域研究の基礎を支えている。こうして培われた地域への深い関わりこそ、地域研究を支える核心部であり、一つのディシプリンを超えた地域の総合理解を促す源泉である。それは、ディシプリンが前提としてきた方法や理論の一面性に気づき、欧米を中心として発達してきた近代的な学問の限界を悟る契機ともなる。地域研究は、既存の知を組み替え、新たな知のパラダイムを求める学問的な営為であるが、世界の中で、ますます周辺化を強いられているアフリカを対象とする地域研究は、より深く、この課題に自覚的であることを要請されているのである。

3　同時代を生きるアフリカへの視点

現代アフリカは、さながら、世界の諸地域で噴出しているさまざまな問題を凝縮した形で抱える大陸である。東西冷戦の終結後、アフリカの諸国家では、ＩＭＦや世界銀行の主導のもとに経済の自由化を積極的に進め、政党の多党化を基調とする政治の民主化の動きが新しい潮流となりつつある。しかし、国家経済は停滞し、国民国家の枠組みが大きく揺らぎ始め、民族紛争や地域紛争が絶えない。干ばつや飢餓が頻発し、食料生産も低迷している。環境破壊やエイズの蔓延も重大な問題である。私が調査を続けてきた村むらでは、自給的な生産を確保しつつ、外部の政治・経済的な状況にも、したたかに対応して生計を立てている。しかし、上述したような問題群とつながる兆候が生活の諸側面に潜在している。

これらの問題群は、低緯度熱帯域という生態的な特性のもとで歴史を築き上げてきたアフリカ大陸が、中緯度温帯域で形成されてきた技術・知識・価値の体系――つまり西欧型の近代文明――と折り合わず、身もだえしながら進むべき道を模索する苦悩の表現であるようにみえる。

アフリカ地域研究は、アフリカの歴史が育んできた生態・社会・文化の相互関係と動態の解明を基礎としつつ、現代アフリカが抱える諸問題の根源に切り込む姿勢を必要としている。それは、国際協力や技術協力の現場に飛び込み、地域研究そのものを鍛え上げていく方向性も含んでいるのである。

4　地域間研究の視点

「アフリカとは何か」という命題は、多角的な視点を包摂する問いかけである。この小論では、その命題が「アフリカの地域性」、つまりアフリカの地域としての個性と特性を問うことと同義であるとする視点を基本としつつ、例えば、「私（私たち）にとって、アフリカとは何か」「世界にとって、アフリカとは何か」「アフリカ自体にとって、アフリカとは何か」という問いかけなども重要であることを強調してきたといってよい。もちろん、これらの問いかけは、どのような時間の深さと、空間の広がりを前提とするかによって多彩な相貌を呈することになるだろう。

ここ数年の間に一つの流れを形成しつつある地域間比較の視点も、「アフリカとは何か」という問いかけの内容を豊かにする可能性を秘めている。京都大学東南アジア研究センターを中核とした重点領域研究（「総合的地域研究の手法の確立」）では、高谷好一を代表者とする研究班で具体的に地域間比較に取り組んできた。私も班員として参加し、特に東南アジアとアフリカの地域間比較では多くの知的刺激を得ることができた（重点領域研究「総合的地域研究」総括班編　一九九六）。松原（一九九七）も指摘しているように、この試みは手さぐりの状態で進んでいるのだが、より広い視野のもとで「アフリカの地域性」を問うことの重要性は特筆しておかなければならない。

第16章　アフリカ地域研究と国際協力
——在来農業と地域発展

1　マテンゴの在来農法と国際協力

一九九二年の五月、私たちは、タンザニアの南西域に広がるミオンボ林帯（miombo woodland）での農業の現況調査を進めていた。メンバーは同僚の荒木茂氏と私、それにソコイネ農業大学（Sokoine University of Agriculture 以下SUAと略記）のルタトラ博士（Dr. D. F. Rutatora）の三人だった。荒木氏と私は、国際協力事業団（JICA：現国際協力機構）の専門家としてSUAに派遣され、タンザニアにおける「農地の土地分級調査」に従事していた。SUAは、一九八四年にダルエスサラーム大学（University of Dar es Salaam）の農学部が独立して創設された大学であり、タンザニアの農業発展を担う唯一の高等教育研究機関である。ダルエスサラームから西へ約二〇〇キロメートル入った内陸部の町、モロゴロ（Morogoro）にある。ルタトラ博士は、ＳＵＡの農学部のスタッフであり、農業教育・普及学科に所属する研究者であった。この調査の過程で、ルブマ州（Ruvuma region）・ムビンガ県（Mbinga district）の山地帯を訪れ（口絵地図）、そこでマテンゴ（Matengo）の在来農法に出会った。この出会いが、私の研究の視点や姿勢の大きな転機となった。

ルブマ州の州都ソンゲア（Songea）を出て、車はニャサ湖（Lake Nyasa）に向かう道路を走る。そしてムビンガ県に入ったあたりで、窓外の景観は、それまでのミオンボ林が一変し、急峻な山地斜面に緑色の帯が格子状に広がる美しい畑が展開する。あるいは、蜂の巣のような穴が整然と並び、穴の周辺の畝が緑に彩られたような畑の景観であるといってもよい（口絵7）。それが、マテンゴ語でンゴロ（*ngolo*）と称される畑である。ンゴロはマテンゴ語で「穴」を意味する。英語ではマテンゴ・ピット（Matengo pit）あるいはピット・カルティベーション（pit cultivation）と呼ばれる。ここでは「掘り穴耕作」と訳しておきたい。ンゴロ農法については後に概観するが、それは土壌侵食の防止や有機肥料の確保などの多くの機能をもった在来の集約農法であるといってよい。

私は、それまで「ミオンボ林帯における自然と文化の関係」を基本的なテーマとし、西部タンザニアに住むトングウェ（Tongwe）や、北部ザンビアに住むベンバ（Bemba）などの焼畑農耕民を対象として生態人類学的な研究を続けてきた。ミオンボ林は、マメ科のジャケツイバラ亜科に属する特定の樹種群（広範な地域でミオンボと総称されている）を構成種とするウッドランド（woodland 疎開林）であり、サハラ以南のアフリカの四分の一の広さを占める植生帯である。このミオンボ林帯で、焼畑農耕という「粗放」な農業を営む人びとの調査を続けてきた私の目には、山地のミオンボ林を開墾して造成されたンゴロ畑が、別世界の景観のように見えた（口絵写真7）。ンゴロ耕作の農業生態や、それを支える経済・社会・文化の機構、その歴史的な背景を解明する総合的な研究が必要だ。私たちは、そう考えた。タンザニア人のルタトラ博士もンゴロ畑を見て、深い感動を覚えた様子だった。

　ＳＵＡ側からの強い要請もあって、当時の京都大学アフリカ地域研究センターを中心とした日本の研究者との共同研究案を練り上げることも、ＪＩＣＡ派遣の専門家としての重要な仕事であった。私たちは、「在来性」を主軸に据え、タンザニア人の研究者と地域の将来を共に考える研究を進めたいと思っていたのだが、マテンゴのンゴロ農法は、うってつけの対象であった。これまで、ベンバの焼畑耕作を対象として農学者と続けてきた学際的な調査経験も生かすことができる。こうして、ンゴロ農法を核とした在来農業に焦点を当て、「ミオンボ・ウッドランドにおける農業生態の総合研究」が立案され、一九九四年の五月から三年間、ＪＩＣＡの研究協力事業として実施された。

　この研究協力では多くの成果が得られたが、最大の成果は、在来の資源や農業技術、知識、あるいは知恵について深く学び、それらを基礎とした地域発展の道を探ることの重要性が、タンザニア人と日本人の共同研究を通して確認されたことであろう（JICA 1998）。そして、それらの成果を基盤にして、ＪＩＣＡのプロジェクト方式技術協力によりＳＵＡに地域開発センター（SUA Centre for Sustainable Rural Development）を設置し、在来性のもつポテンシャルに根ざした内発的な発展、あるいはアフリカ的発展の可能性を求める実践的な活動が、一九九九年の五月から五年計画で始まった。

　この小論では、私自身の個人史を背景としつつ、本格的な国際協力の起点となった研究協力の内容を総括し、また「ＳＵＡ地域開発センター」プロジェクトの概要について述べ、アフリカ地域研究と国際協力との関係について考察を試みたい。

2　個人史と国際協力

私のアフリカ研究は、一九七一年にタンザニアの西部に住むトングウェの調査から始まった。それから二〇年あまり経過して、私はタンザニアに舞い戻り、国際協力への道を歩みだした。地域研究について強く意識し始めたのも、そのころであった。その契機となったのは、トングウェやベンバなど、長くつきあってきた人びとの生活の急激な変化だった。村や民族レベルの生活は、国家や世界的なレベルの政治・経済の動向と連動し、大きく変貌していった。自然のなかに埋もれるようにして暮らすトングウェや、ミオンボ林を巧みに使いこなした独特の焼畑農耕に生活の基盤をおくベンバへの深い共感が、私のアフリカ研究を支えてきたのだが、その根底が大きく揺らぎ始めたのである。それは、「世界の中のアフリカ」や「同時代を生きるアフリカ」を、しっかりと把握しうる総合的な地域研究の必要性を痛感させる経験であった（掛谷　一九九九ａ）。

現代アフリカは、停滞する経済、食料問題や環境問題、民族紛争や国民国家の動揺、エイズの蔓延など、多くの困難な問題を抱えている。奥地の村むらでの生活も、このような問題群と無関係ではありえない。村や民族社会の変容を追跡しつつ、私は、現代アフリカが抱える諸問題の解決にも貢献しうる研究のアプローチについて考え始めていた。それは、「問題群としての地域」（海田　一九九三）という視点をもち、より実践的に地域固有の問題群にアプローチする方法であるといってもよい。そして、「同時代を生きるアフリカ」を深く多面的に捉えるために、地域発展への実践的な関与を通して地域理解を試みたいと考え、具体的な国際協力の道を模索し始めた。

このような国際協力の道を選択した個人的な背景として、川喜田二郎先生との出会いについても述べておかなければならない。私は一九七九年から一九八六年まで筑波大学の環境科学研究科に所属していたが、その赴任時から三年半、川喜田先生とは同じ文化生態学研究室のスタッフとして、ともに調査プロジェクトを進め、議論し、大学院生を指導してきた。その過程で、川喜田流の野外科学や国際技術協力の思想と方法について、多くのことを学ばせていただいた。実際に、ＳＵＡとの研究協力や「ＳＵＡ地域開発センター」プロジェクトを進める折々に、そのときの経験が生きていることを実感した。

3　在来農業の総合的研究――ＪＩＣＡ研究協力

研究の目的と構成

ＪＩＣＡの研究協力事業として一九九四年から始まった「ミオンボ・ウッドランドにおける農業生態の総合研究」は、ＳＵＡの農学部との共同研究であり、日本側は高村泰雄先生を代表者とし、京都大学のアフリカ地域研究センターと農学部の教官が中心的なメンバーとなって進められた。前にも述べたように、この研究協力は、ルブマ州・ムビンガ県に住むマテンゴの社会を対象とし、ンゴロ農法を核とした在来農業の特性を学際的な共同研究によって解明することを目的としていた。これまでにも数人の研究者が、ンゴロ農法について報告しているが

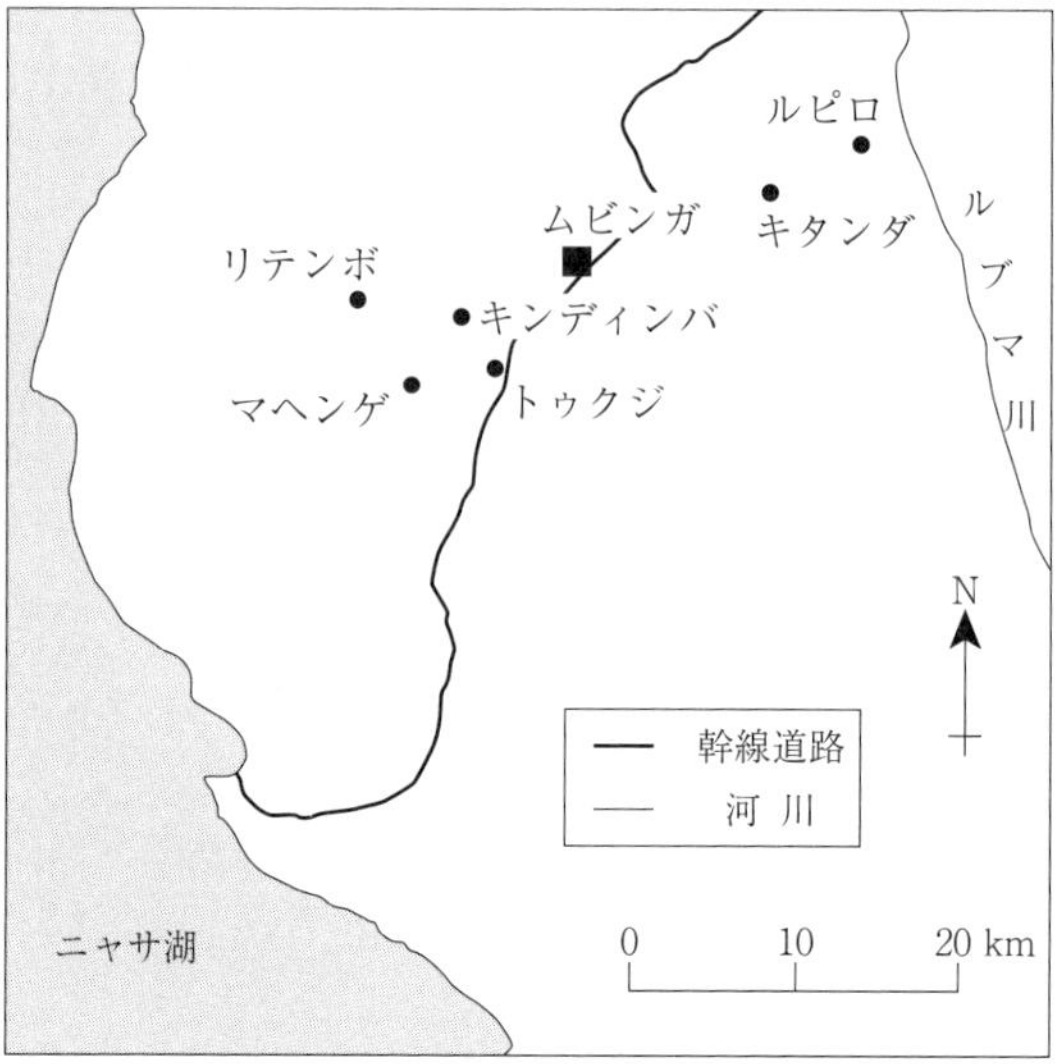

図16-1　マテンゴ高地での調査地

(Pike 1938, Allan 1965, Basehart 1972, Schmied 1988)、その総合的な調査はこの研究を嚆矢《こうし》とするといってよい。

マテンゴの居住域は、海抜九〇〇～二〇〇〇メートルの起伏に富んだ地形を呈しており、マテンゴ高地と通称されている。この高地に分布するマテンゴの村は、大きく二つの地域に分けることができる。一つは、標高が一三〇〇メートル以上の山地帯に分布する旧村地域であり、もう一つは一三〇〇メートル以下の丘陵地帯に分布する開拓村、あるいは新村地域である。特に一九六〇年以降、人口増加や土地不足が主な要因となり、山地帯から丘陵地帯への移住が進んだ。山地帯と丘陵地帯のそれぞれで数ヵ村を選び（図16-1、図16-2）、実験タイプの調査（土壌侵食試験、圃場実験、焼畑実験など）と、基礎的な自然環境の調査（気象観測、地形・土壌の構造調査、植生調査）、村単位の社会経済に関するケーススタディ、および後に詳述するがマテンゴ社会の重要な社会生態的な単位となる「ンタンボ(*ntambo*)」の総合調査を組み合わせ、それらの統合を

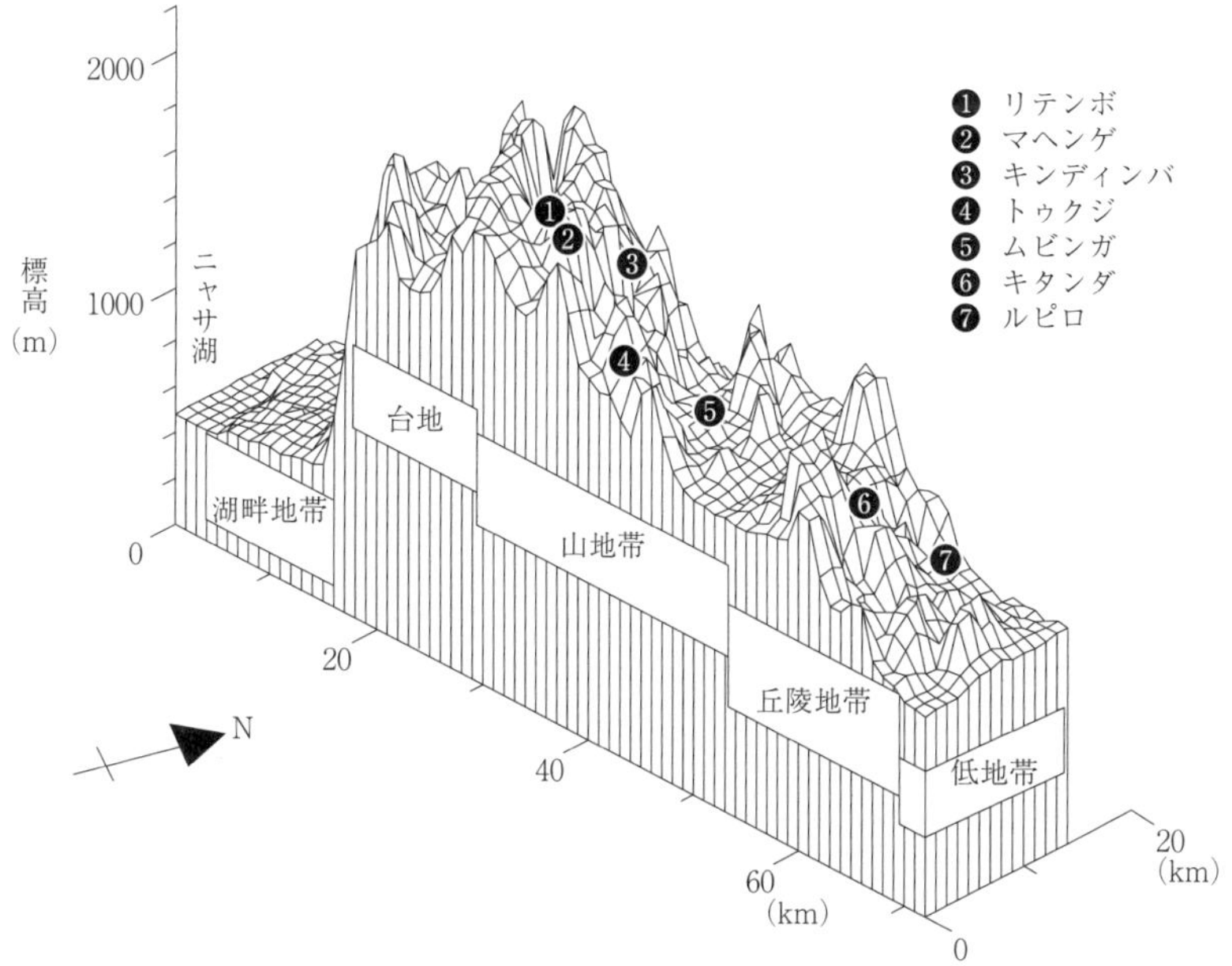

図16-2　調査地の断面図
（原図（JICA　1998：41））

目指した。その調査の構図は図16-3のように整理できる。この研究の成果は英文の報告としてまとめたが（JICA 1998）、ここでは、ンゴロ農法の特性と、新しい「ソコイネ農業大学地域開発センター」プロジェクトにつながる部分に焦点を合わせて整理しておきたい。

ンゴロ農法の概要と歴史的背景

ンゴロ農法は、山地斜面の草地を耕地に変える農法である。開墾は、山腹のミオンボ林や山地林を伐採して焼畑耕地として利用することから始まる。数年間はシコクビエを耕作し、そのあとの草地をンゴロ畑にして、インゲンマメやトウモロコシを栽培するのが標準的なやりかたである。この地域は、一一月から四月まで続く雨季と、五月から一〇月までの乾季に明瞭に分かれる。年間の降雨量は一

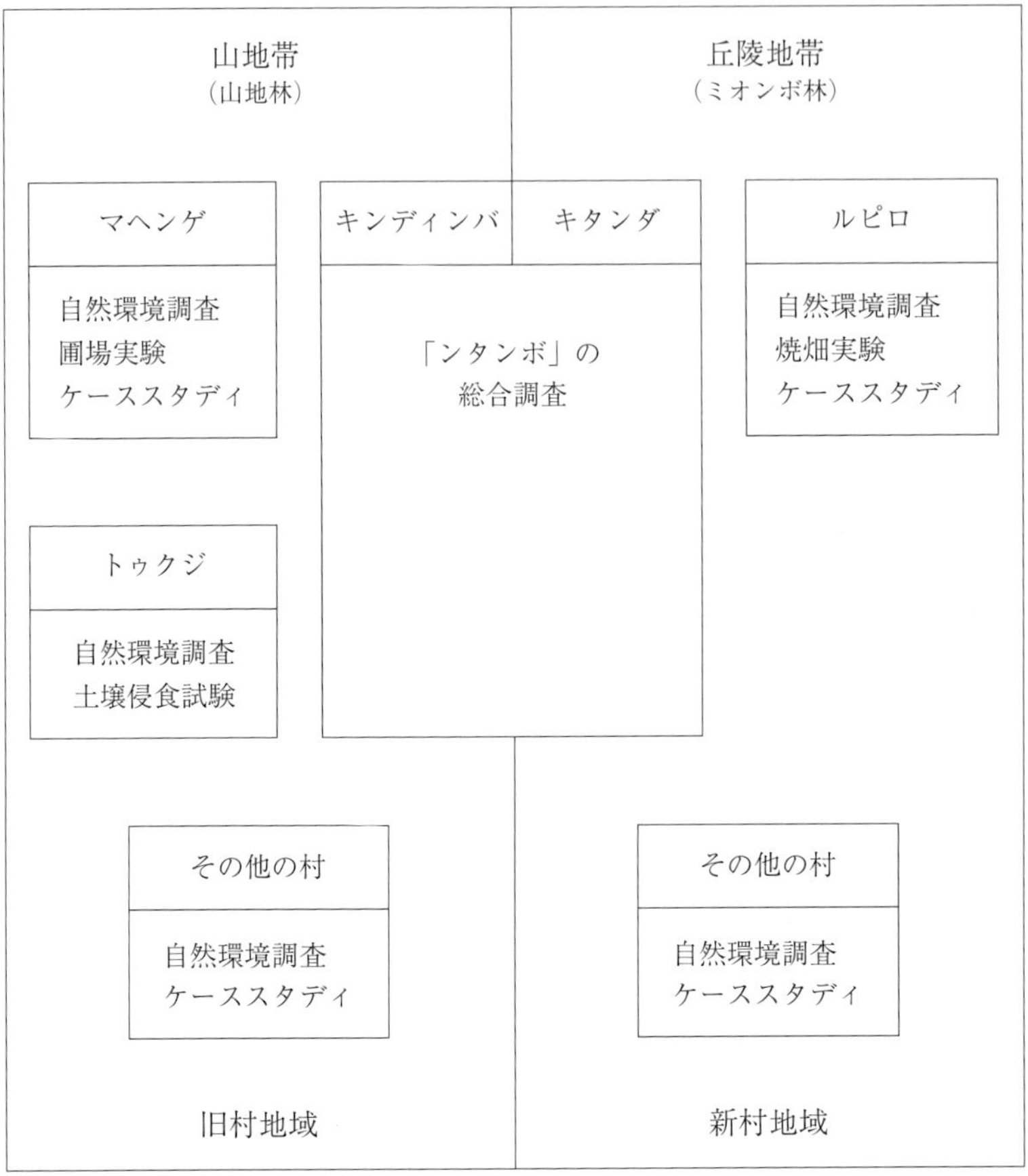

図 16-3　マテンゴ調査の構図

二〇〇ミリ程度である。雨季が終わりに近づいた三月、男たちは繁茂する雑草や前年の作物残渣を刈り取り、二週間ほど乾燥させ、その干し草を束にして格子状に並べる。その後、女たちが格子の間の土を鍬で掘り起こし草束の上にかぶせる。この畝上にインゲンマメをまき、軽く覆土する。こうして掘り穴と格子状の畝ができあがる。インゲンマメは六月から七月にかけて収穫し、ンゴロ畑は雨季の直前まで放置される。一一月に畝にトウモロコシをまき、翌年の七月頃に収穫した後は、その翌年の三月まで休耕させる。そして三月に、畝と穴の部分を交替させて、再びンゴロを造成する。ンゴロ農法は、短期の草地休閑を組み込み、二年サイクルの輪作システムをとっている。

雨季に集中して雨が降る山地で、土壌侵食を防止し、また有機肥料を確保するなどの機能をもったンゴロ農法が練り上げられてきたのだが、それはマテンゴの民族形成史と深く関わっている。マテンゴは、異なった地域から移住してきた人びとが混住して形成された民族であり、小集団が分散して居住していた可能性が高い。しかし、マテンゴ社会は一九世紀の中頃から大きく変容する。好戦的な民族のンゴニ（Ngoni）が南部アフリカから北上し、ソンゲア地方に侵攻してきたのである。このンゴニの侵略から逃れるために、マテンゴは現在のリテンボ（Litembo）を中心とした急峻な山地に退避し、限定された山域内に多くの人びとが集住することを余儀なくされた。そのような生活条件が、集約的なンゴロ農法を生み出し、発達させてきたと考えられる（Basehart 1972, 1973; Ndunguru 1972; Schmied 1988）。

一九世紀末にはドイツによる植民地化がはじまり、後に英国の植民地へとつながっていくのだが、このころからマテンゴの人びとはリテンボ周辺域から他地域へと移住していく。山地帯での中心的な調査地となったキンディンバ（Kindimba）は、一九〇〇年前後に人びとが移住して形成した村である。一九二〇年代の後半にはコーヒー栽培が導入され、重要な換金作物として、その栽培が普及していく。また移住の流れは、上述したように、一九六〇年頃から丘陵地帯へと広がっていく。もう一つの主要な調査地のキタンダ（Kitanda）は、その頃に形成され始めた村である。

標高が一三〇〇メートル以下の丘陵地帯はミオンボ林帯であるといってよい。しかし山地帯の旧村地域で、残存する自然木を同定し、ごく一部に残っている山地林の植物相の調査も試みた結果、旧村地域の原植生は、亜高山性の山地林であるとの結論に達した。つまり、ンゴロ農法は亜高山性の山地林を起源地とし、後にミオンボ林帯に広がっていった可能性が高い。

ンゴロ農法の農業生態

これまでに強調したように、ンゴロ農法の重要な機能の一つは土壌侵食の抑制である。畝と穴によって細かく斜面が区切られ、降雨時にンゴロ畑の表面を流れる水は分散し、侵食の営力にはなりにくい。激しい降雨のときには、穴の部分は一時的に表面水を溜め、土壌中への水の浸透を助ける。また穴の部分は、畝の表土が流亡しても、それを受けとめる土砂溜めとして機能する。

この共同研究ではトゥクジ（Tukuzi）に実験サイトを設け、裸地区・横畝区・ンゴロ区に分けて侵食試験を実施した。そしてたとえば、雨季全体の侵食による土壌損失量の測定で、ンゴロ区が圧倒的に侵食を抑制することが明らかになった。また、土中に埋設された干し草や作物残渣が、暗渠として優れた排水機能を果たし、豪雨時にも畝の決壊を防止している可能性が高いことが、実験によって確かめられた。

このような土壌侵食の抑制機能の他に、埋設された雑草や作物残渣が有機肥料となる肥沃度維持機能も重要である。また、二年ごとのンゴロ耕作によって下層土に有機物が混和されて作土となるなど、「土造り」の機能もある。ンゴロを造成するときの覆土が、雑草抑制の機能を果たす。ンゴロは多くの機能を統合した農法なのである。

ンゴロ農法は、適切な休閑期間を保持すれば長期にわたって肥沃度が保持されるのだが、たとえば山地帯では土地不足もあって休閑期間が短くなり、肥沃度の低下が進行しつつある。このようにンゴロ農法も、現代的な状況の中で歪みを抱え込みつつあることも事実である。また、ンゴロ農法は明確な性的分業を基礎としており、特に女性の労働に強く依存している側面が指摘できる。社会的な持続性という点で、将来的には大きな課題となるかもしれない。

ンゴロをめぐる社会生態――ンタンボ研究

山地帯の旧村で一〇〇年以上の歴史をもつキンディンバ村と、丘陵地帯の新村（開拓村）で一九六〇年代に人びとが移住して創設したキタンダ村は、それぞれ独立した行政村であり、総合的な調査の拠点となった村である。一九八八年のセンサスによれば、キンディンバの人口は三〇八一人（男が一四七九人、女が一六〇二人）、キタンダの人口は三六〇九人（男が一八四七人、女が一七六二人）であった。それぞれの村は、いくつかの村区に分かれている。キンディンバは七村区、キタンダは四村区で構成されている。たとえばキンディンバの場合、一つの村区は、おおよそ一つの大きな山に対応し、地形的な条件と重なった単位であるといってよい。

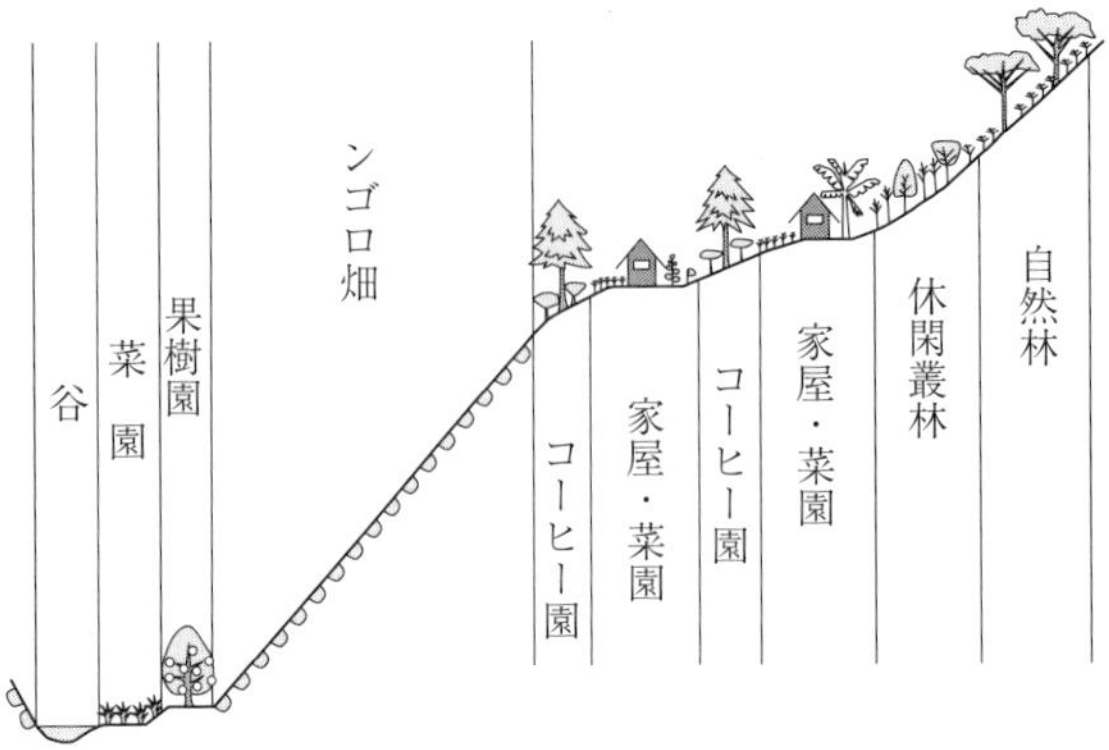

図 16-4　原型的なンタンボの土地利用
（原図（JICA　1998：257））

しかし村人は山地に散開して居住して、コーヒー畑とンゴロ畑を耕作している。その散開性ゆえに、土地の利用・所有や社会の単位が不分明であったのだが、長老にインタビューして親族の系譜調査を試み、村人とともに山を歩いて地形や畑地などについての民俗概念の調査を進めた結果、「ンタンボ」という地形的な単位の重要性が浮かび上がってきた。ＳＵＡのスタッフとも議論し、何度も村人に尋ねて、それが基本的な土地の利用と保有の単位であるという結論にたどりついた。

ンタンボは、川の支流などで区切られた山腹であり、「ひと尾根」とでも表現できる地形単位である。一つの拡大家族が開墾時に占有する土地であり、時間の経過とともに、土地所有の社会単位は小親族集団へと発展していく。そしてンタンボ内の人口が増加すると、その一部の成員は新たなンタンボを求めて移住していく。

原型的なンタンボは、中腹部の平坦地に家屋と菜園・コーヒー園が位置し、斜面には一面のンゴロ畑が広がり、谷底部に小規模な菜園や果樹園が散在する。ンタンボの一部にはブッシュが生えた休閑地があり、山頂部には自然林が残る（図16-4）。ンゴロ畑は、このようなンタンボの一部を占めることによって存続してきたのである。

キンディンバは七村区、四三のンタンボで構成された村である。キタンダは四村区、二〇のンタンボから成る。ンタンボの景観は、地形・地質などの自然条件、開墾以降の歴史的な深度、社会関係の特質に対応して、さまざまなバラエティを示す。マテンゴ社会は、このような「ンタンボ」の集合体であり、その調査に焦点を合わせることによって統合的な学際研究が一気に進んだ。

こうした研究の集積によって、ムビンガ地方のマテンゴ型在来農業は、その伝統に深く根ざした「ンタンボ」に着目し、その利用と保全の水準を向上させる方向で改良する道が最適であるとの見通しを得た。

現場主義による地域農村の実態把握

この研究協力では、地域農村の実態を多角的に把握することに基礎をおいて調査を進めてきた。その方法の根幹は現場主義にある。それは、地域農村に入り込み、歩きまわり、農民と付き合い、農村の内側からさまざまな問題を理解する努力を必要としている。私たちはＳＵＡのスタッフとともにマテンゴの村に滞在し、山地を登り降りしながら、土地利用・植生・ンゴロ畑の作付け状況などを観察して記録し、農民からの聞き取り調査を重ねた。それは、現場で問題を発見し、地域の自然・経済・社会・文化の相互関係に留意しながら問題解決の道を探る、現場主義の方法を共有化するプロセスであった。

こうした研究の進展は、一方で、多くの村人が直接的に、あるいは間接的に調査に参与する度合いが深まっていく過程でもあり、研究の成果を現地に還元していくことへの責務を強く自覚させられる過程であった。

この研究協力の成果を活かし、より実践的な活動に踏み込みながら、SUA側の協力継続への強い要望にこたえていく必要がある。このような認識のもとに、SUAのスタッフとも協議をすすめ、「SUA地域開発センター」構想を練り上げたのである。

4　在来性のポテンシャルと地域発展——JICAプロジェクト方式技術協力

一九九九年五月に、「SUA地域開発センター」プロジェクトが始まった。このプロジェクトは、SUAに地域開発センターを設置し、二つのモデル地区での活動を通して、持続可能な地域開発の手法（SUAメソッド）を発展させることを目的としている。対象となるモデル地区は、ムビンガ県のマテンゴ高地とモロゴロ地方県（Morogoro Rural）のウルグル山塊（Uluguru Mountains）である（口絵地図）。マテンゴ高地は研究協力時の対象地区である。もう一つのモデル地区にウルグル山塊を選んだのは、マテンゴ高地との山地という特性を媒介とした比較と、SUAの地元への貢献が重視されたためである。

SUAメソッドは、三年間にわたる研究協力の過程で共有化されてきた方法である。それは上述したように、現場主義による地域農村の実態把握に基盤を置いている。まず何よりも、大学の研究者が地域の現場へ出かけることが基本である。そして、学際的なアプローチによって地域の実態を把握し、住民の参加も得ながら、在来性のポテンシャルを踏まえた地域の発展計画を構想し、実践する。このSUAメソッドは、マニュアル化した調査・実践に還元できるものではなく、地域特性の深い理解に根をおろした洞察力や思考力にも支えられている。

SUAメソッドは、「やりながら考える」ことを重視し、各段階での結果をフィードバックしながら経験を蓄積していく手法でもある。それゆえ、二つのモデル地域での活動経験を検証し、フィードバックによる改良を加え、理論的な検討を深めつつ、さらに練りあげていかなければならない。

このプロジェクトは五年計画ですすめる予定であり、二つのモデル地区では、以下のプロセスで活動が進むことになる。（1）地域の実態把握調査。（2）キーとなる問題群とポテンシャルの把握、およびプライオリティの確定。（3）パイロットプロジェクト計画の策定。（4）パイロットプロジェクトの実践。（5）経過と結果のモニタリングと評価。

現在、このプロジェクトの一つのモデル地区であるムビンガ県では、研究協力の成果を踏まえつつ、キーとなる問題群とポテンシャルの把握に向けて実態把握が進んでいる。村レベルでは、農民の協力を得て、在来のンゴロ農法の小規模な改良実験や、それらをめぐる諸問題についての農民のワークショップを実施するなど、より深い実態把握の努力が試みられている。また、ディストリクト・レベルと、どのような関係をつくり、あるいは保ちながら、村レベルでの活動を積み上げていくかについて現況を把握し、討議を通じて協力体制を構築していくことも重要な課題として取り組んでいる。

モロゴロ地方県・ウルグル山塊では、長期専門家や短期専門家が地域の実態把握の前段階として、広域の予備調査を進めてきた。その過程で、地域の重要な特徴が明らかになってきた。ウルグル山塊では、農業を指標とすれば、モロゴロの町に隣接し果物栽培などが目だつ北部斜面域、テラス畑による野菜生産が中心の西斜面域、熱帯果樹やキャッサバ・トウモロコシ・イネを生産する東斜面域に分けることができるなど、地域内での多様性が顕著である。また小規模ではあるが換金作物の生産指向が強い。このようなウルグル山塊域で、どのような在来性に着目し、地域開発のモデル村落域を選定するかはプロジェクトの根幹に関わる課題である。

文献調査なども踏まえると、一九世紀初頭に南部アフリカからのンゴニの侵略などに対応してウルグル山塊への民族移動が加速し、また中期以降に発展するアラブ交易ルートの中継地の一つとしての位置をモロゴロの町が占め、そこへの食料供給のために道路網や市場が発達してきた歴史や、それ以降の植民地政策などの反映を、ウルグル山塊に住む人びとの生活の中に読みとることができる（Young and Fosbrooke 1960; Beidelman 1967; Temple 1972; Maack 1996）。ンゴニの侵略を避けて山地に入り、ンゴロ農法を発達させ、植民地期にはコーヒー栽培を導入したマテンゴとは対照的な生活が展開してきたようにも見える。都市の影響という視点から、マテンゴ高地を「閉鎖系の社会経済圏」、ウルグル山境を「開放系の社会経済圏」と位置づけて比較検討していくこと（短期専門家の池野旬氏の提言）も大きな可能性を秘めている。マテンゴ高地とウルグル山塊では、たとえば風化や侵食の歴史的な深度の違いがあり、そのような地形・地質などの自然条件と人びとの生活との累積的な相互関係も検討しつつ地域特性の把握を深め、ＳＵＡメソッドを練り上げていくことができるフィールドの選定が極めて重要な段階にある。

5　若干の考察

川喜田は、文化人類学と国際技術協力との関係について、「技術協力のような真剣勝負を通じてしか見抜けなかった現実、そこから学んで文化人類学を理論的に建て直そうではないか」（川喜田　一九八九：八八頁）といった発想も必要だと論じている。アフリカ地域研究は、その地域特性の総合的な把握を目指す基礎研究を積みあげていかなければならないが、一方で、国際協力のような実践的な調査・研究によって地域理解を深める努力も必要としているのではないだろうか。基礎研究者と実践的な調査・活動に挑む研究者との間で、緊張感のある対話や交流を深めることが、新しい地域研究の地平を切り開いていくことにつながるかもしれない。

一九六八年に今西錦司は、京都大学アフリカ学術調査隊報告の中で『アフリカ研究序説』を書いている。そこで今西は、アフリカを舞台とした人類社会の発達史、ないしは進化史の復元への構想を、のびやかな筆致で描いている。しかし、その最後の部分で「人類学者もいままでどおりの後向きの姿勢で、遅れた面を研究するというだけでは、いつしめだしをくわないともかぎらない」と述べている。そして「その国の政府なり、国民一般なりの前向き姿勢を十分に理解し、その動向に同調しながら、われわれもまた前向き姿勢の研究をはじめるときが、遠からずやってくることを、わたくしは願ってやまない」。それが「アフリカとアフリカ人のためのアフリカ研究になることを期待するからである」（今西　一九六八：二六頁）と論じた。私も二〇年あまりのアフリカ研究を経験した後に、私なりに「前向きの姿勢」でアフリカとつきあっていく必要性を痛感した。その帰結のひとつが、国際協力への歩みであった。

第17章　アフリカ的発展とアフリカ型農村開発への視点とアプローチ

1　農村開発に挑む

本書[1]は、基礎的なアフリカ地域研究と、農村開発に挑んだ実践経験を統合した研究の成果である。私たちは、「地域研究を基盤としたアフリカ型農村開発に関する総合的研究」というテーマを掲げて、二〇〇四年度から二〇〇八年度まで共同研究に取り組んできた。タンザニアとザンビアの農村地域の生活に深くコミットして、それぞれの地域発展の実態を解明する地域研究と連携しつつ、地域がもつ潜在力に根ざした「アフリカ型農村開発」の実践の可能性を追求してきたのである。

　私自身は一九七一年にはじめてタンザニアの地に赴き、焼畑農耕民トングウェの調査を始めた。その当時のアフリカ諸国は、一九六〇年代の独立期を経て、経済発展や国民国家の確立に向けて動き出しており、アジア・ラテンアメリカの諸国とともに第三世界を構成し、開発途上国として共通の問題を抱えつつ、新しい世界秩序の形成を担う地域として認識されていたといってよい。それから四〇年近くが経過した今日、アフリカ（ここではサハラ以南のアフリカ）の諸地域は、アジアやラテンアメリカの諸地域と比較したとき、経済の停滞や低開発の状況が際だっており、とりわけ農業生産の停滞が目立つ地域として位置づけられている（川端　一九八七、平野　二〇〇二）。それを「アフリカ的停滞」と表現することもできる。アフリカのミオンボ林（乾燥疎開林）帯に住む焼畑農耕民トングウェの調査を通じ、自然の中に埋もれるようにして、つつましく生きる人びとに魅せられた私は、「アフリカ的停滞」を負のイメージのみで捉える見解に抵抗感をもっていた。しかし、世界の政治・経済の大きな流れに翻弄され、生活が大きく変容し、貧困や干ばつ・飢餓、砂漠化や森林破壊、国内紛争や国家の崩壊などの困難な問題を抱える現代アフリカの一面にも無関心ではいられない。私は、「アフリカ的停滞」という地域特性の多面的な理解を踏まえつつ、後に詳述するが、「アフリカ的発展」を推し進める「アフリカ型農村開発」に挑む必要があると考えたのである。それは私にとって、アフリカとの長い付き合いが促した課題であった。

　この章では、東南アジアなどの他地域との比較も念頭におき、「アフリカ的な停滞・発展」と「アフリカ型農村開発」へのアプローチの大枠について、これまでの私の研究を総括しつつ検討しておきたい（口絵地図）。(2)

2　トングウェの生計経済

最小生計努力と平均化の傾向

私の最初の研究対象となったトングウェは、タンガニイカ湖の湖岸部から、その後背部に連なるマハレ山塊に住む人びとで、その民族の形成史を考えると、山住みのトングウェが主流であったと思われる。トングウェの居住域の植生は、ミオンボ林と、その中を縫うようにして流れる河川沿いに発達した河辺林から成る。ミオンボ林は、ジャケツイバラ亜科（マメ科）の樹種で構成された疎開林であり、アフリカを代表する植生帯の一つである。トングウェは、一九七一年当時、せいぜい二〜一〇戸、人口にして五〜三〇人が、小さな集落をつくり、そのような小集落が距離をへだてて広大なミオンボ林帯に点在していた。隣の集落まで、歩いて優に一日はかかるという例もまれではなかった。トングウェ・ランドは、一平方キロメートル当たり一人以下の低い人口密度の地域であった。トングウェは、ミオンボ林帯にある集落を拠点としつつ、トウモロコシやキャッサバを主作物とする焼畑農耕、先込め銃や罠による狩猟、湖や川での漁撈、蜂蜜採集など、強く自然に依存した生計を営んでいた。

私はトングウェの居住域を、湖岸地帯、中高度地帯、山地帯の三つの地域に類型化し、各地域の村に小さな家を建て、定期的に村を訪れて調査を進めた。そして、それらの村の生活を比較検討して、彼らの生計経済は、「最小生計努力」の傾向性と、「食物の平均化」の傾向性に支えられていると結論づけた。

トングウェの日々の生活は、例えば副食でいえば、湖岸地帯では湖の魚、中高度地帯では川の中流で獲れる川魚、山地帯では中型・小型のアンテロープ類を中心とした獣の肉に強く依存していた。畑での主食作物の生産は、集落単位でみると、住民の推定年間消費量ぎりぎり程度の収量を保持していた。それらは「身近な環境において、できるだけ少ない努力で、安定した食物を確保しようとする傾向性」、つまり「最小生計努力」の傾向性を示していた。

このように食料生産は自給を基本としていたのであるが、その食糧は、村を訪れる客人にも振る舞われた。トングウェは、洗練されたホスピタリティの文化を保持してきたのである。ある山村で調査した結果、客人に提供される食物は、集落での全食物消費量の四〇パーセント近くに達するが、ほぼそれに見合う量の食物を、村人は他の村で食べていたのである。こうして、平常時の食物の生産と消費には、微妙なバランスが保たれていたが、そのバランスが崩れ、食物が欠乏した集落の人びとは、近隣の集落へ行き、食物を分けてもらう。このような相互扶助の慣行が、村生活の存続の根底にあった。こうして、いわば、食物は常に各集落間を流動して平均化する傾向をもつことが明らかになった。

「最小生計努力の傾向性」と「食物の平均化の傾向性」は、相互にそれぞれを前提とするように、密接に関係していた。そして、この生活原理を背後で支えていたのが、祖霊や精霊、それに「妬み」や「恨み」に起因する呪いへの恐れであった（掛谷　一九七四、一九八六ａ）。

私は、ミオンボ林帯における人と自然の関係を、いわば経済的な下部構造の調査を積み上げていく生態人類学的なアプローチで解明するつもりであったが、そのようなアプローチからあぶり出されるようにして、彼らの精神世界を理解することの重要性に思い至った。そして、その精神世界の要の位置を占めると思われた呪医に入門し、その修行や、仲間の呪医から病などの治療について学ぶ過程で、改めて精霊や祖霊、人を呪う邪術者の存在が、人びとの生計経済の原理に深く関わっていることを実感した（掛谷　一九七七a、一九七七b、一九八四）（第二巻口絵写真）。

3　変容するベンバの生活

平準化機構の相反する機能

一九八〇年代に入って、私は、トングウェ社会との比較を意図して、ザンビア北部の高原状のミオンボ林帯に住み、チテメネ・システムと呼ばれる特異な焼畑耕作を営むベンバの調査を始めた。トングウェもベンバも、同じくミオンボ林帯に住む焼畑農耕民であったが、トングウェ社会は父系制の親族集団のゆるやかな連合体であり、政治的な統合の弱い社会であった。しかしベンバは母系制の社会であり、一九世紀後半にはチティムクルと呼ばれるパラマウント・チーフを擁する強大な王国を形成していた。

かつて強大な王国を形成したベンバではあるが、村レベルでは、トングウェとも共通する生活原理が働いていた。ベンバはミオンボ林を利用した、チテメネ・システムと呼ばれるユニークな焼畑耕作に従事していた。五月から始まる乾季の間に、男たちはミオンボ林の木に登り、斧一本ですべての枝葉を切り落とす。女たちは、一ヵ月ほど放置して乾燥させた枝葉を伐採域の中心部に運んで積み上げる。ほぼ耕地の六倍ほどの伐採域から、枯れた枝葉を集めるのである。一〇月に入り、雨季が到来する直前に火を放って焼畑を造成する（口絵写真2）。アフリカ起源の穀物であるシコクビエ栽培を根幹としつつ、キャッサバやインゲンマメ・ササゲ・ウリ・カボチャ・トマトなどを混作し、ラッカセイ栽培などを含めた輪作を組み合わせて、四～五年間は作付けする。しかし毎年、新しいチテメネ耕地を切り拓く。週末などには、村人の多くが集団の網猟にでかけ、中型のアンテロープなどを狩り、乾季の終わりには川で魚毒漁を試みる。雨季の始まりの頃には、大好物のイモムシ採取に熱中する。西方のバングウェウル・スワンプから行商人が運んでくる乾燥魚も、重要な副食品である。

チテメネとミオンボ林の恵みに依存したベンバの暮らしは、社会的な平準化機構によっても維持されてきた。それは、例えば食糧を多く「もつ者」が「もたざる者」に分け与えるという原則が社会化されたメカニズムである。この平準化機構は、直接的な相互扶助による食物の分与のほかに、特に女性世帯主がつくるシコクビエ酒の売買をめぐる社会経済システムが要の位置を占めていた。青壮年の世帯では大きなチテメネをつくり、男たちは余剰のシコクビエをスワンプ地帯の漁師の村に運び、乾燥した魚と交換し、その乾燥魚を売って現金を得る行商に励む。そして、青壮年の男たちは、女性世帯主が醸造したシコクビエの酒を、他の村人への振る舞い酒を含めて、行商で稼いだお金で購入する。こうして得たお金で女性世帯主は男を雇い、樹木の伐採作業を依頼し、自らのチテメネ耕地を確保するのである。女性世帯主は共同飲酒用のシコクビエ酒もつくり、村人に無料で提供する。自給指向のチテメネ耕作を基盤とし、また、妻方居住と母系制の矛盾などのため、夫のいない女性世帯も多い村で、すべての住民が、ほどほどに暮らしていける生活を平準化機構は支えていたのである（Kakeya & Sugiyama 1985, 掛谷・杉山　一九八七）。

しかし、一九八〇年代半ばに、ザンビア政府の農業政策の転換にともなって、化学肥料を投入して商品作物のトウモロコシを栽培するファーム耕作が調査地に急速に普及し始めた。ここでも平準化機構が重要な働きをしていた。平準化機構は、平常時には人びとの突出を押さえ、変化を抑制する機能をもつ。しかし、村内部の変化の動きに政策などの外因が同調したときには、一部の先駆者あるいは「変わり者」が始めた新しい農法（この場合にはファーム耕作）などのイノベーションを急速に村内に広め、促進するようにも働くのである（Kakeya & Sugiyama 1987, 掛谷　一九八六b、一九九四b、一九九六）。

4　エキステンシブな生活様式と内的フロンティア世界

エキステンシブな生活様式

トングウェとベンバの研究の結果から、それまで焼畑農業を粗放農業と位置づけ、集約農業と対比させ、農業発展の段階の相違に結びつけて理解されてきた生活を、エキステンシブな生活様式（非集約的な生活様式）として捉え、インテンシブな生活様式との比較考察を試みた（表17-1）。インテンシブな生活様式、あるいは集約的な生活様式は、西欧諸国の集約農業を基盤とした生活をモデルとして想定している（掛谷　一九九八）。

トングウェやベンバの焼畑耕作は、広大なミオンボ林と低人口密度のもとで、畑地の移動と植生の更新による地力の回復を基礎にし、広く薄く環境を利用する農法である。それは狩猟・漁撈・採集ともセットをなし、自然利用のジェネラリストの特徴をもつ。村を単位とした生計経済は自給のレベルを大きく越えることはなく、分配

表 17-1　2つの生活様式

非集約的生活様式（エキステンシブな生活様式）	集約的生活様式（インテンシブな生活様式）
非集約的農業（エキステンシブな農耕）	集約的農業（インテンシブな農耕）
低人口密度型農耕	高人口密度型農耕
「労働生産性」型農耕	「土地生産性」型農耕
多作物型	単作型
移動的	定着的
共有的（総有的）	私有的
自然利用のジェネラリスト（農耕への特化が弱い）	自然利用のスペシャリスト（農耕への特化が強い）
安定性	拡大性
最小生計努力（過少生産）	最大生計努力（過剰生産）
平均化・レベリング	差異化
遠心的	求心的
分節的	集権的

や相互扶助を組み込み、妬みや恨みへの恐れを背景としつつ、平準化機構が働いて世帯間の経済的な差異を最小化する傾向性をもつ。その社会は、人びとの移動や移住を常態とし、遠心的な分散と分節化に向かう動態を内包しつつ維持されてきた。エキステンシブ（非集約的）な生活様式は、このような生態・社会・文化の複合体である。

内的フロンティア世界

伝承によると、トングウェ社会は一五〇〇～二〇〇〇年以前に多地域から諸民族が移住し、混住して形成された。そして、各民族の子孫は小規模なクランとなり、ムワミと呼ばれる長をもち、親族集団のゆるやかな連合体として存続してきたのである。ベンバの伝承によれば、祖先はコンゴ河の上流域で栄えていたルバ帝国の後裔であり、彼らが一七世紀頃に現在の地に移住してきたという。そして、一九世紀の後半には、南部アフリカから侵攻してきたンゴニへの対抗や、インド洋岸のアラブやスワヒリとの長距離交易などを媒介として、広大な領土からなる王国を形成した。ベンバ王国は、村レベルの生計経済と、長距離交易などによる威信経済とが併存する社会であった。いずれの民族社会も、せいぜい一五〇～二〇〇年ほど前に、さまざまな理由によって異域に住む民族、あるいは民族群が現在の地に移住して形成されたと推定できる。そして、このような民族形成の特性は、サハラ以南の多くの民族社会に共通していると考えられるのである。

内陸アフリカは、熱帯多雨林・疎開林・サバンナ・半砂漠と多様で広大な植生帯からなる。そして、低人口密度という条件も加わり、狩猟採集や牧畜、焼畑農耕などの移動性を属性の一つとしてもつ生業によって、多くの民族が暮らしを立ててきた。それらの民族社会は、基層部にエキステンシブな生活様式の特徴をもち、「分離原理と共存した集中原理で、全体がゆるやかに結ばれる、流動的な社会」（富川　一九七一：一一四頁）であり、「ある条件下では集中し統合するが、許される限りは、分散の原理を通して安定しようとする社会である」（富川　一九七一：一〇八頁）。そして、それらの社会の外縁部にはフロンティア、つまり人口の希薄地帯や政治的な空白地帯がひろがっていた。あるいは、そのようなフロンティアの存在が、エキステンシブな生活様式を温存させ、流動的な社会を再生産し続けてきたのである。その意味で、内陸部のアフリカは、内にひろがるフロンティアを前提とした世界であり、内的フロンティア世界であったといえる（掛谷　一九九四a、一九九九a、一九九九b）。

内的フロンティア世界という概念は、コピトフ（Kopytoff 1987）による先行研究から多くの示唆を得るとともに、東南アジア研究者との地域間比較の研究を通じて次第に明確になってきた。東南アジアは、「『森林』とそれを取り囲む『海』という自然の構造のなかでの『小人口世界』という性格によって特徴づけられていた」。そして、中国やインド、イスラームなど、「この地域を取り囲む大文明の地域から絶えず働き掛けが行われてきた」（坪内一九九九：六頁）。豊富な森林物産や南海物産に恵まれた地であり、東西貿易の中継地でもあった東南アジアは人びとの移動を常態とする地域であり、重層性をもった文明流によるフロンティアが形成されてきた地域である。内陸アフリカと比較すれば、エクスターナル（外的）な刺激によってフロンティアが形成され、人びとの移動が繰り返されてきた地域であり、相対的にではあるが、東南アジアは外的フロンティア世界であったといえる（高谷　一九九九）。

近年の東南アジア地域のめざましい経済発展と「アフリカ的停滞」の背景には、外的フロンティア世界、内的フロンティア世界として歴史を築き上げてきた地域特性の相違が深く関与している可能性がある。

5 「情の経済」と「モラル・エコノミー」

これまでの「アフリカ的停滞」に関する研究や議論の大きな流れの一つは、ゴラン・ハイデンによる「情の経済」論（Hyden 1980, 1983）をめぐって展開してきたといってよい。ハイデンは、主としてタンザニアを対象とし、植民地期から独立期を経て一九七〇年代の社会主義時代までの農村の変容を分析し、アフリカの農民の生産と交換は「小農的生産様式」と「情の経済」によって特徴づけられることを指摘した。それは、家族労働を基本とし、家族の成員の生存に必要な生産、つまりサブシステンスの維持を優先した生産様式であり、親族関係や地縁的な関係などの社会的紐帯にもとづく互酬的な交換関係を基礎とした経済である。「アフリカは、農民がほかの社会階級にいまだに捕捉されていない唯一の大陸である」（Hyden 1980: 9，鶴田　二〇〇七：五二頁）と位置づけ、「情の経済」がアフリカの開発を阻み、「アフリカ的停滞」をもたらしていると、ハイデンは主張したのである。

一九九〇年代に入って、東西冷戦の終焉後の世界では経済のグローバル化が勢いを増し、アフリカ諸国も経済の自由化・市場経済化の促進へと舵をとった。このような時代背景のなかで、杉村和彦を代表者とするグループはハイデンもメンバーに迎え、「情の経済」論の現代的な意味を探るプロジェクトを立ち上げた。このプロジェクトは、二〇世紀の前半期に東南アジアでみられた農民による反乱を研究対象とし、農民の行動様式や価値観を分析したJ・スコットの、モラル・エコノミー論（スコット　一九九九）を視野に入れ、東南アジアとアフリカの地域間比較を中心的な課題の一つとしていた（杉村　二〇〇七）。メンバーの一人である鶴田（二〇〇七）は、この地域間比較の要点を的確に描き出している。ここでは、鶴田論文を参照しつつ、私たちの共同研究における「アフリカ的停滞」の捉え方を示しておきたい。

モラル・エコノミーは、農民の生存維持（サブシステンス）の権利の保障や、互酬性の規範を基礎とする経済的公正についての観念であり、共同体的なネットワークや価値に焦点をあて、サブシステンスの維持の重要性を認める点で、情の経済と共通している。しかし、モラル・エコノミー論は、共同体外部の権力による農民の搾取と、それに対する農民の怒りを主題としており、農民と上層階級の相互依存的あるいは相互対抗的関係という意味合いを強く伴う。一方、情の経済は、共同体内の水平的な社会関係に関わっている。

「東南アジアではアフリカよりずっと以前から農民が国家や市場に『捕捉されて』おり、それら外部の制度やそれを人格化している中間権力者に対する防衛的、対抗的な動きを結集したのがモラル・エコノミーだった」（鶴田　二〇〇七：五九頁）。一方、国家や市場に「捕捉されていない」、あるいは「捕捉の程度が浅い」アフリカ農民は、相対的にではあるが、自立の傾向が強く、「情の経済」は、時に市場や国家から逃れるユニークな能力を示す。鶴田は、このような論旨を展開し、さらに互酬性とサブシステンスが今も密接な関わりをもち、その互酬性が超自然に対する信仰や呪いへの恐れに支えられている点に、アフリカ農民の経済の特質があることを指摘している。

かつてザンビアの初代大統領のK・カウンダは、「我々の目的は、植民地主義者が全大陸を分割して作ったぶざまな加工品から、真のネイションを創り出すことである」と述べた（小田　一九九一：三頁）。ぶざまな加工品という由来をもつアフリカの国家は、農民をしっかりと捕捉することができず、農民も国家からの恩恵を受けることが少なかった。エキステンシブな生活様式を基盤とした内的フロンティア世界に生きてきた多くの農民たちは、植民地期と、ぶざまな加工品の独立国家のもとで、小農的生産様式と情の経済によって生存維持を確保しつつ新たな生き方も模索していたが、総体としては「アフリカ的停滞」を再生産してきたことになる。

タンザニアでは、一九六一年の独立後に、農民の集住化を基礎とした社会主義政策（ウジャマー村政策）を進めてきたが、一九八〇年代初頭に至って社会主義政策は破綻し、一九八六年には世界銀行やＩＭＦによる構造調整計画の勧告を受け入れ、経済の自由化・市場経済化を推し進めてきた。私たちは、混乱期を経て市場経済化が村むらで受け入れられ始めたかにみえる時期に共同研究を始めたことになる。その大きな課題は、各地の農村が具体的に、どのように時代の動きに対処してきたかをたどり、地域発展につながる諸要因を見出し、それらと、これまで検討してきたようなアフリカ的な特性との関係についても考察を深め、地域研究とアフリカ農村の開発実践を架橋することであった。

6　アフリカ的な集約化と地域発展

私のアフリカ研究は、東西冷戦の終焉後の世界とアフリカの大きな変化に心を揺さぶられ、ひそかに温めてきた「アフリカ的発展」というテーマの内実を求める方向へと転換していった。ミオンボ林帯におけるエキステンシブな生活様式の考察には、一方で、アフリカは西欧型とは異なった独自の農業の集約化と地域発展を模索するべきではないかという思いも込められていたのである。その転機の一つは、「タンザニアにおける農地の土地分級」という課題で一九九二年にＪＩＣＡ（国際協力事業団、現在の国際協力機構）の専門家として派遣され、タンザニア南西部のミオンボ林帯で、ンゴロ農法という特異な在来の集約農業を継承しているマテンゴと出会ったことであった（掛谷　二〇〇一）。私は、ミオンボ林帯で発達してきたユニークな在来の集約農業について総合的に研究することがきわめて重要であると考え、同僚とともに、タンザニアのソコイネ農業大学（Sokoine University of Agriculture：略称ＳＵＡ）と共同して研究するプランを構想し、ＪＩＣＡの研究協力「ミオンボ・ウッドランドにおける農業生態の総合研究」を進めた。

マテンゴは海抜九〇〇〜二〇〇〇メートルの高地に居住している。マテンゴは、当初、山地林や山腹のミオンボ林を伐採して焼畑を切り拓き、一〜二年間はシコクビエを耕作し、その後の草地を利用してンゴロ畑を造成する。彼らは山地斜面の草を刈り取り、少し乾燥させた後に、干し草を束にして格子状に並べ、その格子の間の土を鍬で掘り起こし、草束の上に土をかぶせる。こうして、掘り穴と格子状の畝ができあがる。遠くからは、ミツバチの巣のようにも見える。そして、短期の草地休閑をはさんで、インゲンマメとトウモロコシを二年サイクルで輪作する。この農法は、山地での土壌浸食を防止し、有機肥料を確保し、また雑草を防除するなどの複合的な機能をもった在来の集約的農法であった。

このンゴロ農法は、マテンゴの民族形成史と深く関わっている。マテンゴは、異域から移住してきた多くの民族の人びとが混住して形成された民族であり、当初は小集団が分散して居住し、移動型の焼畑農耕を主生業としていた可能性が高い。しかし、一九世紀の中頃に南部アフリカから好戦的な民族のンゴニが侵攻してきて、マテンゴはその襲撃から逃れるために急峻な山地に退避し、限定された山域内に多くの人が集住した。このような生活条件が、土壌浸食を防止する集約的なンゴロ農法を生み出し、発達させてきたと考えられる（Basehart 1972, 1973）。そして植民地期の一九二〇年代に導入されたコーヒーの栽培が組み込まれ、現在のマテンゴの農業形態ができあがった（Schmied 1988, 掛谷　一九九三）。

現在のマテンゴの農業形態は、ンタンボと呼ばれる地形的な単位とその利用を大きな特色としている。ンタンボは、川の支流などで区切られた山腹であり、「ひと尾根」とでも表現できる地形単位である。そこを一つの親族集団が占有し、生産・生活の社会生態的な単位となる。原型的なンタンボは、中腹の平坦地に家屋群と菜園・コーヒー園があり、斜面には一面のンゴロ畑がひろがり、谷底部には小規模な菜園や果樹園が散在する。ンタンボの一部にはブッシュ状の休閑地があり、山頂部にはミオンボ林が残る（図16-4）。ンゴロ畑は、ンタンボ・システムの一部として存続してきたのである（JICA 1998, 掛谷　二〇〇一）。このようなマテンゴの土地保有と利用のシステムの解明が、後のマテンゴ地域での開発プロジェクトにつながっていった。

マテンゴのンゴロ耕作を通じてアフリカにおける在来の集約農業に関心をもった私は、タンザニア北西部に住むバナナ耕作民のハヤや、エチオピア南部で精緻なテラス耕作に従事するコンソの村を訪ねた。

ハヤは、バントゥ系農耕民とナイロート系牧畜民の共住・混血によって形成された民族であり、バナナ耕作とウシ飼養とが強く結びついている。ハヤの地は、バナナの森のように見える屋敷畑（キバンジャ）と草原から成る。キバンジャには、バナナのほかにロブスタ種のコーヒーやトウモロコシ、インゲンマメなど、さまざまな作物や樹木が混作されている。草原の草はウシの飼料となり、ウシの糞尿はキバンジャの肥料となる。また干し草を家の土間に敷き詰め、使用後の干し草はキバンジャに投げ入れられ、堆肥になる。キバンジャ・ウシ・草原のセットと手間をかけた栽培管理によって、ハヤの集約的なバナナ栽培は維持されてきたのである（丸尾　二〇〇二）。

コンソは、アカシア林帯に分布する小山塊に居住しており、その周辺部はボラーナなどの遊牧民のテリトリーと接している。山上に数百の家屋が密集して集落をつくり、そこから標高差一〇〇〇メートルの低地の川辺まで石垣づくりの段々畑が同心円的に続いている。そして、段々畑でのモロコシやコムギ・トウモロコシ・ジャガイモ・キャッサバなどを含む多種多様な作物の混作と、ウシ・ヤギ・ヒツジなどの家畜飼養が複合した集約的な農業を営んでいるのである。それは、半乾燥地帯で遊牧民と接して生きるコンソが発達させてきた暮らし方である（篠原　二〇〇二）。

マテンゴ、ハヤ、コンソの事例は、アフリカの各地で独自の集約的農業が発達してきたことを示している。アフリカの農村地域の発展にとって、農業の集約化は一つの重要な課題であろうが、これらの事例は、アフリカ諸地域の在来性に根ざした独自の集約化の道があることを教えてくれているといってよいであろう。私は、ＪＩＣＡの研究協力での経験や、アフリカ在来の集約的農業の調査から、より一般的にいって、地域の在来性のポテンシャルに根ざした発展、それが「アフリカ的発展」につながると考えるに至ったのである。

7　マテンゴ高地における開発実践

マテンゴ高地での研究は、ＪＩＣＡのプロジェクト方式技術協力（ソコイネ農業大学・地域開発センター・プロジェクト、ＳＣＳＲＤプロジェクト）につながり、一九九九年から五年間の計画で、持続可能な開発の道を探る活動が展開していった。それは、現場主義を基本とし、フィールドワークによる多面的・学際的な地域農村の実態把握を深め、住民の積極的な参加を促し、地域農村の「在来性のポテンシャル」を踏まえた地域の発展計画を構想し、実践することを目指していた。そのアプローチを、私たちはＳＵＡメソッドと呼んだ。

「在来性のポテンシャル」は、ンゴロ農法とンタンボ・システムを生み出し維持してきたマテンゴの底力に着目して生まれた概念であり、地域農村の生態・社会・文化の独自性と、それらの相互関係の歴史的な累積体がもつ潜在力ということができる。「在来性のポテンシャル」は、時代性や歴史性を考慮しなければならないが、地域環境の利用・開発と保全を両立させる知恵の大きな源泉の一つである。また、それは地域発展の内発性と結びつき、住民の主体的な取り組みと連動しながら、地域住民のキャパシティ・ビルディングを強化していく可能性を秘めている。このＪＩＣＡプロジェクトでは、研究者と農民の対話や適正技術の導入、農民間の交流などを媒介としながら、「在来性のポテンシャル」が活性化していくプロセスを重視していた。そしてプロセスそのものから学び、学んだことをフィードバックさせて開発内容を改良していく姿勢を基本とした。

このようなプロセスを推し進める指針となったのは、開発の対象となる地域の焦点となる特性、つまり焦点特性を見出し、それを中心に据えた視座（パースペクティブ）を設定することであった。その視座は、「在来性のポテンシャル」を支える要素群と関係を明確にし、学際的なアプローチの準拠枠となり、村人と共有する開発計画の全体的なイメージを喚起し、プロジェクトの展開を支えた。

マテンゴ高地での焦点特性はンタンボである、というのがプロジェクト・チームの見解であった。前述したように、ンタンボはマテンゴ社会を構成する社会生態的な単位であり、その特性を把握し、実践活動の指針とすることが重要であるという見解にもとづき、「ンタンボの視座」という枠組みを共有することとなった（図17-1）。「ンタンボの視座」は、ンタンボの環境と土地利用をモデル化した概念図であり、水と土と緑の3本の特性軸によって在来のンタンボ・システムの特徴を示している。例えば水の軸に沿っていえば、集水域の小さな谷から、土地の傾斜を利用して小規模な用水路を掘り、家の庭先まで水を引き入れて生活用水として利用する。また、コーヒーの果肉を取り除くときに大量に必要な作業水などとしても利用している。ンゴロ畑は、それ自身が巧みな治水のシステムであり、谷地では乾季でも湿潤な土地を利用して菜園などとして利用している。

「ンタンボの視座」は、このようなンタンボの利用と保全を図るために、ンタンボ・マネージメントの水準向上の軸と、ンタンボ内の親族集団から村レベルにいたる社会組織を視野に入れ、住民の主体的な開発への取り組みを重視するキャパシティ・ビルディングの軸を構成の骨格としている。横向きの矢印は、プロジェクト側から積極的に働きかけるアクション群を示している。一つのモデル村（キンディンバ村）では、治水をめぐる在来の技術・知恵の延長線上に小規模なハイドロミル（水力製粉機）を位置づけ、その設置を賦活剤として、プロジェクトを進めていった。もう一つのモデル村（キタンダ村）では、谷地の集約的な利用を試みる過程で、村人から養魚池を造成したいとの提言があり、その提言を受け入れて養魚池・養蜂・植樹をセットとした農民グループの

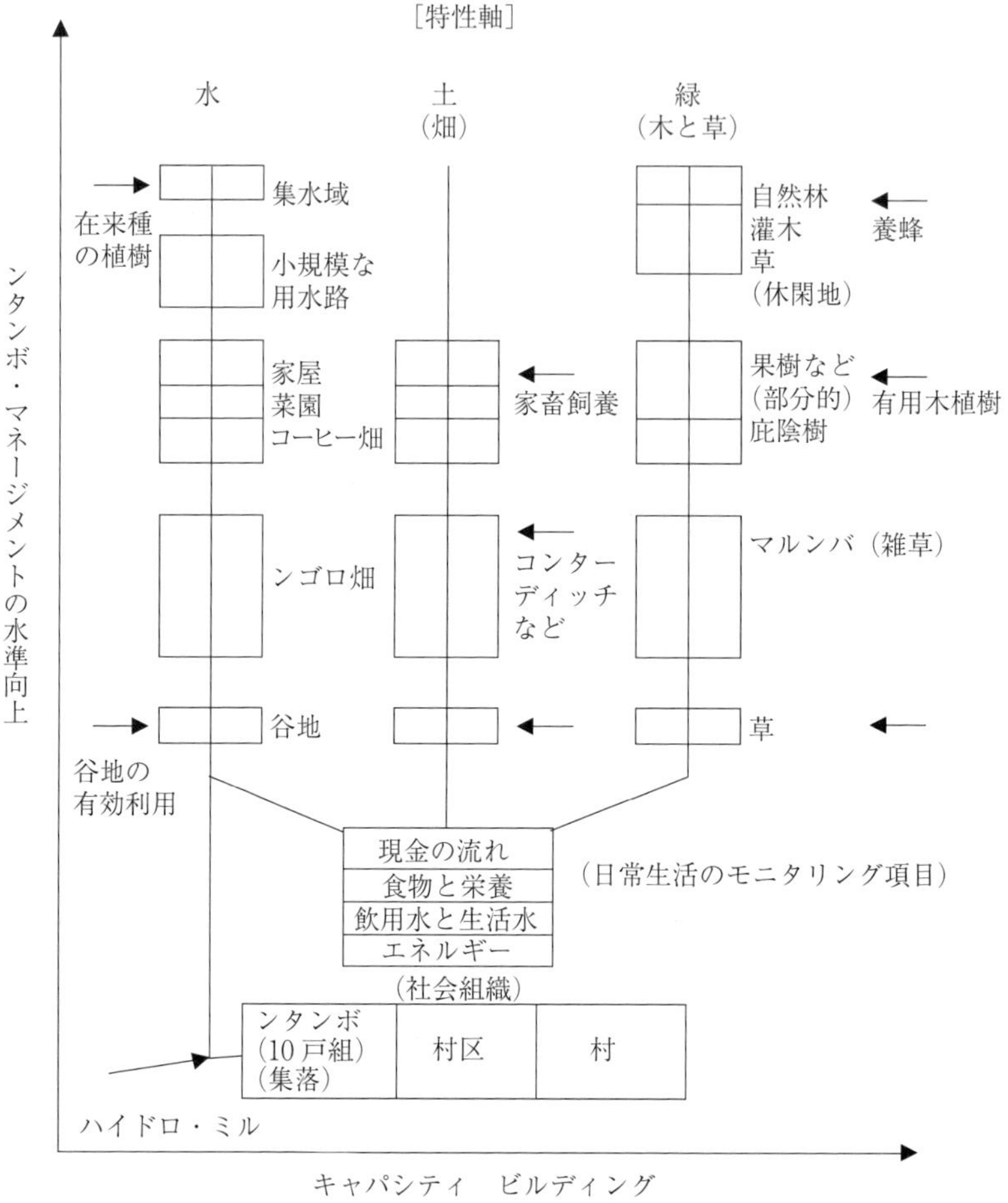

図 17-1　ンタンボの視座

活動を支援した。五年間のプロジェクト期間中には、さまざまな紆余曲折がありはしたが、住民は主体的にハイドロミルの建設・管理・運営に取り組み、養魚池を核とした農民グループの活動は拡大し、内発的な開発実践が活性化したように思われた（SCSRD 2004）。

マテンゴ高地でのＪＩＣＡプロジェクトに積極的に関与してきた私たちは、その活動理念を引き継ぎ、より多くの地域発展に関する事例研究を積み上げる基礎的な地域研究と農村開発の実践を架橋する試みを通して、アフリカ型農村開発の理念と手法の構築に挑戦したいと考えたのである。

8　アフリカ型農村開発へのアプローチ

本書の構成

当初に述べたように、本書に掲載した一連の研究は、タンザニアとザンビアの農村地域の生活に深くコミットし、地域発展の実態を解明する基礎的な地域研究と、農村開発の実践とを接合させることを大筋の方法と考えてスタートした。その成果は、第一部の「多様な地域発展」と、第二部の「農村開発の実践」としてまとめた。

多様な地域発展――七村の事例研究（第一部）

長期にわたる調査の態勢を整えて社会の変化を追跡しつつあった村むらを中心に、タンザニアの六村とザンビアの一村を対象にして、地域発展の実態を解明する調査に取り組んだ（口絵地図）。これらの村むらは、これまでの広域調査や文献から、主として、独自の在来農業の存在と新たな農業の展開に着目して選択した。

第1章（樋口ら 二〇一一）のウルグル山地は、かつては斜面地での焼畑耕作が中心であり、植民地期にテラス耕作の導入に抵抗した地域（Maack 1996）という特性をもつ。ＪＩＣＡプロジェクトの実施母体であったソコイネ農業大学の地元というのも、調査対象として選択した理由の一つであった。ＪＩＣＡプロジェクト時に果樹やバニラなどの導入を試みたが、その普及を支える地域特性のより深い理解と、都市近郊の山村における生活の変容を探るためにもインテンシブな調査が必要であると判断した。ウルグル山地では、湿潤な気候条件や大きな都市（モロゴロ、ダルエスサラーム）に近いという条件を生かし、古くから多様な作物が栽培され、近年には多くの作物が屋敷畑に集積されてきた。樋口浩和・山根裕子・伊谷樹一は、その現状と歴史的なプロセスを中心に、土地利用・農業システム・土地保有・食文化・域内の食物流通などの調査に力を注いだ。

第2章（近藤 二〇一一）のンジョンベ高原のキファニャ村では、独自の谷地耕作（フィユング）が存続してきたが、近年になって造林焼畑などの新たな農業を展開している。ウジャマー村政策による集住化を大きな契機として、谷地の耕作法が大きく変わり、また経済の自由化を背景として、外来種のモリシマアカシアの造林と、その林を対象とした焼畑耕作、つまり造林焼畑を創出していった。近藤史は、農業生態や住民の相互扶助システムを視野に入れ、その変化の過程をめぐり緻密な調査を積み上げていった。

第3章（加藤　二〇一二）のキロンベロ谷のイテテ村は、広大な氾濫原に位置する村であり、古くから稲作に従事していたが、近年になってトラクタによる水田稲作が展開した。また移住してきた農牧民スクマと地元住民との関係、および野生動物保護区をめぐる国家政策との関連などの現代的な課題にも直面しており、加藤太がインテンシブな調査を進めた。

第4章（山本　二〇一一、伊谷　二〇一一、下村　二〇一二）では、今回の共同研究で新たな調査地域としたボジ県の三村を取り上げた。1節は、季節湿地での草地焼畑（イホンベ）という在来農法や植民地期に導入されたコーヒー栽培の存在などの特色をもつイテプーラ村を対象にした。山本佳奈は、この地域に広く分布する季節湿地の利用の変化に焦点を合わせ、その変化とコーヒー栽培・トウモロコシ耕作の拡大、および慣習的な土地利用規制との諸関係を探った。2節は、ミオンボ林における在来農業の多様な展開をめぐって、ムフト村の事例研究を中心としつつ、タンザニア南部とザンビア北部の在来農業を比較の視野に入れた考察である。伊谷樹一は長期にわたる住民との付き合いを基礎にして、ミオンボ林の利用と保全をめぐり、作物生産を支える民俗概念やクラン・システム、祖霊・精霊など、彼らの精神世界にも踏み込んで調査を進め、持続可能な地域開発が取り組むべき基本的な課題を追求した。3節では、肥培効果をもつアルビダ（アカシアの仲間）林の農地利用を基盤としつつ、農村開発の実践対象としたウソチェ村と同様に、近年、急速に水田稲作が拡大したンティンガ村を取り上げた。後述するように、ウソチェ村では農牧民スクマの移住が契機となって水田稲作が拡大したのだが、ンティンガ村ではスクマの移住を拒否しており、水田稲作の展開過程はウソチェ村とは異なっている。ここでは特にウソチェ村との比較を意図して、下村理恵が水田稲作の発展過程を分析した。

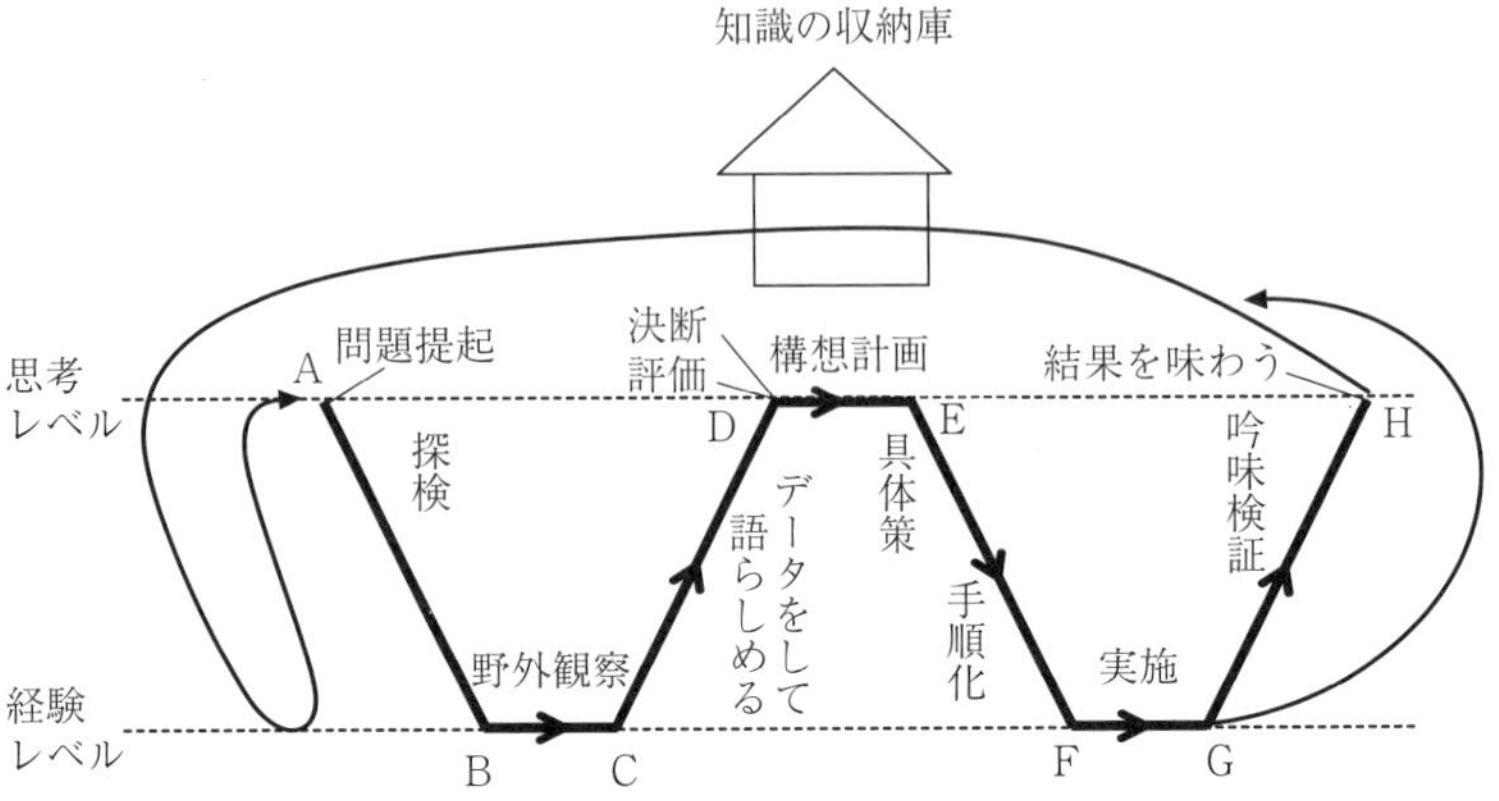

図 17-2　W 型の問題解決図式
（川喜田　1993：p. 241、一部省略）

第5章（杉山　二〇一一、大山　二〇一一）はザンビア・ムピカ県のベンバの村の事例研究である。このベンバの村では、一九八三年からチテメネ耕作を基盤とした生活の変容過程の研究を継続してきたが、杉山祐子（1節）はその研究蓄積を整理し、農法や生活様式の変化を住民によるイノベーションの動態的歴史として詳細に分析を試みた。また大山修一（2節）は、一九九〇年以降の市場経済化・経済自由化がベンバの村の生活に及ぼした影響の調査を踏まえ、特に政府による土地制度の改変に焦点を置いて分析を進めた。それは、国家と農村・農民との関係について、各国の特性を視野に入れて考えることの重要性を提起している。

これらの比較研究は、アフリカ型農村開発の手法の構築に多くの示唆を与えてくれる。

農村開発の実践（第二部）

農村開発に関しては、川喜田が提唱したW型の問題解決図式（図17-2）（川喜田　一九九三：二四一頁）から多くを学び、また

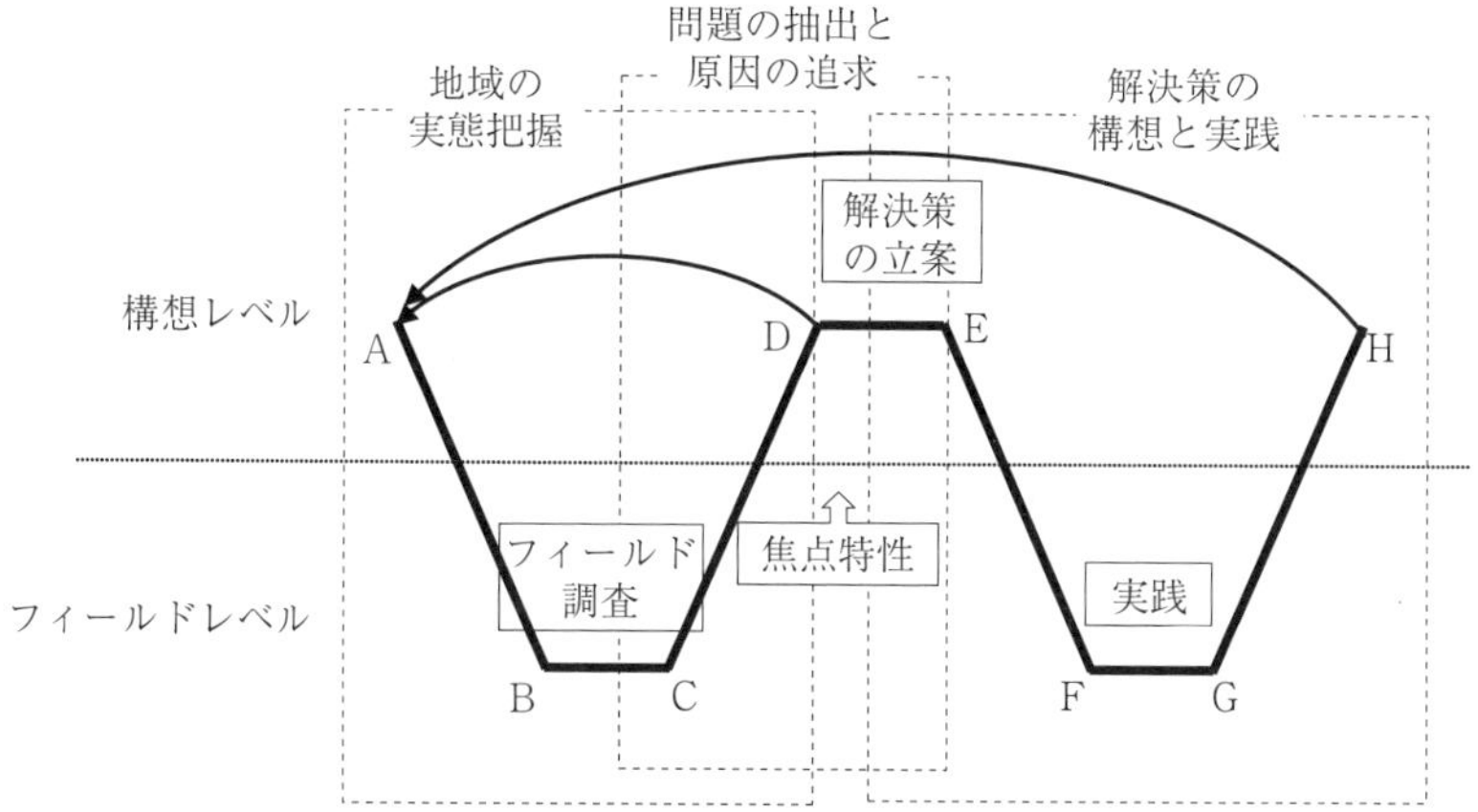

図17-3　農村開発の3段階の枠組み

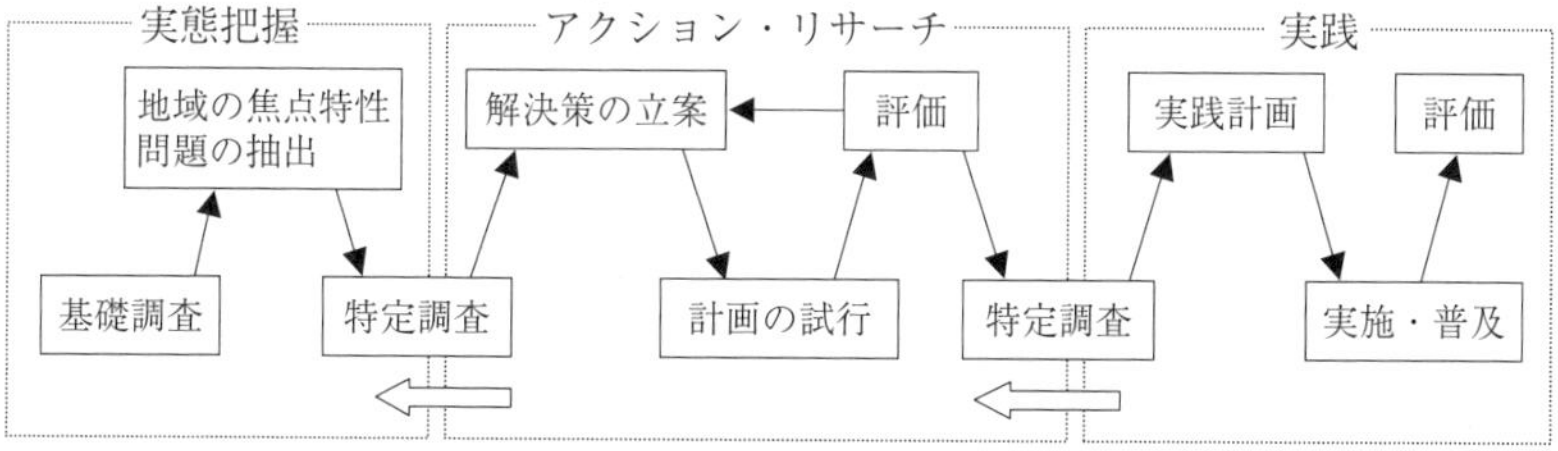

図17-4　NOW型モデル

マテンゴ高地での開発実践の経験と反省を生かし、地域の実態把握・地域が抱える問題と原因の追求・問題解決の構想と実践、という三段階の枠組みを設定して取り組んだ（図17-3）。JICAプロジェクトでは、キンディンバ村にハイドロミルを導入する活動が先行したが、その後にキタンダ村で活動を進めていく際には、実践のフェーズに移る前に、実験的な試行（当時はアクション・リサーチと呼んでいた）によって、住民のニーズと現実化の可能性、開発実践に対する住民の反応を知り、開発計画にフィードバックするために、W型の派生型としてNOW型モデル（図17-4）を採用した。この共同研究でも、新たに開発実践に取り組む地域では、NOW型モデルを継承しつつ、現場主義のもとで、各フェーズ間のフィードバックを重視した柔軟な枠組みの運用と、他の農村地域での研究成果を参照することを基本的な方針とした。

　具体的な開発実践を視野に入れた研究対象はJICAプロジェクトで対象としたマテンゴ高地と、新たに加えたボジ県のウソチェ村の二地域に的を絞った（口絵地図）。

A　マテンゴ高地

　マテンゴ高地では、すでにJICAプロジェクトで三段階の過程の試みを終えていたので、今回の調査・実践では、JICAプロジェクト以後に展開している村人たちの活動を支援しつつプロセス・モニタリングを進め、その成果を第6章（伊谷・黒崎　二〇一一、荒木　二〇一一、黒崎　二〇一一、田村　二〇一一）でまとめた。1節では、伊谷樹一と黒崎龍悟が、マテンゴ高地の生態や農業をめぐる経済や社会環境の変化と、一九九九年から五年間にわたって実施したJICAプロジェクトについて、その特色を簡潔に整理した。JICAプロジェクトの中心メンバーであった荒木美奈子（2節）と、青年海外協力隊員として積極的にJICAプロジェクトに関わった黒崎龍悟（3節）は、プロジェクト中での諸活動や出来事の意味を改めて検証し、また住民のキャパシティ・ビルディングやエンパワーメントを視野に入れ、それらがどのように蓄積され、それらの力がどのような形で発現されるかを明らかにした。荒木はキンディンバ村に、黒崎はキタンダ村に焦点を当てて分析を深めた。また、JICAプロジェクトのフォローアップに従事していた専門家の田村賢治は、その経験をまとめた（4節）。それらは、三段階の構成と枠組みで展開された農村開発の内実を掘り下げた研究である。これらの調査は、青年海外協力隊員として村づくりの活動に携わっていた会田尚子・伊藤祐子とも密接に連携を取りながら進めた。

B　ウソチェ村

タンザニア北西部のボジ県・ウソチェ村では、掛谷誠と伊谷樹一、そして神田靖範の三人が中心となり、他の研究者の協力も得ながら、農村調査と開発実践をつなぐ試みを進めた。ウソチェ村は、西部リフトバレーの一角を占めるトラフ（舟状盆地）の中にあり、アカシアやシクンシ科の樹木などのウッドランドがひろがる半乾燥地域にある。この村は約三九〇世帯で構成されており、もともとの住民は農耕民のワンダであったが、一九八〇年代の初頭から農牧民のスクマが移住し、現在は二つの民族が共存している。このウソチェ村では、半乾燥地帯を象徴するアカシア林の中に広大な稲作水田が開墾されており、その組み合わせに関心を持ち、調査対象地とした。二〇〇四年の八月からほぼ一年間、神田は村に住み込み、地域の実態把握に力を注いだ。その成果は、第7章（神田　二〇一一、神田ら　二〇一一）1節にまとめられている。神田は長年、国際協力・援助に携わり、マテンゴ高地でのＪＩＣＡプロジェクトにも専門家として参画しており、地域研究を通してアフリカ型の農村開発について再考するため、私たちと共同して研究・実践を進めたのである。

タンザニアの独立以前、ウソチェ村ではシコクビエの焼畑耕作を中心とした生業システムであったが、徐々にウシの飼養と牛耕が浸透し始めていた。集村化を基本としたタンザニア独自の社会主義政策（ウジャマー村政策）が強力に推し進められた一九七四年頃に、牛耕によるモロコシの常畑耕作が広く受け入れられた。これが、現在もワンダの農業の基盤となっている。一九八二年頃から、広い放牧地を求めて農牧民スクマが移住してきて、ワンダが畑作には適さないと見なしていたアカシア林に住みついた。その地表近くには不透水層があり、雨季には雨水で冠水しがちな土地であった。スクマはウシに強く執着する人びとであるが、一方で、古くから水田稲作を生業の一部に取り入れていた。移住してきたスクマはアカシア林を伐採し、畦畔を造成して苗を移植する水田稲作を始めた。ワンダの人びとは、スクマの動きをつぶさに観察し、ときにはスクマに雇われて田植えなどの農作業に従事した。そして、ワンダ自身も水田の開墾を始め出した。この頃、タンザニア政府は構造調整計画を受け入れ、急速に経済の自由化を進めた。村人は商品作物としてのコメの重要性を再認識し、水田稲作は急速に拡大していった。

この間、スクマは他の人にウシを預ける民族の慣習を、ワンダにも適用してウシを貸し出し、ワンダの人びとは親族や友人内でウシを都合しあって、拡大する水田耕作に必要な牛耕を確保する態勢を整えていった。スクマは、いわば草の根のイノベーターの役割を果たし、ある種の平準化や相互扶助の機構も働き、新しい水田稲作が広く波及していった。

神田の調査の結果を踏まえ、私たちは開発実践に踏み込んだ（神田ら　二〇一二）。まず、村で報告会を開き討議を深めた。そして、村民会議は村の将来を考えるグループの設立を決め、メンバーを選んだ。メンバーたちは後に、このグループにカトゥウェズィーエ（Katwezye：失敗してもくじけない）という名前をつけた。ウソチェ村は現在、水田の拡大、ウシの放牧地や林の減少などが相互に関係し、村全体としての生業システムと自然環境はクリティカルな状況に直面していた。私たちは、村民グループのメンバーと、村が抱えている問題点について討議し、その打開の道を探る計画を立てた（二〇〇六年八月）。村民グループは雨季に入って（二〇〇六年一一月）、活動を始めたが、雨季前半は予想外の豪雨、後半は寡雨という異常気象で、グループの活動は最初の試練にさらされ、当初の計画は予定通りには進まなかった。私たちは翌年の五月に村を訪れ、グループの活動経過と現状を確認し、計画の立て直しを図った。そして焦点特性を明確化する必要性を痛感し、議論を重ねて、「疎林・ウシ・水田稲作の複合」と「民族の共生」をウソチェ村での焦点特性と見定め、その焦点特性を主軸として、村民グループとともに、村の生業システムや環境が抱える問題の解決に向けて新たな計画を練り上げ、活動を開始した。

商品作物の多様化の可能性を探るため、村民グループのメンバーとともにゴマを栽培する村を訪ね調査した。また村人たちが、ウソチェのコメの味は格別においしいと誇らしげに語っていたので、私たちは、タンザニア各地のコメを買っていき、ウソチェ産のコメも加えて、コメの食味会を開いた。産地を伏せて、コメの食味テストを試みたのであるが、コメの味・香りともに、ウソチェ産のコメが最高得点を得た。村人が誇りにするウソチェ産のコメは、化学肥料や農薬をまったく使わない水田稲作の産物であるが、このようなコメの品質を支える条件などについて討議し、その条件を保持し、より安定し、また収量も増やすことができる方策や、予想が難しい降雨にも対応できる対策、伐採が進む疎林の保全につながる活動などについて、村民グループの人びとと話し合った。

私たちはスクマの婚姻儀礼に招待されるなど、スクマの人びととも交流を深め、またスクマの職人に依頼して牛車をつくってもらい、村民グループとの共同活動の象徴の意味合いを込めて、また活動の賦活剤となることを願って、その牛車を村民グループに供与した。こうして、ワンダとスクマに私たち日本人が加わり、村レベルで「民族」の交流を深め、村の実態把握を踏まえ、調査と開発実践をつなぐ試みを続けた（掛谷　二〇〇八）。

C　タンザニアと日本での農村開発実践の比較

勝俣昌也は、日本の農業試験研究機関に勤めているが、アフリカの農業・農村にも強い関心をもち、またその畜産についての専門知識を生かし、マテンゴ高地でのＪＩＣＡプロジェクトに専門家として参画し、この共同研究でもウソチェ村の調査に参加した。彼はこのタンザニアでの開発実践の経験と、日本における農村開発（農村振興、あるいは農業研究の成果を生産現場に普及する活動）の試みを比較し、開発実践にとっての重要な要素について検討している。

こうして、この共同研究は、「アフリカ的停滞」、「エキステンシブな生活様式と内的フロンティア世界」、「情の経済」や「国家や市場に捕捉されない（捕捉の程度が浅い）農民」など、サハラ以南のアフリカの地域特性を念頭におきつつ、タンザニアとザンビアの村むらにおける地域発展の実態を解明するアプローチと、開発実践のアプローチとを統合し、アフリカ型農村開発の理念と手法の構築を目指したのである。終章（掛谷・伊谷　二〇一一b）[3]は、その総括である。

注

（1）編者注：ここでいう「本書」とは、原著『アフリカ地域研究と農村開発』（掛谷・伊谷　二〇一一）をさす。
（2）編者注：この「章」は、『アフリカ地域研究と農村開発』（掛谷・伊谷　二〇一一ａ）の「序章」をさす。
（3）編者注：本書第18章に掲載。

第18章　アフリカ型農村開発の諸相
――地域研究と開発実践の架橋

1　地域発展の諸特性

本書[1]第1部ではタンザニアの六村とザンビアの一村を対象として具体的な地域発展について記述・分析し、第2部ではタンザニア・マテンゴ高地の二村とウソチェ村で実践してきた農村開発の過程と成果を述べてきた。この章[2]の一節で、各村むらでの研究成果を踏まえて地域発展の諸特性について論じ、二節でアフリカ農村の開発実践をめぐる諸特性をまとめ、地域研究と開発実践を架橋するアフリカ型農村開発の諸相を提示しつつ、総括を試みたい。

創造的プロセスとしての地域発展

私たちは、ほぼ一九七〇年前後から四〇年間の生活の変化を中心に据え、各地の農村が、どのように時代の動きに対処してきたかを解明し、地域発展の実態を明らかにするアプローチを柱の一つとして比較研究を進めてきた。主要な研究対象国となったタンザニアでは、一九六七年以降の社会主義政策が破綻し、一九八六年には世界銀行やＩＭＦによる構造調整計画の勧告を受け入れて、経済の自由化・市場経済化を推し進めてきた。そして、東西冷戦が終焉し、政治・経済がグローバル化するなかで、それへの対応を模索してきた。私たちが調査した村むらでは、総体的にみれば、激変する政治・経済状況のもとでの混乱期を経て、それぞれの地域発展の道をたどってきたといってよい。それは村むらで、個性的な相貌をもつ創造的プロセスが展開したことを示していた。この項では、創造的プロセスの内実を詳細に検討しておきたい。

Ａ　創発性

これまで主として焼畑農耕民の研究を続けてきた私たちにとって、タンザニア・ンジョンベ高原のキファニャ村で造林焼畑の展開を分析した近藤史（二〇一一）の研究はきわめて興味深く、アフリカの農村に秘められた「創発」性を示す格好の事例である。「創発」は、複雑系・自己組織化の科学などのキー・コンセプトとして注目されているが、ここでは、「多くの要因や多様な主体が絡まり合いながら、相互に影響し合っているうちに、あるときにエネルギーの向き方が一定方向にそろって、当初は思いもよらなかった結果がポンと現出すること」（國

領 二〇〇六：一頁）という定義に沿って考えたい。キファニャ村では、イギリスの民間企業が開設したタンニン抽出工場に素材を販売するために植樹してきた外来のモリシマアカシア林を、市場経済化後の化学肥料の高騰を背景として、新たに焼畑の対象とし、薪炭材としての利用も組み込んで造林焼畑のシステムを創発したのである。キファニャ村の多くの世帯が造林焼畑に従事するようになったのは、ムゴーウェという互助労働がうまく機能したことも大きな要因であるが、このムゴーウェのシステム自体も創発した制度であるといってよい。

「ベンバ的イノベーション」に関する杉山祐子（二〇一一）の記述・分析は、本章で述べる総合考察の諸側面を補強し、深める、示唆に富んだ内容をもつ。ザンビアのベンバの村における現代のチテメネ・システムやファーム耕作の拡大が、以下で論じるようなさまざまな契機が媒介し、長年にわたる多くの個別多発的なイノベーションが模倣の連鎖を経て創発的に融合した結果であることを論証したことは、その一例である。

他の村むらでも、この創発性が発揮された事例を見出すことができる。タンザニアのウソチェ村で、地元民のワンダの多くが水田稲作を始めることができたのは、農牧民のスクマ社会の慣習的な制度であったクビリサがワンダにも拡張され、またワンダ社会内でウシの又貸しなどが公認され、広く牛耕を支えるシステムが構築されていった結果であると神田靖範（二〇一二）は分析しているが、これも創発性の事例であるといえよう。また、マテンゴ高地で農民グループの協議会が結成されていった経緯、農民グループによる給水施設やミニ・ハイドロミルの建設などの新たな活動の展開（荒木 二〇一一、黒崎 二〇一二）にも、この創発性が深く関わっていたといってよいであろう。

創発性が、アフリカの村むらにおける内発的な地域発展を支える重要な特性の一つであることを見出した意義は大きい。

B　創造的模倣

後述するように、さまざまな契機で外来要素を取り入れ、その模倣、あるいは学習がイノベーションにつながることがある。特にここでは、創造的模倣と呼びうるプロセスが果たす役割を強調しておきたい。

創造的模倣についてもキファニャ村における谷地耕作のイノベーションが、適切な事例を示してくれる（近藤 二〇一一）。キファニャ村では、伝統的に草地休閑による谷地耕作でインゲンマメなどを栽培していた。西欧人の農園で堆肥を用いた農法を経験した二人の農民が、一九六七年頃からウシやブタの堆肥を谷地に投入し、インゲンマメや葉菜類の連作を試みていた。他の村人は、この農法に関心はもったが、家畜堆肥の入手などが困難であったため、静観するだけだったという。しかし、一九七四年以降に実施された集村化の状況下で一部の村人は、政府の全国メイズ計画で廉価に供給され始めた化学肥料を谷地に投入し、インゲンマメの連作に成功した。それ以後、村の評議会による谷地の再配分などの対応もあり、この農法は村中にひろがっていった。堆肥の代わりに化学肥料を投入し、冠水する谷地では深く溝を掘って排水を促す工夫なども加えた創造的模倣が、谷地耕作のイノベーションの波及につながったのである。

ンティンガ村における用水路の造成も、創造的模倣の良い例であろう。水田稲作の先進地である他の県に行商も兼ねて出かけた一人の村人が、その地で在来の小規模な潅漑用水路を観察し、後にンティンガ村の不透水層地帯に独力で用水路を造成した事例を、下村理恵（二〇一一）は報告している。この用水路は、多くの村人の新田開発に貢献したことも特記しておかなければならない。

荒木美奈子（二〇一一）が報告している、マテンゴ高地でのミニ・ハイドロミル建設の動きも、創造的模倣の事例である（荒木 二〇一一）。キンディンバ村では、ＪＩＣＡプロジェクト時に建設されたハイドロミルの恩恵を受けることが少なかった遠隔の村区に、セング委員会[3]も積極的に関与して、他の村で建設されたミニ・ハイドロミルと同じタイプのものを導入することを決めた。このミニ・ハイドロミルは、ムビンガ県の学校に勤めていたタンザニア人教員が、ミッション系のＮＧＯが建設したハイドロミルを見て研究し、町場の鉄工所と協力してつくり上げたものだった。あるいは、キンディンバ村の人びとが、キタンダ村との農民交流集会で大きな刺激を受け、そこで学んだ養魚や養蜂についての技術を模倣し、新たな工夫も加えて、それらの技術を広め、また農民グループの活動内容に在来の共同労働や講のシステムを取り込んだ事例も、創造的模倣といってよい（黒崎　二〇一二）。

外来の技術・知識を模倣し工夫を加えて、自らの村の自然や社会の状況に適応させる応用力、つまり創造的模倣が、多くのイノベーションの展開を推し進めていった役割に注目することは、内発的な地域発展や開発実践の深い考察につながる。

C　外来要素の取り入れ

これまでの記述・分析で明らかなように、創発性や創造的模倣の展開には、外来要素の取り入れがさまざまな形で関与していることも注目しておく必要がある。村むらの個性的な生態・社会・文化の諸条件と外来の要素が融合し、創造的な地域発展のプロセスが顕在化してきたのである。私たちの共同研究では、外来要素の取り入れの多様な契機が見出された。以下で、その主要な契機について考察しておきたい。

ⅰ　テンベア

村人の一人が行商も兼ねて水田稲作の先進地を訪れ、そこで在来の小規模な潅漑用水路を観察したことが、ンティンガ村での用水路の造成と水田の拡大に大きな役割を果たしたことを前に述べた。このように村人がぶらりと他地域に出かける行動を、スワヒリ語ではテンベアという語で表現することが多い。テンベアは、ちょっとした散歩から、遠隔地に住む親族や知人を訪ねていく放浪の旅、時には訪問先で長期に滞在した後に帰村する行動まで、その意味内容は多彩である。タンザニアで調査した経験のある研究者なら、このテンベアが農村・都市の別なく広く見られる人びとの行動様式であることに同意するであろう（和崎　一九七七）。また、ザンビアのベンバ社会ではタンダラと呼ばれるなど、この行動様式は他のアフリカ諸地域でも一般的であるといってよい。人びとはさまざまなテンベアを通して、新しい情報・知識・技術などを見聞し、それらの外来の要素が村で取り入れられることになることが多い。

前に[4]エキステンシブな生活様式について触れたが、テンベアも、この生活様式を構成する重要な行動特性である。後に述べる、出稼ぎや農牧民スクマの移住も、テンベアとしての特性をもっているといってよい。広義のテンベアは、アフリカの村むらに多くの外来要素を持ち込む『伝統的』な行動様式である。

ⅱ　民族の共住

ウソチェ村では、広い放牧地を求めて移住してきた農牧民スクマが未利用地のアカシア林帯に住み着き、水田稲作を始め、それを契機として次第に地元のワンダ社会にも水田稲作がひろがっていった。ワンダとスクマが同じ村で共住し、両民族の交流が深まり、相互に依存する民族共生へと変わっていく過程が、水田稲作の拡大の過程でもあった（神田　二〇一一）。

タンザニアのキロンベロ谷でもトラクタによる水田稲作に従事していたポゴロが、時代状況の変化を背景として、移住してきたスクマの牛耕を取り入れ始めていることを、加藤太（二〇一一）が述べている。民族の移住・共住・共生は、外来要素の導入とイノベーションの展開につながる契機を秘めている。

内陸アフリカは、エキステンシブな生活様式を基盤とした内的フロンティア世界として歴史を築き上げてきたことを序章（掛谷　二〇一一）で指摘したが、民族の共住・共生は、そのような地域特性の一側面である。アフリカにおける社会人類学的な地域研究を先導した富川（一九七一）は、伝統的なアフリカ社会を「部族本位制社会」として捉えた。「部族」は、その成員が言語や文化を共有し、親族のきずなを基礎としつつ地縁的なまとまりをもち、強い帰属意識によって結ばれた社会集団であるが、決して孤立した閉鎖集団ではなく、地域に対して開かれてもいる。他部族との間で、物々交換、商業、結婚、同化、そして対立・抗争を含む相互関係を保っている。「部族は、対立と協同の二面を通して、他の部族と地域社会を形成している」（富川　一九七一：一一九頁）。植民地体制下で、「部族社会のテリトリーが行政的な単位におきかえられることで、固有の意味が失われ」、「行政単位は、その後、たびたび再編成されて今日に及んでいるが、その間に個人レベルの移住は盛んとなり、集団的移住さえも、しばしば、見られるようになった」。「こうして、部族集団や部族社会とは異なったレベルの地域社会が成熟してゆく過程で、部族共住という現象が、一般的になってきたのである」（富川　一九七一：一一八頁）。一九六〇年代のタンザニアでの調査から導き出された部族社会と地域社会の関係の特性は、「部族」を「民族」という言葉に置きかえれば、私たちの研究で明らかになった現代的な民族の移住・共住・共生の実態と共通している。

民族間の関係が、時にイノベーションの契機となり、地域発展につながっていく現象は、〝伝統アフリカ〟の歴史に根ざしているのである。

ⅲ　出稼ぎ

植民地時代から、村人がプランテーションや鉱山などに出稼ぎに行く労働形態が一般的になった。それは前に指摘したように、テンベアの特性も合わせもっている場合が多い。出稼ぎに行き、そこで経験したことや見聞したことが、外来の情報・知識・技術を取り入れる契機になる。タンザニアのウルグル山地では、コショウやシナモン、チョウジなどの香辛料が屋敷畑（ジャララ）で栽培され、貴重な現金収入源になっているが、これらの作物は独立期前後にザンジバルに出稼ぎに行った人びとが種子を持ち帰り栽培を始めたのである（樋口ら　二〇一一）。ンティンガ村では、出稼ぎ先で畦畔の造成を伴った水田稲作を見聞した村人の存在が、村における初期の水田稲作の拡大に一定の役割を果たした（下村　二〇一一）。

ⅳ　植民地政策、西欧人の農園・工場、ミッションの活動

各調査村で外来要素が果たした役割を考えるとき、植民地期の政策、西欧人の農園での労働経験、ミッションの活動によって導入された作物や技術にも目を向けておく必要がある。

マテンゴ高地の現在の農耕システムは、植民地期に導入されたコーヒー栽培が不可欠のサブシステムを構成している。植民地期には、人頭税に対処するため人びとは海岸部などの他地域への出稼ぎを余儀なくされたが、一部の人びとはキリマンジャロ地域のコーヒー農園で働き、栽培技術を習得し、種子を持ち帰り栽培を試みたとい

う。遠隔地への出稼ぎ状況を憂えていた首長の一人が、一九二〇年代の後半にコーヒー栽培の積極的な導入を図り、主としてミッション・スクールで学んだキリスト教徒の青年たちとともに、種苗の育成や配布にも力を注いだという（Iliffe 1979）。ボジ県のイテプーラ村でのコーヒー栽培（山本　二〇一一）も、土地利用の変容の核心的な要因であったが、このコーヒー栽培は、ほぼマテンゴ高地と同じ頃にボジ・ミッション(5)が導入し、ミッションやその近辺に住む西欧人の農園からボジ高原の各地にひろがっていった（Knight 1974）。

ミッションやインド商人が犂を持ち込み、牛耕が次第に広まり、それが後にウソチェ村やンティンガ村での水田稲作の拡大に大きく寄与したことも注目しておかなければならない。ンティンガ村では、首長が他地域から犂を持ち帰り、モロコシ畑で牛耕を始めたことを契機として、牛耕が徐々に広まっていき、村人たちはインド人が経営する店で犂を購入したと語っている（下村　二〇一一）。

キロンベロ谷では、一九六〇年代にインド人がトラクタを持ち込んで綿花を栽培し始め、一九七〇年代に教会がトラクタを導入し、村人の稲作地の耕起も請け負うようになった（加藤　二〇一一）。一九七〇年代から一九八〇年代にかけて、政府や援助機関がタンザニアの各地にトラクタを導入したが、その大半はトラクタの補修・維持ができず放棄された。しかしキロンベロ谷では、トラクタの賃耕による稲作に従事する農民が増えていき、イファカラの町を含めた地域内で、トラクタの補修・維持が可能になった。二〇〇〇年までは主に教会・修道院・村行政府がトラクタを所有していたが、二〇〇〇年以降は個人所有が急増している。教会・修道院が果たした役割の重要性を再確認するとともに、多くの小農世帯を含む地域全体でトラクタによる耕作を持続しうる条件を整えていった事例として注目しておきたい。

創発性の事例として取り上げたキファニャ村の造林焼畑の淵源は、植民地期に遡る（近藤　二〇一一）。一九四九年にイギリスの民間企業がンジョンベの町にモリシマアカシア造林地とタンニン抽出の工場を開設し、地域住民にモリシマアカシアの造林を奨励して樹皮の買い取りを始めた。一方で、一九四〇年代に村人の一人が出稼ぎ先のアルーシャで生長の早いモリシマアカシアを目にして、その種子を持ち帰り、造林を手がけ、一九五〇年代に焼畑造林を試みていたという。このような素地のもとで、一九九〇年代半ばから造林焼畑が拡大・定着していったのである。また、谷地耕作のイノベーションのきっかけは、西欧人の農園で堆肥を用いた農業を経験した二人の村民が、一九六〇年代にその農法を谷地で試みたことにある。

植民地期の出来事や経験も含めて、できる限り長期の歴史過程を視野に入れ、外来要素と内発的発展の関係について事例研究を積み上げ分析していくことは、開発実践にも多くの示唆を与えてくれる。

V　国の政策・普及活動

タンザニアは（そして他のアフリカ諸国も）独立以降、激動の歴史をたどってきた。アフリカ型の社会主義として知られるウジャマー村政策の展開と挫折、市場経済化の推進や、グローバル化する政治・経済への対応など、激変する国の政策が村むらの生活にさまざまな影響を与えてきたことはいうまでもない。ここでは、調査対象とした村むらでの内発的な発展に関係する側面に限定し、国の政策・普及活動について検討しておきたい。

多くの村むらでは、一九七四年前後の集村化政策が、その後の村の生活に大きな影響を与えた。例えばキファニャ村での事例である（近藤　二〇一一）。政府は、シコクビエの焼畑栽培から化学肥料を用いたトウモロコシの常畑栽培への転換を促すため、集住化した村に集団農場を設けてトウモロコシ生産を奨励した。その際、伝統的な互助労働（ムゴーウェ）システムを利用して、共同労働を義務づけるために、労役に参加しない者にデニと呼ばれる負債を課した。村人は、このデニの概念を読み替えて、相互扶助を促進する新たな互助システムを編成し、生活環境の変化に対応していった。それは例えば、谷地耕作のイノベーションとして展開していったのである。強制的な移住を伴った集住化、集団農場での化学肥料を用いたトウモロコシ栽培の奨励、廉価な化学肥料の供与、労役への不参加に対する負債の制度などトップダウンの政策に、村人はしたたかに対応し、村の生態・社会・文化の文脈に組み込み、独自の生活改善の道を歩んだのである。

一九七五年には「村およびウジャマー村法（Villages and Ujamaa Villages Act）」が制定され、「二五〇世帯以上の規模をもつ村を経済単位として全農村が再編」（吉田　一九九七：二〇二頁）された。現在のタンザニアの村むらは、集住化や法制化のもとで再編された行政村であり、それゆえ村としてのまとまりは地域によって多様である。キファニャ村では村の下位単位である村区が、かつての自然村を想起させるような共同体的な性格をもつが、それは前述したような経緯を背景として創発したシステムである。しかし多くの場合、村政府は行政システムの末端機構としての機能が強く、村人の総意を集約して上位の行政機関に働きかける力は弱い。私たちの研究会で黒崎龍悟は、マテンゴ高地のキタンダ村が村独自の開発案の支援を県に訴える努力を試みている事例を報告したが、注目すべき動向であろう。

ウソチェ村では、集住化が進められた頃に、焼畑によるシコクビエ生産から、牛耕によるモロコシの常畑耕作が広く波及した（神田　二〇一一）。またンティンガ村では、実質的な水田稲作の普及員の役割を果たした獣医が県から派遣されており、生業システムの変容に行政が影響力をもっていた様子がうかがえる（下村　二〇一一）。

移住を伴う集住化によって、土地保有システムはかつてのクランを基礎にした慣習的な側面と、行政村による管理・運用の側面とをもち、ウルグル山地（樋口ら　二〇一一）やムフト村（伊谷　二〇一一）の事例に見られるように、土地利用の変容とも深く関わっている。イテプーラ村（山本　二〇一一）やウソチェ村（神田　二〇一一）では村有地（共有地）の利用動向が、季節湿地やアカシア林の保全を左右する状況にあることにも注目しておく必要がある。

キロンベロ谷で、近年、野生動物保護区の拡大と管理を強化する政策が打ち出され、この政策がポゴロとスクマの民族関係の変化を促す要因の一つになっている（加藤　二〇一一）。それは、トップダウンの環境保護政策がもつ問題点も浮き彫りにしている。

ザンビアのベンバの村で、土地制度の改正によって食料自給の基盤が切り崩され、生活の困窮化に追い込まれている状況は、きわめて重大な問題を提起していることを、大山修一（二〇一一）が報告している。土地制度と村の生活との関係は、現代アフリカの諸国家が直面している大きな問題であり、開発実践の視座からも、その動向を注意深く見守っていかなければならない。同時に、村の開発をめぐって、上位の行政システムと有機的な連携を構築していくことは重要な課題であり、この課題については、後に考察を加えたい。

vi　外国からの開発援助

序章（掛谷　二〇一一）で述べたように、マテンゴ高地などを対象としたＪＩＣＡプロジェクトに積極的に参画してきた私たちは、その活動理念を引き継ぎ、アフリカ型の農村開発手法の構築を目指して研究を進めてきた。それは、当然のことながら、これまでの開発援助への批判に根ざしており、外来要素の導入についても慎重に検討することを前提としていた。そのアプローチは、端的にいって、ブループリントに従い大型の機械・装置、インフラストラクチャー、近代的な技術をトップダウン方式で地域に導入するような方式とは一線を画している。

キファニャ村では一九八〇年代の前半に、外国からの援助計画の一環として、村の中心部を貫く幹線道路の舗装工事が進み、その完成が村の生活を大きく変え、その後の創発的なイノベーションの契機となった（近藤　二〇一二）。私たちの研究会で加藤太は、キロンベロ谷で過去に大規模な潅漑設備を建設する援助計画がたびたび持ち上がったが、氾濫原のコントロールの難しさゆえに実現することがなかった経緯を報告した。これらの事例からも学ぶ姿勢は確保しておくべきであろう。

一九九〇年以降には、これまでのトップダウン型の開発への反省を踏まえ、住民参加型を取り入れた開発支援が主流になりつつある。黒崎龍悟（二〇一二）は、それらの問題点の検討も含め、マテンゴ高地での開発プロジェクトと、それらに対する住民の対応を、住民と外部アクターとの相互関係に焦点をあてて調査・分析した。荒木美奈子はＪＩＣＡプロジェクトの中心メンバーの一人として開発実践に深く関わった経験と、その後の展開をモニタリングする開発研究を統合して、外部要素の導入についても考察を進めた（荒木　二〇一一）。私たちの共同研究では、外部者の開発援助そのものを、可能な限り村内部からの視点でも捉える実践的な研究を重視したことを、改めて強調しておきたい。

D　平準化機構・先駆者（変わり者）・イノベーション

タンザニアのトングウェ社会とザンビアのベンバ社会の研究から導き出された平準化機構（掛谷　一九九四ｂ）は、この共同研究が対象とした多くの村むらで見出され、その重要性が再確認されたといってよい。トングウェやベンバの村では、人びとの生存に必要な量を大きく上回るような生産を指向せず、より多くを持つ者が他者に分与することを当然とする社会倫理を基礎として、差異の平準化を促し、あるいは富が個人に偏在することを抑える機構によって、安定した生活が維持されてきた。この平準化機構は、自然に強く依存しつつ、人びとの共存を原則とする社会におけるセーフティネットの役割を果たしてきた。また平常時には人びとの突出した経済的な行動を押しとどめ、結果的に変化を抑制することになる。このような生計経済は、「小農的生産様式」や「情の経済」（Hyden 1980, 1983）と通底する特質であり、「アフリカ的停滞」と結びつけられがちな特質であるといってよい。

しかし、平準化機構を基底にもつ社会は、変化を常に拒絶する社会ではない。少数者が外部の要素をとりこみ、試行錯誤を続け、あるいは内部的にも新しい試みが生起する。村で生活した研究者なら、好奇心の旺盛な村人から多くの質問を受け、そのような村人から新しい作物や果実の種子を持ってくることを依頼された経験があるだろう。先駆者、あるいは「変わり者」と思われている村人が新しい活動を持ち込むこともある。そのような変化の萌芽は、小規模であるなら、むしろ村人たちは積極的に許容する。そして、人びとは、日常の濃厚な付き合いの中で、その小さな試みや変化の萌芽を仔細に見聞し、その経過と結果に注目している。それが特定の個人のみに大きな利益をもたらすとき、平準化機構のチェックを受けることになる。しかし多くの村人がその有用性を認め、そして外部の諸条件が合致すれば、逆に平準化機構は変化を促進するようにはたらく。このようにしてイノベーションが広く波及していくことがある。そのプロセスについて、杉山祐子（二〇一一）が詳細に分析したべンバ的イノベーションの事例研究は、モデル化も含め、多くの示唆を与えてくれる。

キファニャ村での、化学肥料を用いた連作型の谷地耕作や、造林焼畑の波及も、そのプロセスの良い例である（近藤　二〇一一）。

ンティンガ村での用水路の造成は、この論点にとって、きわめて興味深い例である（下村　二〇一一）。テンベアに出て、水田稲作の先進地で在来の潅漑用水路を見た村人が、後に村の不透水層地帯に独力で二年間をかけて五キロメートル以上の用水路を掘った。そして、この用水路の水を他の村人も利用して水田を開墾していったのである。後に検討するが、用水路を掘った村人は、人びとから「変わり者」とみなされている。

村には多彩な個性の持ち主が多い。町で長く暮らした経験をもつ村人もいる。他の村や町を広くテンベアして、新しい情報や知識を蓄えている者もいる。中には「変わり者」とみなされている者もいる。このような多様な個性が、平準化機構を、変化を促進する機構に転換させ、村にイノベーションをもたらし、内発的な村の発展の契機となっていることに注目しておきたい。

E　内因の熟成と外因の同調

先駆者や変わり者が新しく持ち込んだ情報・知識・技術が、多くの村人に理解され、その有用性が認められたときに、つまり「内因の熟成」という条件が成立したときに、外部者によるインフラの整備や新しい政策の施行など、つまり外因が同調すると、平準化機構は変化を促進するようにはたらき、イノベーションが一気に波及することがある。このプロセスは、序章（掛谷　二〇一一）で述べたようにザンビアのベンバの村で見出したのだが、その後の調査の蓄積を踏まえ、杉山がそのプロセスを生き生きと描いている（杉山　二〇一一）。ここでは、さらにタンザニアのキファニャ村（近藤　二〇一一）とウソチェ村（神田　二〇一一）の事例を取り上げて検討しておきたい。

キファニャ村で連作型の谷地耕作が波及するプロセスは、興味深い事例である。西洋人の農園で働いた経験をもつ二人の村人の試みによって、谷地に堆肥を入れてインゲンマメなどを連作する農法の意義を理解していた村人の一部が、一九七四年以降の集村化期に、廉価に供給された化学肥料を谷地に投入する創造的模倣によって谷地での連作に成功し、村政府が谷地を再配分したこともあって、この農法が村中にひろがっていった。肥料の投入と谷地での連作について村人が十分に理解していた素地のもとで、つまり「内因の熟成」という条件が成立していた頃に、集村化政策や全国メイズ計画の一環として化学肥料の廉価な供給という外因が同調し、創造的模倣を契機にして新しい谷地耕作の農法が波及していったのである。

この連作型の谷地耕作は、一九八六年以降にふたたび拡大していった。その頃、村の中を通る幹線道路が舗装され、構造調整計画の導入によって経済の自由化・市場経済化が急速に推し進められたのである。これらの外因の変化は、それまで主として副食用に栽培されていたインゲンマメの、市場での商品価値を高めることになった。キファニャ村でのインゲンマメは谷地耕作によって乾季に生産され、インゲンマメ市場の端境期に出荷されるためである。その谷地畑が遠隔地にまでひろがり、毎年多くの商人が買い付けにやってくるという。谷地の畑は「ママの畑」と呼ばれ、主として女性によって管理・維持されてきたのだが、そこから得られる収入は世帯の生計の基盤となり、また多くの女性世帯（世帯主が女性）の自立を支えているのである。新しい谷地畑の開墾は、深い排水溝を掘るなどの重労働を伴うが、その労働は、集住化期に再編され創発したムゴーウェ（互助労働）によって調達されたのである。

ウソチェ村での水田稲作の波及・拡大も、「内因の熟成と外因の同調」の典型的な事例であろう。牛耕によるモロコシ栽培を生業の基盤とするウソチェ村に、農牧民スクマがウシの放牧地を求めて一九八二年頃に移住してきた。そして、それまで未利用であったアカシア林帯に住み着き、そこで水田稲作を始めた。水田稲作は古くからスクマの生業の一部であった。ウソチェの地元民であるワンダの人びとは、スクマの活動を見聞し、時には雇われて田植えなどの農作業に従事し、次第に水田稲作に慣れ、自ら水田を開墾する先駆的なワンダも現れた。こうして水田稲作が広まるための内因が熟成し始めた頃に、経済の自由化・市場経済化が急速に推し進められ、一九九一年には穀物流通も自由化され（外因が同調し）、水田稲作を始めるワンダが増加していった。これらの先駆的なワンダは、容易に水田適地を確保でき、牛耕用のウシも持っている人びとだった。これが、いわば第一期の水田拡大期である。

第二期は、一九九八年以降の水田稲作に従事する世帯の増大期である。穀物流通の自由化以後に多くの民間商人が村に買い付けに訪れるようになり、それまで水田やウシを持っていなかった村人たちも、何とか水田稲作を始めたいと熱望する状況になっていた。ほぼその頃にスクマは、他の人にウシを預ける慣習（クビリサ）の対象をワンダにもひろげ、またワンダ内でもウシの又貸しなどが公認されるなど、牛耕を支えるシステムが創発していき、多くのワンダが水田稲作に従事するようになった。この第二期の水田稲作の拡大も、内因と外因の相互関係を示すよい事例である。

このように、内因の熟成と外因の同調は、多くの村むらでの大きな変化に伴う動的過程として認知してよいであろう。

F　外来要素の内在化

タンザニアのキファニャ村とウソチェ村での事例を取り上げ、二つの時期に分け、「内因の熟成と外因の同調」について検討したが、いずれの村の場合も、内因の動態は二つの時期で様相を異にしていることに注目しておかなければならない。両村の事例とも、後の方の時期に、より多くの村人たちが連作型の谷地耕作や水田稲作に従事するようになり、この段階で、連作型の谷地耕作や水田稲作がほぼ村全体に行き渡ったとみてよい。最初の時期は、両村とも、いわば平準化機構がイノベーションを促進した側面を示す時期であり、後の時期は、大半の村人が等しく新たなイノベーションを享受できるようになり、底上げする方向で平準化が機能した時期であったと分析できる。この後半の時期に、キファニャ村では創発したムゴーウェが重要な役割を果たし、ウソチェ村では牛耕を支えるシステムが創発して大半の村人が水田稲作に従事できるようになったことを強調しておきたい。

この二村の事例は、ザンビアのベンバの村におけるファーム耕作の展開過程を分析して杉山が提示した、イノベーション拡大のプロセスのモデルとも見事に照応しているといってよいであろう。そこでは、個別多発的イノベーションが模倣の連鎖につながり、その促進が一方で差異化や格差を生じさせたが、数年以上の年月をかけて、稀少な資源（財）にアクセスする仕組みが創発し、イノベーションは村全体に波及していったのである（杉山二〇一一）。

このようなプロセスを経て、外来の要素が地域システムの内部に組み込まれ、全村民が利用でき、恩恵にあずかることができる技術あるいは制度となる。それを外来要素の内在化と位置づけたい。

身体化された共同性

これまで、平準化機構がイノベーションを促進し、また大半の村人がイノベーションの恩恵にあずかることができる方向に機能する側面について詳細に検討してきた。しかし一方で強調したように、平準化機構は、「多く持つ者」が「持たざる者」に分け与えるのが当然であるとする社会規範あるいは社会感覚に根ざしており、平常時には人びとの突出した経済行動を押しとどめ、変化を抑制する機能をもつ。そして平準化機構は、妬みや恨みに起因する呪いへの恐れや、精霊や祖霊への畏れによって制御されている。特に呪いへの恐れは根深く存続しており、例えば成功して富者になった者は、邪悪な力（邪術）を使って富を手に入れたとの世評を恐れ、あるいは他者が妬んで呪いをかけることを恐れる。それは、いずれの村でも噂話としてささやかれ、日常の会話でも話題になる。例えばキロンベロ谷のポゴロ社会では、稲作で財をなして商店を構えるようになった人は、ビビと呼ばれる呪医のもとを訪れ、呪医の霊力によって邪術者ではないことを証明してもらい、その証として頭髪を剃ってもらうという（加藤　二〇一二）。ンジョンベ高原のキファニャ村でも、人びとは常に呪いを恐れており、例えば畑の収穫物の多い世帯が、それを羨む世帯に収穫物の分配を断ることは難しいと、近藤史は私たちの研究会で報告した。そのような心性が、一方で柔軟性に富んだ互助労働（ムゴーウェ）のシステムを支えている。呪いは「制度化された妬み」（Foster 1965, 掛谷　一九八七）の表現であり、身体化された共同性の表現である。それが互助や互酬性を裏面から支えていることを再確認しておきたい。

この身体化された共同性は、他の表現形をとることもある。以下で、それらについて検討しておきたい。

A　記憶と互助精神

キファニャ村での、互助労働（ムゴーウェ）におけるデニ（deni）という負債に関する事例であるが、このデニは記帳せず、それぞれの参加者の記憶にもとづいて労役の負債を清算するのであり、その清算期間も定められていない（近藤　二〇一二）。親族内では、「デニを数えない関係」が広く認められており、それは、近しい父系親族が集まって無償の労働力を提供し合う伝統的な慣行の変形である可能性がある。デニを記帳せず、参加者の記憶にゆだねる方式は、身体化した共同性を表現しているといってよいであろう。

B　功績者の非固有名詞化

これまでも何度か取り上げてきたが、ここでも、ンティンガ村で用水路を独力で掘った村人の事例に言及しておきたい（下村　二〇一一）。現在では、この用水路から多くの村人が水を引き、水田を耕作している。他の村人たちは、この用水路によって不透水層地帯での水田稲作が可能になったことを十分に認識しているのだが、特に彼の功績について語ることはなく、むしろ彼の水田経営や金銭の使い方などについて才覚がないと噂している。彼は、時に人びとの水の利用について不平を漏らすことはあるが、正面切って異議をとなえることはない。村人たちは、いわば彼の功績を黙殺しているのだが、それは特定の個人を、その突出した行為によって、表だって評価することを避けているようにもみえ、平準化機構の一側面、あるいは身体化された共同性の表現であると考えられる。

ザンビアのベンバの村でも、新しい作物や農法を導入した人の名前をあげて村人が語ることはなく、創始者や功労者の権威づけが避けられていると、杉山（二〇一一）は述べている。

タンザニアのキファニャ村（近藤　二〇一一）やウソチェ村（神田　二〇一一）でも、ある技術や作物を導入した人について尋ねても、その人物を特定することが困難な場合が多いことが指摘されている。このような傾向性を、ここでは「功績者の非固有名詞化」と呼ぶことにしたい。ンティンガ村で用水路を掘った村人の事例は、その社会的な意味の一側面を示しているのであろう。

内発的発展におけるキー・パースンの役割（鶴見　一九九六、一九九九）と功績者の非固有名詞化との関係は、私たちの研究会での議論の中心的なテーマの一つであった。キファニャ村は、創発性や創造的模倣の展開について格好の事例を提供してくれたが、この展開の主体について考察した近藤史（二〇一一）は、これまでの研究（鶴見　一九九九）ではキー・パースンが常に少数の固有名詞で語られる個人であったことと比較して、キファニャ村では、新しい農法を共同で試みる実践的キー・パースンとしてムゴーウェ・グループが大きな役割を果たしたことを指摘している。マテンゴ高地での開発実践とモニタリング調査に深く関わった荒木美奈子（二〇一一）は、ハイドロミルを管理・運営するセング委員会を、キー・パースンとして位置づけている。

アフリカの村むらにおける内発的発展とキー・パースンの関係については、さらに研究を深めていかなければならないが、「功績者の非固有名詞化」の視点も重要な論点である。

C　平準化機構と経済格差の併存

これまで平準化機構について詳細に論じてきたが、村内における経済的な格差については検討を加えてこなかった。現実の村むらでは、村人の間でかなりの経済的な格差がある。平準化機構と経済的な格差は併存しているのである。前にキロンベロ谷のポゴロ社会での成功者が邪術者として疑われないように、呪医の霊力に頼る事例について述べた。広くタンザニアでは、邪術者に呪われないようにダワ（呪薬）で身を守ることが知られているが、調査村の人びともダワに依存していることは十分に考えられる。また、農牧民のスクマはダワについて熟知した民族として有名である。こうした呪術的な対処法には、ここでは深入りせず、平準化機構と経済的な格差の併存の、現代的な意味について考察しておきたい。

私たちの研究会で報告された個別の事例ではあるが、キファニャ村で経済的に成功したある村人は、金貸し業も営んでいる。彼は村人それぞれの事情に応じて返済期限を延ばし、あるいは無利息で貸している場合もあるという。村人からの人望もあり、また新しい事業を始めて、その恩恵を他の村人にも与えてくれる先駆者となる可能性を秘めているという。村人は、このような成功者の存在を許容し、見守っていると、近藤史は語っていた。ボジ県のイテプーラ村で、山本佳奈（二〇一一）の調査を支え、居室も提供してくれている村人は、成功者の一人で金貸し業を営んでいる。彼も、キファニャ村での成功者のように人望があり、新しい事業の先駆者となる可能性を秘めた人物だという。個別の事例のみであり、より説得力のある実証的な研究は今後の重要な課題であるが、成功者は地域の経済的な発展を先駆する限りにおいて許容されていると考えることができる。このような村人の性向は、市場経済化が進む時代における、身体化された共同性の感覚を示しているのかもしれない。

現段階では、平準化機構は村レベルでほどほどの生活を支える機能をもち、地域の経済発展を先導する機能をもつ範囲内で格差が許容されているというのが、暫定的な結論である。

自給性の確保

タンザニアの調査村では、特に二〇〇〇年代に入って、商品作物の栽培が大きく増大したが、各村とも自給用の食料生産は維持し続けていることを強調しておかなければならない。

ボジ県のンティンガ村では、アカシアの一種のアルビダ林に常畑を開墾し、トウモロコシやモロコシなどの主食用の作物を栽培している。アルビダは、乾季に葉を茂らせ、結実し、雨季に葉を落とす特異な季節性をもっている。アルビダ・ウシ・作物は互いに相利的な関係をもっており、土壌の肥沃度も高い。このアルビダ林での常畑耕作が、ンティンガ村の自給の基盤をしっかりと支えてきた。この基盤のもとで、水田稲作の安定した拡大が可能だったのである（下村　二〇一二）。ウソチェ村では、シクンシ科の樹木が卓越する疎林を拓いて畑地とし、牛耕によって主としてモロコシを栽培し自給を確保している。そして、農地の対象としていなかったアカシア林に水田を開墾していったのである（神田　二〇一一）。

マテンゴ高地では、ンタンボ内にンゴロ畑とコーヒー園がある。ンゴロ畑では、自給用のトウモロコシとインゲンマメを耕作し、コーヒーが重要な換金作物である（伊谷・黒崎　二〇一一）。

キロンベロ谷では、稲作への特化傾向を示しているが、コメを主食とし、トウモロコシも栽培して、主食食料は自給している。しかし、副食用の野菜・魚・獣肉などは、コメを売って得たお金で購入している（加藤　二〇一一）。

こうして羅列的に数村の事例を概観しても明らかなように、タンザニアの村むらでは自給用の作物生産を確保したうえで、商品作物の導入・拡大を図ってきたのである。

ザンビアのベンバの村でも、シコクビエ・キャッサバを主作物とした焼畑耕作（チテメネ・システム）によって自給性を確保しつつ、商品作物を栽培する方途を模索してきたのだが、土地制度の改変によって、焼畑適地が得られず、自給の基盤が崩れ、困窮化に直面している現実を見据えておかなければならない（大山　二〇一一）。市場経済化が進み、商品作物の栽培に注目が集まりがちであるが、アフリカの農村が自給性を確保し続けてきた特性に、改めて注目しておく必要がある。

在来性のポテンシャルと内発的発展

ここまで、私たちが調査対象とした村むらでの、創造的プロセスを内包した地域発展の特性を詳しく検討してきた。これらの諸特性を踏まえつつ、それぞれの村に即し、遡及が可能な時点から現在までの地域発展の軌跡をたどることによって、それは地域や村の「在来性のポテンシャル」が活性化・顕在化してきたプロセスであったと総括できる。

代表的な事例として、タンザニア・ンジョンベ高原のキファニャ村を取り上げ（近藤　二〇一一）、地域発展のプロセスをたどってみたい。キファニャ村は標高一七〇〇メートル前後の高地に位置し、起伏に富んだ地形と冷涼で湿潤な気候条件が特徴的な生態環境のもとで、雨季の斜面地耕作と乾季の谷地耕作を生業の基盤としてきた。斜面地耕作と谷地耕作は、ともに草地休閑型の焼畑耕作であった。谷地ではインゲンマメやカボチャを栽培し、斜面地でシコクビエの焼畑を耕作してきた。ウジャマー村政策による集村化期には、政府の全国メイズ計画で廉価に供給され始めた化学肥料を使って、谷地で連作栽培を始め、斜面地ではトウモロコシの常畑耕作に変わった。谷地での連作栽培は、創造的模倣の事例として検討したように、在来の農法と外来の農法を融合させた新たな農法であった。

近年には斜面地で造林焼畑でのトウモロコシ栽培が始まった。この造林焼畑は、創発性の事例として紹介したが、その淵源は植民地期に遡るモリシマアカシアの造林であり、一九五〇年代にはモリシマアカシア造林での焼畑耕作を試みた村人もいた。また、一九八〇年代半ばには、植栽密度を適正に管理した製材用パツラマツを植林し、現金収入源とする動きがあった。そして一九九〇年代半ばから、市場経済化の大きな波の中で化学肥料が高騰し、施肥量が減り、常畑でのトウモロコシ収量が激減するという状況のなかでモリシマアカシア林の造林焼畑が拡大し定着していった。この造林焼畑は、在来の焼畑技術と、外来のモリシマアカシアの造林、そして製材用パツラマツ林の育林技術が組み合わされて創出されていったのである。

谷地での連作栽培や造林焼畑の拡大と定着を支えたのは、集住化期に創発した互助労働のシステムであるが、それは在来のムゴーウェと呼ばれる互助労働を基礎としている。

地域や農村は生態・社会・文化の相互関係の歴史的な集積体であり、その集積体がもつ多面的な潜在力・可能性を「在来性のポテンシャル」と考えることができる。それは多くの場合、外部からの情報・知識・技術の流入や刺激によって活性化され、外部の社会的・経済的な環境の変化に応じて創発し顕在化する。キファニャ村の事例は、そのダイナミックなプロセスを見事に示している。また、他の村むらの事例は、多彩な「在来性のポテンシャル」の存在形態があることを教えてくれる。そして、「在来性のポテンシャル」の活性化・顕在化のプロセスは、農民たちの創造性と主体性がもたらす内発的発展のプロセスでもあるということに思い至るのである。

2　アフリカ農村の開発実践をめぐる諸特性

本節では、タンザニアのマテンゴ高地（キンディンバ村・キタンダ村）とウソチェ村を対象とした開発実践から学び得たことをまとめ、1節と合わせて、私たちの共同研究の総括としたい。

実践感覚と改良ＮＯＷ型モデル

マテンゴ高地でのＪＩＣＡプロジェクトで、私たちは地域研究と開発実践をつなぐさまざまな困難を経験することになったのだが、特に基礎的な実態調査と、問題解決に向けた構想と実践の関係について深く考える必要に迫られた。それまで私たちは、徹底したフィールドワークを通して、アフリカの農民像を明らかにする努力を続けてきたつもりでいた。そして、この基礎的なフィールドワークを地道に積み上げていけば、おのずと地域や農村が抱える問題を把握でき、問題解決に向けた構想と実践につながると、いわば素朴に信じていた。ＪＩＣＡの研究協力を終えた時点では、充実した研究成果が得られたという満足感とともに、この素朴な感覚で新しい開発プロジェクトを構想し、実際に開発プロジェクトに参画した。しかし開発実践の場では、思いもかけなかった現実的な問題に直面することになった。例えば、ムビンガ県庁の役人やマテンゴの多くの住民にとって、日本の国際援助機関がマテンゴ高地に入るということは、潅漑施設や舗装道路の建造、水道や電気のインフラの整備がおこなわれることだというイメージに直結しており、私たちが考えてきたような開発実践の内容を理解してもらうことが困難な状況が続いた。そして、さまざまな関係者の思惑や利害がせめぎ合い、その渦中で具体的な問題解決策を構想し実践することの困難も想像を越えるものがあった。そのような状況のなかで、懸命に努力し、徐々に私たちの考えを理解してもらい、開発実践に向かって活動を続けた。そして、本書で「実践感覚」と呼ぶ、いわば心の志向性が不可欠であると考えるに至った。それは、基礎的な実態調査を深める過程で、常に現実を見つめつつ、問題解決に向けた構想と実践への「こころざし」を深め、その具体化の可能性を問い続ける姿勢が必要

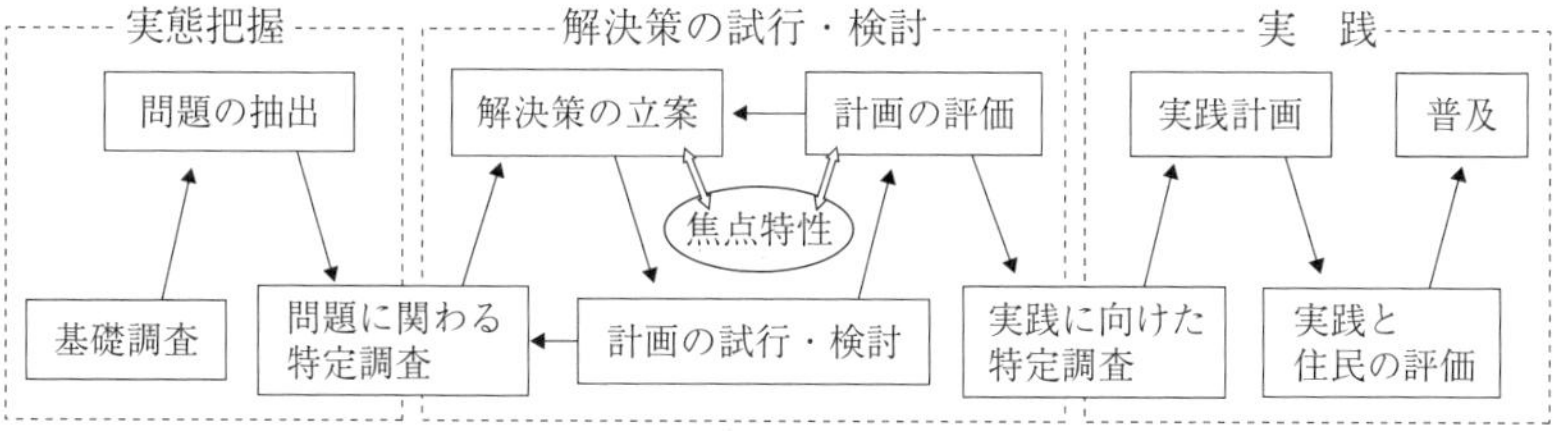

図 18-1　改良 NOW 型モデル

だということである。繰り返すことになるが、「実践感覚」は基礎的な実態調査の積み重ねのみでは醸成されにくい「こころざし」「心の志向性」なのである。

いささか精神論に走りすぎたが、この「実践感覚」を磨き上げる一つのプロセスとして、実践のフェーズに移る前に、実験的な試行のフェーズを組み込み、NOW型モデルに従って活動を進めることにしたのである。この試行によって、いわば住民と私たち研究者（専門家）が共同して小規模ではあるが「ひと仕事」（川喜田　一九九三：二一二頁）を達成し、この経験を通して住民は開発実践の主体であることを自覚し始め、私たち外部者（研究者）には実践感覚が育まれていくと考えたのである。（ただし当時は、この実践感覚というコンセプトには思い至らず、住民のニーズと現実化の可能性、開発実践に対する住民の反応を知り、開発計画にフィードバックする過程であると位置づけていた。実践感覚というコンセプトは、今回の共同研究で見出したのであり、前述の説明は、後づけの再解釈である）。

この共同研究では、ウソチェ村での開発実践で、NOW型モデルを意識して活動を進めたが、結果的には（図18-1）に示した改良NOW型モデルに沿った開発実践の過程をたどった。

解決策の試行・検討（図18-1）のプロセスで、私たちはウソチェ村の焦点特性に思いをめぐらし、ウソチェの村民グループとともに計画を練った（二〇〇六年八月）。この当時は、水田開墾地の増大、アカシア林などの疎林の減少、ウシの放牧域の減少が、ウソチェ村の大きな問題群であり、その根本には水田拡大と林地保全の矛盾が潜んでいると考えていた。そして、この状況を西田哲学の難解な用語ではあるが、「絶対矛盾的自己同一」の状況と捉え、それを仮の焦点特性と考えて解決策を模索していた。その状況への対処の一歩として、小規模な焼畑方式で造成されてきた苗床の代わりに、牛糞と木灰を混ぜて苗床をつくりイネの苗を育てる案や、未利用地を活用し、商品作物の多様化を図るために、ゴマ・ヒマワリ・ラッカセイの品種試験を試みる案を立てた。村民グループは一一月以降の雨季に、計画案の実施を試みた。しかし、これらの計画案は、雨季前半が予想外の豪雨、後半は寡雨という異常気象のため、とり止めたり（苗床計画）、十分な実験管理がいきとどかなかったり（作物の品種試験）、また村民グループの結束に問題が生じたり、という結果になり、翌年に再度、一部の特定調査をおこない、立て直しを図らざるをえなかった（図中の「計画の試行・検討」から「問題に関わる特定調査」への矢印は、このフィードバックの過程を示している）。この経験は、異常気象という思いがけない自然条件も考慮に入れることの重要性を知る契機となり、また、私たちの試行計画案が拙速で練り上げが不足していたことを思い知る契機にもなった。しかし、発育が思わしくなかった作物の品種試験区で、村民グループのメンバーと一緒に議論しながら収量を計り、計画を立て直し、新たな活動を進める過程で（二〇〇七年五月、七月）、村民グループのメンバーの自覚が育ち、また私たちの実践に対する感覚が磨かれたという実感をもった。この経験が、「実践感覚」というコンセプトの創発につながったのである。

「実践感覚」と改良ＮＯＷ型モデルのもつ意義については、次節で、さらに突っ込んで考察を深めたい。

プロセスに学ぶ――偶然の必然化

ＪＩＣＡプロジェクトの重要な指針の一つは、プロセスそのものから学び、学んだことをフィードバックさせて改良していく姿勢を基本とすることであった。それは「内部者」と「外部者」との相互作用を重視する姿勢であるといってもよい。キンディンバ村を中心的な対象とした荒木美奈子（二〇一一）も、主としてキタンダ村を対象とした黒崎龍悟（二〇一一）も、ともに村人（「内部者」）と開発プロジェクトに携わる「外部者」の相互作用を重視した活動・調査を進め、その過程を記述・分析している。ウソチェ村での開発実践も、この姿勢を基本としてきた。それは開発実践の全プロセスで堅持される指針であったが、特にＮＯＷ型モデルのアクション・リサーチ、改良ＮＯＷ型モデル（図18-1）では解決策の試行・検討のプロセスに明示的に組み込まれている。それは前述したように、「実践感覚」を集中的に磨く機会でもあった。ここではキタンダ村での養魚池の導入と、ウソチェ村での牛車の供与をめぐる事例を取り上げ、プロセスに学ぶことの重要性について検討したい。

Ａ　養魚池の導入――キタンダ村での経験

キタンダ村でのアクション・リサーチは、ンタンボの利用・保全の水準を向上させるという目標を視野に入れ、谷地の集約的な利用、養蜂、植林をセットにして、農民グループと協議し活動を進めていった。このグループには、黒崎龍悟が青年海外協力隊員の活動の一環として加わり、行動をともにした（黒崎　二〇一一）。活動を始めてから一ヵ月が過ぎた頃に、メンバーから、このグループの活動として養魚池を掘り、魚の養殖を試みたいとの要望が提案された。グループのリーダーたちとも相談し、黒崎がプロジェクト側にこの要望を伝えた。この要望を提案したメンバーの一人は、かつて在来種の魚の養殖を試みたが、さまざまな困難を克服できずに養殖を放棄した経験がある。彼はプロジェクトの姿勢や支援のキャパシティを読んで、ティラピア種の導入を要望したのである。プロジェクト側は、魚の自給が住民の長年の希望であることを確認し、またメンバーからの積極的な提案であることを評価し、すぐに養魚池の造成と稚魚の搬入に協力した（二〇〇二年一一月）。ティラピアの成長は早く、数ヵ月後には産卵して稚魚が増えていった。そしてメンバーたちはティラピアを収穫し、活動の成果を実感したのである。この活動を見聞して関心をもった村人たちは、グループから稚魚を購入し養殖を始めた。グループへの参加希望者も増えていき、ある時点から新たなグループを立ち上げる動きに変わっていった。当初のグループは、養魚・養蜂・植林をセットで進めていくよう他のグループに助言し、技術的な指導もおこなった。その結果、短期間に多くのグループが発足し活動がひろがり、プロジェクト側もこの動きを支援した。そして、このグループ群は相互交流を深め、新たな活動を展開し、農民グループ協議会を結成するに至った。グループ・メンバーの提案から始まった養魚活動は、村中にひろがり、プロジェクト終了後も養魚池の数は増し、二〇〇五年六月にはキタンダ村で二一〇池にまで達し、また他の村にも波及していった（黒崎　二〇一一）。

黒崎（二〇一一）は、開発実施側が意図しない形やタイミングであらわれる効果などを「副次効果」と捉え、それが住民主導の開発実践へと展開していく契機となることを、キタンダ村における養魚活動の展開過程の詳細な分析から明らかにした。キタンダ村における養魚活動は、グループ・メンバーの提案に端を発し、いわば偶然が必然化するプロセスをたどり、「副次効果の増幅作用」も加わって村全体を巻き込む住民主導の開発実践へと転換していったのである。プロセスに学ぶというプロジェクトの基本的な指針や、プロジェクトの一員でもある協力隊員がグループの活動に参加していたことが、養魚活動の展開を支援できた大きな要因であるが、より一般化するなら、偶然を必然に変える仕組みをプロジェクトは備え、その契機を捉える「実践感覚」を、外部者（研究者・専門家）は磨き上げておかなければならないことを示唆しているといえよう。

B　Tシャツから牛車へ――ウソチェ村での経験

実践感覚と改良NOW型モデルについて検討した際に、ウソチェ村での解決策の試行・検討の概要を記したが、この試行・検討と、後の活動を村民グループと共同して進める過程で（二〇〇七年五月、七月）、実践感覚の重要性とともに、偶然を必然に転化することの意味と重要性を確認することができた。

この期間に、ウソチェ産のコメとタンザニア各地から集めたコメを並べ、コメの食味テストを試みた。村民グループとともに、ゴマ栽培の先進地域や、近隣の水田稲作地域の視察も試みた。その間、村民グループとの討議も深め、ウソチェ村の焦点特性は、「疎林・ウシ・水田稲作の複合」と「民族の共生」であると判断し、その特性を主軸に据え、村が抱える問題の解決に向けて計画を練り上げた。牛糞と木灰を混ぜた苗床の造成、ゴマ・ヒマワリ・ラッカセイの品種試験、食用・飼料用のマメ科作物の栽培試験、水田で苗の密植効果を確かめる栽培試験など、土地の選定も含めて綿密に計画を立てた。

また、掛谷、伊谷と神田靖範は、実践活動の経過や計画をめぐって、夜ごと議論を重ねた。その中心的な話題の一つは、活動支援と調査のために二〇〇七年二月に神田が村を訪れ、帰国後に報告した内容であった。活動に参加する村民グループのメンバーには偏りがあることや、グループのメンバーは村民会議で選ばれて活動しているのであり、そのことを示すために、グループ名をプリントしたTシャツがほしいという要望があることなどの報告であった。議論は、マテンゴ高地での経験との比較検討に発展し、キンディンバ村でのハイドロミル設置や、キタンダ村での養魚活動の経緯や意義などに及び、Tシャツへの要望は、ハイドロミルや養魚池のような、グループの活動を象徴する物や装置が必要であることを示唆しているのではないかという結論に達した。そして「疎林・ウシ・水田稲作の複合」と「民族の共生」という焦点特性や、それまでに考えてきた活動計画との関係について討議は進み、牛糞を苗床まで運ぶ具体的な方法などに思いをめぐらし、牛車を供与する案が浮上した。タイヤ車輪の牛車は、スクマのなかには持つ者もいるが、ワンダには持つ者はいない。開発実践を本格的に始めるに当たって、開発関係の専門用語でいえばエントリー・ポイント（佐藤　二〇〇五）で、賦活剤のもつ意義は大きい。それもマテンゴ高地での活動経験の教えである。こうして牛車を供与することに決めた。牛車は、職人の優れた技術をもち、私たちの親しい友人でもあるスクマに頼み、造ってもらうことになった。それは、牛糞の利用も含めれば、スクマとワンダの「民族の共生」を象徴することにもなる。何よりも「疎林・ウシ・水田稲作の複合」の要の象徴になる。賦活剤としての牛車の供与は、私たちの実践感覚が促した判断であり、開発計画の全体像の把握や、将来に向けての実践課題についてイメージをふくらませてくれる判断となった。少数のグループ・メンバーの要望を、たまたま神田が聞いたことの意味は大きい。ここでも、偶然の必然化が創発したのである。

こうして、焦点特性を踏まえた試行の計画が定まり賦活剤としての牛車もできあがり、その年の雨季に計画を実施した。二〇〇八年の六月に私たちは村を訪れ、村民グループの活動がかなりの成果を上げたことを確認した。ヒマワリの種子は、ある程度の量を収穫できたので、町場まで運びディーゼルの搾油機で油をとり、村に持ち帰った。メンバーは油の一部を分けてもらって料理に使い、その味の良さを知った。残りのヒマワリ油は、村の希望者に廉価で分売した。牛糞と木灰を混ぜて造成した苗床では、丈夫な苗が育ち、この苗床の有効性も確認できた。イネの密植効果を確かめる栽培試験では、狭い株間でイネを育てた方が、収量が高いこともわかった。村民グループは、各村区の長や小学校の先生たちに集まってもらい、これらの試行の結果を報告した。参加者は熱心に聞き、例えば牛糞と木灰を混ぜて造成した苗床実験への評価は高く、混合の比率などの質問もあり、また実験に用いたヒマワリやゴマの種子を分売してもらえるかと問う出席者もいた。村民グループのメンバーも、手応えを感じたようだった。この報告会の後に、しばしばグループの会合を持ち、新たに始める河辺での乾季の野菜栽培について議論し、その畑の候補地を視察し、潅水の方法なども検討した。前年の試行は、規模を大きくしてふたたび実施することも決めた。この村民グループに入会を希望する若者も多くいたが、規模のむやみな拡大はグループの結束を弱めるとして、新たに一人の入会のみを許可してグループを運営していくことになった。村民グループのメンバーは自信をもち、活動を積極的に進める意欲を見せていた。二〇〇八年の一一月には伊谷が村を訪れ、雨季に向けての活動をともに進めた。改良NOW型モデル（図18-1）の流れでいえば、実践の最後の過程が進みつつある段階である。

この共同研究は二〇〇九年三月で一応は終了したが、今後も住民の活動をフォローアップし、またできれば、県などの行政サイドの協力を得ながら、他地域の住民との交流会を開催し、カトゥウェズィーエの活動を紹介して情報を交換する機会を持ちたい。こうして改良NOW型モデルの実践フェーズの最終過程である普及への足がかりにしたいと考えている。

実践感覚、焦点特性の設定、プロセスに学ぶこと、偶然の必然化、賦活剤の選定と活用などは、相互に深く連関しつつ改良NOW型モデルを支えており、試行錯誤の過程も含みつつ私たちは開発実践を進めてきた。

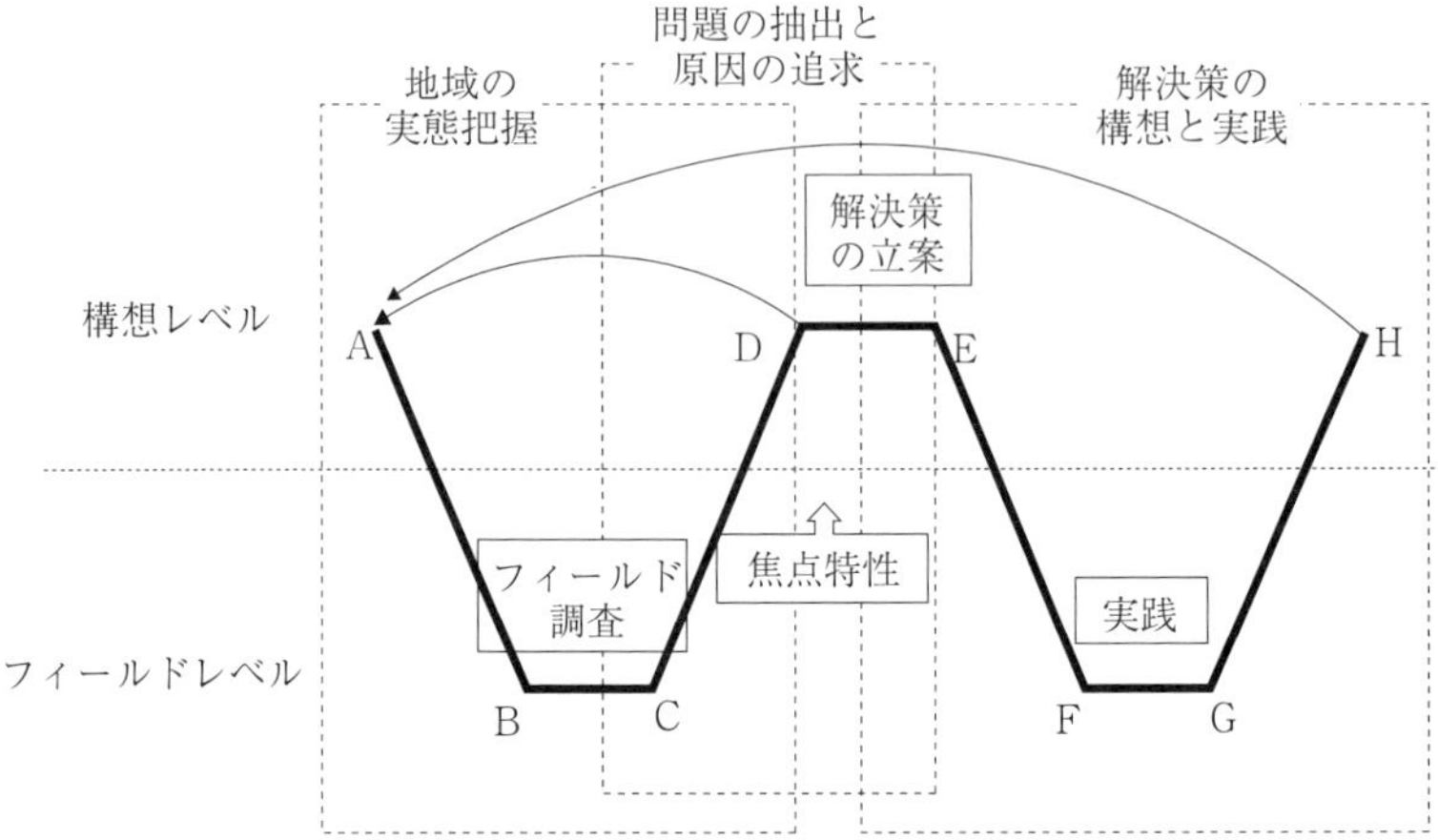

図 18-2　農村開発の 3 段階の枠組み

これまでの検討で幾度も登場した「焦点特性」の設定は、開発実践の要となるポイントであり、次にその内容と意義について考察しておきたい。

「焦点特性」の内容と意義

序章（掛谷 二〇一一）で述べたように、マテンゴ高地での開発実践を推し進める指針となったのは、開発の対象とする地域の焦点となる特性、つまり焦点特性を見出し、それを中心に据えた視座（ンタンボの視座）から、地域が抱える問題群の解決策を構想計画するアプローチであった。序章（二〇一一）で農村開発の三段階の枠組みを示す図を提示したが、その図に依りながら、説明を加えておきたい（図18-2）。図中のDとEをつなぐ線は、川喜田が提唱するW型の問題解決図式（川喜田 一九九三：二四一頁）（図17-2）では、構想計画のプロセスを示しているが、このプロセスで「焦点特性」が重要な役割を果たす。図18-2では、ほぼそのプロセスに対応する部分に「解決策の立案」と記されている。このD—Eのプロセスで、基礎的な実態調査の積み重ねでは醸成されにくい「こころざし」「心の志向性」である実践感覚が特に必要となるのである。その要請に対応するために、私たちは改良NOW型モデルを考え（図18－1）、解決策の試行・検討のフェーズ（マテンゴ高地でのプロジェクト時には、アクション・リサーチに相当）を設定したのである。

マテンゴ高地では、開発プロジェクトの前に、研究協力が先行し、その調査・研究でンタンボという社会生態的な単位を見出していたのだが、それを焦点特性と考え、「ンタンボの視座」を設定したのは、現実的な開発実践の場で苦闘した結果であった。この経験も、実践感覚についての詳細な検討を促したのである。

序章（掛谷　二〇一一）では、焦点特性を視座に設定することの意義を、「在来性のポテンシャル」を支える要素群と関係を明確にし、学際的なアプローチの準拠枠となり、村人と共有する開発計画の全体的なイメージを喚起することと、さらりと列記したが、それらは苦闘して「ンタンボの視座」を見出すことによって、明らかになったのである。そしてマテンゴ高地では、この「ンタンボの視座」が、開発実践の展開を支えたのである。このような経験を総括すれば、焦点特性の意義の一つとして、それを見出す努力は、実践感覚を磨くことにつながることも強調しておくべきであろう。

以下ではウソチェ村での開発実践の過程で、焦点特性を設定した経緯を総括して、その意義について検討し、焦点特性と内発的発展論（鶴見　一九九九、二〇〇一）における「萃点《すいてん》」との共通性について簡潔に述べた後に、焦点特性の設定の仕方に言及しておきたい。

A　ウソチェ村での開発実践と焦点特性の設定

ウソチェ村での開発実践のプロセスについては、その概要を序章（掛谷　二〇一一）で紹介し、要所については、

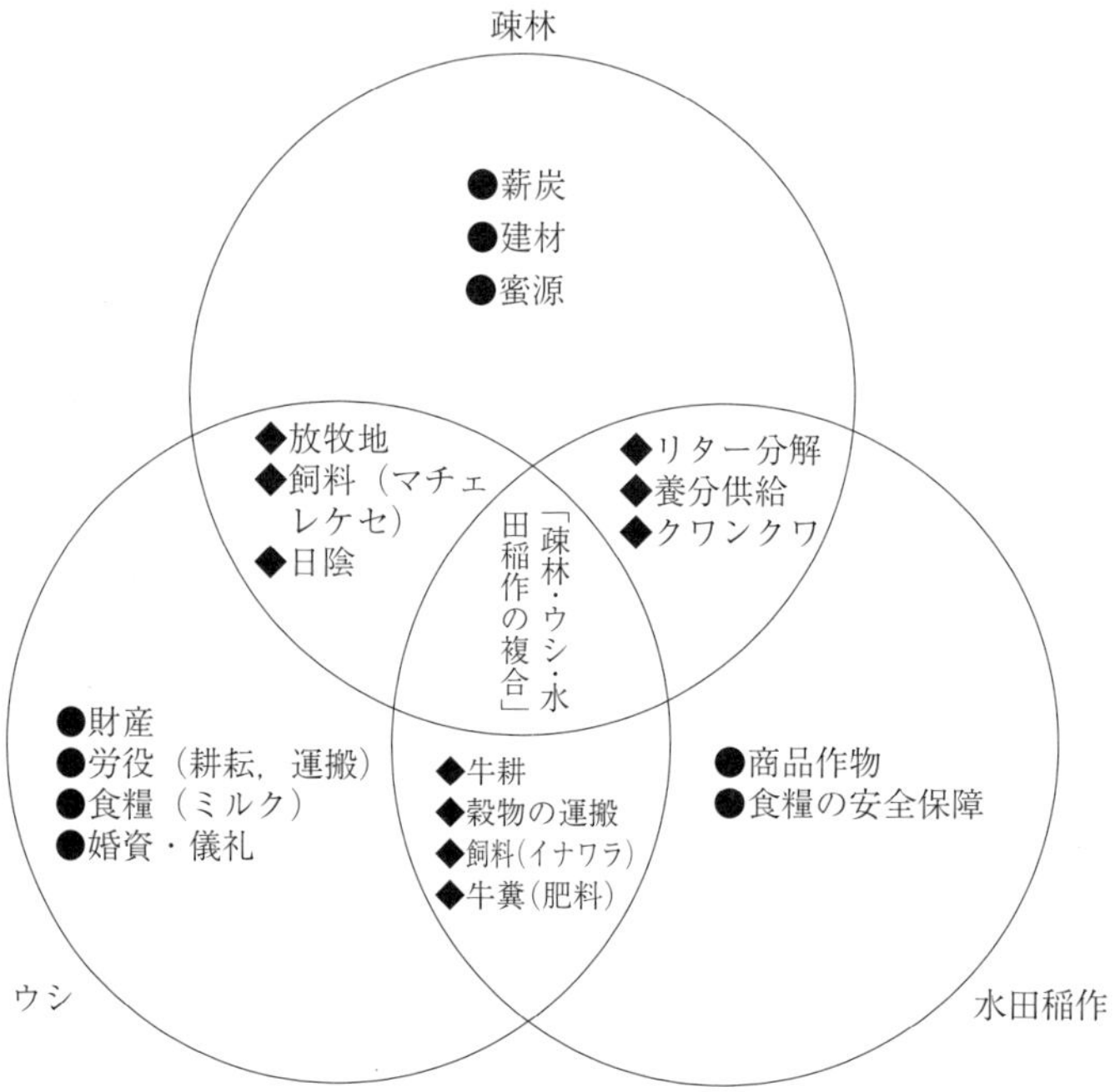

図 18-3　焦点特性「疎林・ウシ・水田稲作の複合」の視座

この総合考察で記述・分析してきた。その流れは、改良NOW型モデル（図18－1）に示してある。ウソチェ村での活動の大きな転換点の一つは、神田の一年間に及ぶ住み込み調査の結果を村人に説明するため、二〇〇六年八月に村で調査報告会を開いたことである。その報告会の後に、村民会議で村民グループの設置と、そのメンバーが決定された。そして、メンバーとともに村が抱える問題群と、その解決策について討議した。この時点では、前述したように、村の生業システムと自然環境はクリティカルな状況に直面しており、それは水田拡大と林地保全の「絶対矛盾的自己同一」の状況として捉えることができると考え、「絶対矛盾的自己同一」を仮の焦点特性とした。村民グループのメンバーと協議し、それへの対処の一歩として、いくつかの活動計画を立てた。「解決策の試行・検討」のプロセスである。しかしこの活動計画は、雨季の異常気象のため、うまく実施できなかった。

翌年の五月に、この事態を確認し、私たちは再度、一部の特定調査を加え、立て直しを図らざるをえなかった。この時点での粘り強い調査と議論が、第二の転換点の契機になったのだが、それは「疎林・ウシ・水田稲作の複合」（図18－3）と「民族の共生」を焦点特性と定めたことから始まる。マテンゴ高地での経験から、焦点特性は一つと思いこんでいたのだが、私たちの実践感覚は、焦点特性が二つでもよいという判断を促した。「民族の共生」は、「疎林・ウシ・水田稲作の複合」という焦点特性を補完し、ウソチェ村の過去の歴史を未来につなぐ大局的な焦点特性として位置づけた。同時に、焦点特性はプロセスに学ぶ過程で変わってもよいとも判断したのである。

「疎林・ウシ・水田稲作の複合」という焦点特性を、図18－3に即して簡単に解説しておきたい。図は、地域が抱える問題点との強い連関に視点をおきつつ、「在来性のポテンシャル」を構成する要素群と、それらの相互関係に着目して描いてある。私たちは、この図を念頭におきながら、問題の解決策について考え、計画を練ったのである。計画の詳細は、神田ら（二〇一一）が述べている。ここではいくつかの例で、焦点特性と問題の解決策のつながりについて説明しておきたい。

商品作物の多様化は、降雨によって収穫が左右される水田稲作を補完し、食料の安全保障を確保することにつながる。また、水田にするために疎林を切り拓いたが、未利用地となっている土地で、異なった種類の商品作物を栽培することによって、疎林を伐採して水田を拡大する傾向に歯止めをかける狙いもある。

焼畑方式で造成されてきた苗床の代わりに、牛糞と木灰を混ぜて苗床をつくる試みは、牛糞の有効利用、有機肥料によって丈夫な苗を育てること、そして何よりも焼畑方式で造成される苗床のために樹木が伐採されることを避けることが狙いである。

そして、牛車は三つの円の重なるところに位置することになる。牛車は、疎林・ウシ・水田稲作と直接的あるいは間接的につながり、焦点特性の象徴になる。「公」と「共」の役割を担うことになる村民グループの象徴としてもふさわしい。「民族の共生」の象徴ともなる。賦活剤として牛車を供与する案は、焦点特性の設定と深く連関しているのである。

こうして図に表現した「疎林・ウシ・水田稲作の複合」という焦点特性を眺めながら、将来的には牛糞の積極的な利用の拡大を媒介として、ステップアップした農・林・牧の複合の生成によって、「絶対矛盾的自己同一」の問題点を克服する道を思い描いたりもする。

B　焦点特性と萃点

アフリカでの地域発展や開発実践についての研究を進める過程は、私たちの関心や志向性が、鶴見和子による内発的発展論と多くの点で共通することを自覚する過程でもあった。それは、本書の多くの論考が、鶴見の著書を引用して議論を深め、位置づけていることで、すでに表明されてきたといってよい。私たちは、開発実践における焦点特性の意義と位置づけについて検討しているときも、それが鶴見による「萃点」をめぐる考察と通ずることに、ある種の感動とともに、気がついた。それは、「ンタンボの視座」を見出した経験を思い起こさせるからでもあろう。

鶴見は、南方熊楠の研究から、萃点の思想の重要性と、それが内発的発展論の核心部に位置しうることを指摘した。その考察は多面にわたるため、ここでは開発実践の経験と関わる部分のみに限定して、簡潔に焦点特性と萃点の共通点について述べておきたい。

「南方曼荼羅」の図（鶴見 二〇〇一：一〇二頁）を提示して、鶴見は「萃点」について説明している。「萃はあつめるっていう字です。真言密教曼荼羅図では大日如来にあたるところなんです。つまり、さまざまな因果系列、必然と偶然の交わりが一番多く通過する地点、それが一番黒くなる。それがまん中です。そこから調べていくと、ものごとの筋道は分かりやすい。すべてのものはすべてのものにつながっている。みんな関係があるとすればどこからものごとの謎解きを始めていいかわからない。この萃点を押さえて、そこから始めるとよくわかるのである」（鶴見 二〇〇一：一〇五頁）。この萃点を焦点特性に置き換えれば、マテンゴ高地での開発実践の経験によく対応すると私たちは思うのである。

萃点はいつでも移動できる。それは視点の移動である。鶴見はそう語っている（鶴見 二〇〇一：一五三頁）。焦点特性はプロセスに学びながら変わることもあると、私たちは述べたが、それは「萃点移動」という見方と通じる。

「南方のやり方には自分が入っているんです」（鶴見 一九九九：三〇七頁）。「研究をやっていくプロセスの中で、研究者自身が変わっていく。相手と私との関係の構造の中で、調査をしているんです」（鶴見 一九九九：三一〇頁）。鶴見が語る内容は、実践感覚や焦点特性をめぐる私たちの思いと重なってくる。

萃点の思想は奥が深く、焦点特性をめぐる私たちの考えとの詳細な比較検討は今後の課題としたい。

C　妙手・手筋・定石――焦点特性の設定の仕方

「焦点特性の設定は、名人芸でしかやれないのではないか」。私たちの研究会で討議している時に、研究メン

バーの一人が語った言葉である。実践感覚が発動して焦点特性の設定が可能になるという意味で、またマニュア

ルに従えば設定できるものではないという意味で、この発言には、ある種の説得力があるようにみえる。

前に、住民とともに「ひと仕事」を達成することを通して、住民には主体性が、私たち研究者（外部者）には

実践感覚が育まれることを指摘した。「相手と私との関係の構造の中で」、実践感覚は磨かれていくのである。相

手の中には、自然を含めてもよい。「萃点」について学ぶことは、焦点特性の設定についても多くの示唆を与え

てくれる。

しかし、焦点特性の設定にも、ある種の筋道はある。知覚心理学、認知神経科学の専門家である下條（二〇〇八）が、創造的な思考について、オセロや囲碁のゲームに喩え、妙手・手筋・定石という用語で説明している。「どこか一点急所のポイントを押さえる妙手を放つと、ゲシュタルト＝全体の状況が変わる」。そして「一挙に戦況は好転」する。「局所的な状況だけを好転させる常套手段は手筋」と呼ばれる。「そういう手筋は、たいてい意識や注意の中心部、局面のいわゆる争点の部分に位置することが多い」（下條　二〇〇八：二七五頁）。飛び抜けた妙手も、「定石（定跡）」の一部にたちまち組み込まれて『手筋』のひとつに数えられたりするという形で、常識化する」（下條　二〇〇八：二七七頁）。妙手・手筋・定石の喩えは、焦点特性の設定の仕方にも、そして後に検討する賦活剤の選定にも当てはまる。急所を押さえる妙手のように、焦点特性が設定されることもあろう。それこそ、名人芸として。しかし、定石や手筋を学び、勝負勘（実践感覚）をきたえれば、妙手とまではいかなくても、適切な手を打つことはできる。

「シタンボの視座」でいえば、水・土・緑の三本の特性軸は、焦点特性の設定における定石の一つになりうるであろう。ウソチェ村の例でも、疎林・ウシ・水田稲作が生業を支える基本要素であることを考えれば、それは定石あるいは手筋の一つとなりうる。そして、焦点特性の設定に関するケース・スタディを多く読めば、設定のコツを学ぶことになろう。焦点特性を設定する研究を積み重ね、アフリカ農村の開発実践についての妙手・手筋・定石の事例集をつくることも今後の課題である。そこに、村むらでの地域発展の事例も盛り込むことで、より多くのヒントを与えてくれる事例集になるであろう。

立ち上がり—昂揚—沈静の過程

マテンゴ高地でのＪＩＣＡプロジェクトと、その後のフォローアップ協力に専門家として長く携わった田村賢治（二〇一一）は、地域開発・農村開発が、立ち上がり—昂揚—沈静の経過をたどることを、キタンダ村・キンディンバ村における農民グループ（キクンディ）の活動の分析によって鮮やかに描き出している。昂揚期に、村人は主体的に多彩な活動を展開し、「自らができることは自らがするという自立性をもった地域開発」へと歩み始めたのである。しかし、この昂揚期の後に、村人の動きに、〝飽き〟あるいは〝マンネリ〟のような雰囲気を感じたという。それは昂揚期から沈静期に入ったことを示しているといってよいであろうが、この沈静期は、「内発的発展が成熟し地域に内在化する過程」として捉えることができると、田村は結論づけている。この田村の考察を基礎におき、外部者が関わるプロジェクトの展開の軌跡について検討を加えておきたい。

A　「立ち上がり」と賦活剤――その効用と影響

本格的に開発実践を始めるとき、マテンゴ高地のキンディンバ村ではハイドロミルの設置（荒木　二〇一一）、キタンダ村では養魚池での養殖活動の支援（黒崎　二〇一一）、そしてウソチェ村では牛車の供与（神田ら　二〇一一）が、いわばエントリー・ポイントでの賦活剤の役割を果たした。それは、「立ち上がり」を支援し、その後の活動に〝はずみ〟をつけ、村人の意欲を盛り上げることにつながった。

キンディンバ村でのハイドロミル設置の事例（荒木　二〇一一）を取り上げ、賦活剤の効果とその後の開発プロセスに与える影響について考察しておこう。当初、ハイドロミルの建設・運営・管理の方針をめぐって、対象地域の住民、プロジェクト側、ムビンガ県庁、ミッション系NGOの思惑がぶつかり合い、多難な交渉が続けられたが、住民が主体となり、他の関係者は側面から支援していくことが合意されたことの意味は大きい。そして、住民が選んだメンバーがセング委員会を構成し、この委員会が中心になってハイドロミルの建設を進めた。かつて、人びとが共食しながら集落のさまざまな問題について語り、その解決策などを相談する慣習をセングと呼んでいたのだが、その呼び名が、ハイドロミル建設を主導する村人の委員会の名前に採用されたのである。セング委員会の指揮のもとで、三八〇メートルの水路の溝掘り、レンガづくり、ミル小屋建設などの作業を、村人総出でおこなった。女性の労働力軽減、ディーゼル製粉機に比べ安価な製粉化などの誘因とともに、委員会にセングの名前を与えた社会的な雰囲気が、村人の主体的かつ積極的参加につながったことを荒木美奈子は示唆している。そして、前述したように、セング委員会が「キー・パースン」の役割を果たし、住民主導の開発実践が展開していった。

賦活剤としてのハイドロミルは、村人の「共」の結びつきを「象徴」する公共物となり、ハイドロミルをつくり上げたことは、次の活動への原動力となった。また外部支援を獲得する際の「物的証拠」、つまり村人の実行能力を具体的に証明する「物」として位置づけられると、荒木は指摘する。キタンダ村での養魚池も、同様の意味合いをもつといってよいであろう。ウソチェ村での牛車は、村民会議で選ばれ、「共」の活動をおこなうグループの存在を象徴することとなった。

賦活剤は、単に「立ち上がり」時の効果を越えて、以後の開発プロセスに大きな影響を与えることになる。焦点特性の設定とともに、賦活剤として何を選ぶかは、実践感覚を磨きながら進める基礎的な実態把握、解決策の試行・検討の積み重ねによる判断にかかっている。そして賦活剤の選定に関しても、妙手・手筋・定石について学ぶことが重要である。

B 「昂揚期」から「沈静期」へ――顕在知から潜在知へ

創造的プロセスとしての地域発展の、いわば総括として、「外来要素の内在化」を論じた。外来の要素が村に入り、外部条件と同調すれば、新たなイノベーションが促進され、その後に村全体を底上げする方向で平準化が機能し、外来要素が内在化する。それは、「内発的発展が成熟し地域に内在化する過程」として田村が位置づける「沈静期」への移行と呼応しあう。地域発展をめぐる基礎的な研究成果と、長期にわたる開発実践から導き出された洞察に富む見解とが、ほぼ同様のことを指摘していることは注目に値する。

立ち上がり―昂揚―沈静の過程は、例えばマテンゴ高地のキンディンバ村やキタンダ村でも、幾度かの波として繰り返されてきた。また、ンジョンベ高原のキファニャ村でも、谷地での連作栽培や造林焼畑の創発は、大きなイノベーションの波が繰り返し起こる過程であった。しかし、いずれの村でも、それは単なる繰り返しではなく、活動の経験が累積効果をもち、村人の問題解決能力（キャパシティ）が蓄積・内在化され、次の内発的な活動へとつながっていく過程であった。

前にも、創造的な思考について論じた下條（二〇〇八）の見解を引用したが、「沈静期」の過程の意味づけについても、下條の見解は、社会的レベルでの現象の比喩的な理解と洞察にとって示唆的である。独創性を培う秘訣の一つは、「顕在知から潜在知に貯蔵し直すこと」「さまざまな視点からの分析や知見を、潜在知の領域に貯め込んでいく」（下條　二〇〇八：二九一―二九二頁）ことであると、下條は述べている。「昂揚期」にはさまざまな潜在知が顕在化して外来の要素と融合し、新たなイノベーションや変化が促進していく。そして「沈静期」は「顕在知から潜在知に貯蔵し直す」時期であり、新しく取り入れた情報・知識・技術・制度などを在来化しつつ貯め込み、問題解決能力（キャパシティ）が内在化する時期として位置づけることができる。「在来性のポテンシャル」は、立ち上がり―昂揚―沈静の過程で累積されていく情報・知識・技術・制度、そしてキャパシティの蓄積の総体である。そして、「在来性のポテンシャル」の活性化・顕在化が、内発的発展につながるのである。

事後のモニタリングの重要性

この共同研究の大きな特色の一つは、マテンゴ高地でのＪＩＣＡプロジェクト（一九九九年五月～二〇〇四年四月）の終了後に、フォローアップ協力に当たった田村賢治（二〇一一）と、村づくりの活動に従事した二人の青年海外協力隊員と緊密な連携をとり、村人たちの活動を支援しつつ、荒木美奈子と黒崎龍悟がプロセス・モニタリングを進めた点にある。それは、ポスト・プロジェクト期のプロセス・ドキュメンテーションを通して、村人による内発的で持続可能な地域開発への道を探るとともに、プロジェクト時の諸活動や出来事の意味を検証しなおし、その「本質」について考え、またプロジェクトの評価について再考する調査・研究でもあった。

A　後づけ（跡づけ）の発見的機能

ＪＩＣＡ専門家として合計三年余りプロジェクトに積極的に参画してきた荒木（二〇一一）は、プロジェクト時のさまざまな出来事や現象が、その時点では意味が了解できなかったが、その後の住民活動の展開をモニタリングすることによって、はじめてその意味が理解できることも多々あると述べている。それは、プロジェクト時から蓄積してきたプロセスの「記述の継続」と「複数時における暫定的な解釈の更新」を繰り返していくことによって、地域開発のダイナミズムを深く捉えることの重要性を提起している。キンディンバ村で、ハイドロミル建設や農民グループ活動を通して蓄積された力（キャパシティ）が、その後に新たな活動として発現（創発）していった経緯を、ある村区での給水施設建設やミニ・ハイドロミル建設の動きを分析することによって描き出している。その記述を読めば、「前に進む動きはハイドロミルから始まった」という村人の語りを、リアリティーをともなって了解することができる。

ハイドロミル設置はセング委員会の目覚ましい活躍によって実現していったのだが、建設後の管理・運営をめぐって、セング委員会をリコールする動きが出てきた。そしてセング委員会に代わって村政府がハイドロミルの管理・運営することになったのだが、村政府にはその能力がなく、結局セング委員会が復活した。これは外部支援による開発プロジェクトにみられがちな、既存の力関係の変化による内紛・葛藤であったのだが、一方で、村社会における、力の突出と力の均衡を保つ機能の相互作用の表現でもあったと考えることができる。

事後のモニタリングは、後づけ（跡づけ）によって、開発のプロセスにともなう多くの問題の意味の再解釈が可能になり、それが新たな問題点や着眼点の発見につながり、今後の開発に多くの示唆や教訓を与えてくれる。

B　プロジェクト評価への問題提起

農村開発における「副次効果」と「副次効果の増幅作用」の研究（黒崎　二〇一一）は、プロセスに学ぶことや、偶然の必然化について、多くの知見を提示したが、開発プロジェクトなどの評価についても、重要な問題を提起した。従来のプロジェクト方式の開発における評価は、開発実施側のタイムフレームに沿い、直接的な効果を中心とした量的評価に重点をおいて実施されてきた。しかしこの手法では、地域の特性や住民の主体的な対応が反映した活動を評価することは難しい。このような評価手法の定着が、「副次効果」として現れる住民の主体的な意欲や活動をプロジェクト内に取り入れることを躊躇させてしまう可能性がある。また効果の質的側面や、長期的視点、間接的な効果や当初は意図していなかった効果を評価する枠組を備えていないこととも相まって、住民主導の開発実践の展開を阻害することにもなってしまう。

荒木（二〇一一）も、限定されたタイムスパンのなかで「目に見える成果」を求める傾向が、長期的な時間軸で展開していく地域開発のダイナミズムを視野に入れた実践を困難にしていることを指摘している。プロジェクト期間に蓄えられた住民のキャパシティが、プロジェクト期間を超えて新たな活動を創発していった事例を記述・分析することで、従来の評価手法に問題を提起している。

住民参加、住民主導の開発が、内実をともなったものになるために、プロジェクトの評価手法の見直しと、新たな視点からの再構築が必要である。

公と共と私、官と民、波及と普及

マテンゴ高地では「農民グループ」「住民グループ」（伊谷・黒崎 二〇一一、荒木 二〇一一、黒崎 二〇一一、田村 二〇一一）、ウソチェ村では「村民グループ」（神田 二〇一一、神田ら二〇一一）の諸活動をめぐって開発実践の過程を分析してきたが、農民・住民・村民という言葉は、ほぼ同義で使っている場合と、ニュアンスの違いを意識している場合がある。荒木は、キンディンバ村でのセング委員会を住民グループと呼び、黒崎はキタンダ村で養魚活動を担った人びとの集まりを農民グループと呼んだ。黒崎と田村は、開発の担い手となる農民グループがスワヒリ語で「キクンディ」と呼ばれていることから、論文中では主としてキクンディという語を使っている。キクンディは、自発的に結成されることが基本である。荒木も、セング委員会以外のグループには、農民グループあるいはキクンディの語で記述している。

荒木がセング委員会を住民グループと呼んでいるのは、そのメンバーが村民全体の中から選ばれ、より公共性の高い役割をもち、村全体を巻き込むリーダーシップを発揮し、またそうすることを期待されている側面に注目しているからである。キクンディも「共」の結びつきではあるが、セング委員会は「公」としての側面ももっている。一時期、セング委員会に代わってハイドロミルを管理・運営した村政府は「公」であり、また「官」の末端機構でもある。ハイドロミルの管理・運営をめぐる内紛・葛藤は、公・共・私と官・民の立場の微妙な関係の現れである。

ウソチェ村では、私たちと共同して村が抱える問題の解決に挑む人びとを、村民グループと呼んだが、それはメンバーが村民会議で選出され、グループが「公」の側面をもつことを期待されていたからである。カトゥウェズィーエと命名された村民グループは、「私」の集合体としての「共」の機能・役割と、「公」としての機能・役割の間で揺れ動いているようにみえる。村民グループの象徴となった牛車は、メンバーなら必要に応じて無料で使うことができ、村の事業、例えば学校の建設時などに使うときは無料である。他の村人は定められた料金を支払えば、この牛車を借りることができる。村民グループは、二〇〇七～二〇〇八年に共同で多種類の作物を栽培し、それらを売って、ある程度のお金を得たが、その用途についても揺らぎが見られた。他の村人たちの中には、彼らは村民会議で選ばれたのだから、そのお金は村のために使うべきだと言う人もいる。村民グループのメンバーは、慰労の意味でお酒などを買って飲むこともあったが、大半のお金は牛車の修理工具などを買う費用に使い、あるいは牛車を引くウシを買うために貯蓄している。これらの事例は、村民グループと公・共・私の関係を微妙に反映しているのである。

農民グループや村民グループは、「公」と「私」をつなぐインターフェイスの側面をもつ。「公」としての村政府は、「官」としての側面が強く、トップダウンの行政システムの末端機構として機能する。この脈絡でいえば、村での「共」は、「官」と「民」とのインターフェイスとなることもあり、ボトムアップとトップダウンのインターフェイスの位置で、一定の役割を果たすことにもなる。

マテンゴ高地のキンディンバ村やキタンダ村では、ボトムアップの動きとして形成された住民グループや農民グループが、村や県などの「官」に自らの要求を訴える行動をとり始めたが、このような動きはまだ一般的とはいえない。ウソチェ村の隣村で郡庁があるカムサンバ村では、富裕農が周辺にもメンバーを求めてNGOを組織し、県などからの援助も得て活動している。しかし、ウソチェ村の農民グループは、このNGOを地方行政の機構と癒着した集団とみなし、連携の推進には懐疑的である。

これまで村内でのイノベーションの受容と展開については、自然に「波及」していくプロセスとして記述・分析してきた。しかし、村を越えて広域にイノベーションなどが拡大していくためには、村から県にいたる行政機構も関わり、意識的に「普及」をひろげていくためのシステムづくりが必要となる。二〇〇〇年前後からの地方分権化や貧困削減政策の趨勢も踏まえ、ボトムアップの動きと、良きトップダウンとが連携できる可能性も検討しなければならない。

タンザニアと日本での農村開発（あるいは農村振興）の試みを比較した勝俣昌也（二〇一一）は、内部者（村民）と外部者（日本の場合には行政と試験研究機関）との関係に言及し、「内と外とをつなぐ存在」が重要であることを強調している。日本の場合は、地元自治体の職員が、この「つなぐ存在」として大きな役割を担っている。ウソチェ村では、長期にわたって村に住み、住民との信頼関係を丁寧に築き上げてきた神田靖範が、「つなぐ存在」としての役割を果たしてきた。しかし、この方式は勝俣が指摘しているように、持続可能とはいえない。タンザニアでは、各地の農業普及員が、それに近い存在であり、彼らを「つなぐ存在」として育成していくことが望ましいが、近年の経済自由化の潮流は、そのような人材を減らしていく傾向を助長している。ボトムアップとトップダウンの良き連携も視野に入れ、「つなぐ存在」を確保・育成し、あるいはそれを可能にする制度の構築を考えることは、今後の重要な課題である。

内発的発展を支援する開発実践

本章では、ここまで地域発展の諸特性と、アフリカ農村の開発実践をめぐる諸特性について検討してきた。地域発展の諸特性の考察では、創造的プロセスとしての地域発展の視点から、創発性、創造的模倣、外来要素の取り入れ、平準化機構・先駆者（変わり者）・イノベーション、内因の熟成と外因の同調、外来要素の内在化について論じた。また身体化した共同性や自給性の確保も、地域発展を支える重要な条件であることを強調した。そして、これらの諸要素・諸条件を考慮に入れ、農村が生態・社会・文化の相互関係の歴史的な累積体であり、その集積体がもつ多面的な潜在力・可能性が「在来性のポテンシャル」であると総括し、多彩な「在来性のポテンシャル」と地域発展の関係に言及した。「在来性のポテンシャル」は、外部からの情報・知識・技術の流入や刺激によって活性化され、外部の社会的・経済的な環境の変化に応じて顕在化する。その活性化・顕在化のプロセスは、農民たちの創造性と主体性がもたらす内発的発展のプロセスでもあると結論した。

アフリカ農村の開発実践をめぐる諸特性では、マテンゴ高地での開発実践で深く学ぶことになった実践感覚について、その重要性を強調することから論を起こした。農村開発の三段階の枠組み（図18-2）を前提にしつつ、問題解決に向けた構想と実践への「こころざし」「心の志向性」、つまり実践感覚を磨きながら活動することが、住民参加・住民主体の開発実践を進める核心的な要件であることを述べた。それを実のあるものにするため、実践のフェーズの前に試行のフェーズを組み込んだ改良ＮＯＷ型モデル（図18-1）に従って活動を進めることが私たちのアプローチであることを提示した。ウソチェ村での開発実践の過程で改良ＮＯＷ型モデルを採用した経緯にも触れつつ、プロセスに学び、地域の焦点特性を設定し、試行を含めた活動を展開した過程を検討し、私たちのアプローチの具体例を提示して考察を深めた。そして焦点特性が、内発的発展論での萃点と共通することを論じ、その上で焦点特性の設定の仕方に言及した。また、プロジェクトが、立ち上がり―昂揚―沈静の過程を繰り返すことを、経験から導き出した考察を基礎におき検討した。そして、立ち上がり期における賦活剤の効用と、その後の開発プロセスへの影響を論じ、昂揚期から沈静期への移行が、内発的発展が促進する時期から、それが成熟し地域に内在化する過程に向かうプロセスであることを明らかにした。そして「在来性のポテンシャル」は、立ち上がり―昂揚―沈静の過程で累積されていく情報・知識・技術・制度、そして問題を解決するキャパシティの蓄積の総体であることを論じ、地域発展の諸特性の総括とした「在来性のポテンシャル」と内発的発展の関係にふたたび言及した。プロジェクト評価への問題提起も含め、ポスト・プロジェクトのモニタリングが開発実践に関する新たな問題点や着眼点の発見をもたらすことを指摘した。そして、村をベースとした公・共・私、官と民の関係を検討し、村内でのイノベーションの受容と展開を「波及」の動きとして捉えたうえで、ボトムアップとトップダウンの良き連携を視野に入れ、「普及」を支えるシステムの構築が重要であることを論じた。

こうして多面的に考察を進めてきたが、アフリカ型農村開発をめぐる共同研究で私たちが模索してきたのは、地域や農村の「在来性のポテンシャル」に根ざした、内発的発展を支援する開発実践の手法を構築することであったと結論づけることができる。このような開発実践を積み重ね、「アフリカ的発展」の内実をより深く追求し、「アフリカ型農村開発」の理念と手法をさらに磨き上げていくことが、今後の大きな課題である。

編者注

（1）ここでいう「本書」とは、原著『アフリカ地域研究と農村開発』（掛谷・伊谷　二〇一一a）をさす。

（2）この「章」は、『アフリカ地域研究と農村開発』（掛谷・伊谷　二〇一一a）の「終章」をさす。

（3）村のハイドロミルの建設と運営を目的として村人が組織した委員会。

（4）本編者注：『アフリカ地域研究と農村開発』（掛谷・伊谷　二〇一一a）の「序章」をさす。本書の第17章に掲載。

（5）モラヴィア教会の布教団。

解　題——生態人類学から農村開発への足跡

伊谷　樹一

トングウェへの憧れ

一九九三年一〇月初旬、マハレ山塊の稜線は厚い雲に隠れ、ミオンボ林の新芽は朱色から鮮やかな緑色に変わって季節がすでに雨季に入っていることを告げていた。掛谷さんと私は、山奥に暮らすトングウェの集落を訪ねるという古い約束を実現するため、ミオンボ林に覆われた丘陵を歩いていた。

世界では東西の冷戦が終結し、アフリカ諸国は世界市場の荒海に放り出されようとしていた。文明に頼らないアフリカの原野の暮らしに憧れ、焼畑農耕民を研究の対象にしていた私も岐路に立たされていた。近代化に揺れるアフリカ農業の現状を直視することが求められていた。研究方針の舵を切る前に、幻のようなトングウェ農村での経験は私自身の研究にとってどういう意味をもっていたのか、もう一度確かめておかなければならないと思っていた。

九月末にキゴマを発った私たちは、タンガニイカ湖をボートで南下してカソゲにあるチンパンジーの調査基地に立ち寄った。そこは西田利貞さんをはじめとするチンパンジー研究者がつくったベースキャンプで、掛谷さんにとっても、私にとっても、トングウェ調査の拠点として使わせてもらった思い出深い場所だった。私たちが訪ねたときは、岡山理科大の川中健二さんが滞在しておられ、数日間の楽しい時間を過ごした。ある朝、湖畔の集落ンコンクワで新しい呪医の入門儀礼ブフモが開かれるという知らせが舞い込んできた。私は不覚にもマラリアで寝込んでいたため、掛谷さんが一人で見に行くことになり、すぐに出発していった。翌日、徹夜の儀式から戻った掛谷さんは少々興奮していた。何もかもが急速に変わろうとしている時代のなかで、掛谷さん自身も二〇年前に受けた儀式が何も変わらぬまま営々と受け継がれていたのだ。掛谷さんは、「まだやってはったわ」とだけ言って、少し複雑な表情を浮かべていたのが印象的だった。

一九八五年に、野生チンパンジーの保護を目的にマハレ国立公園が設置された。それに先だって、公園予定区域のなかに点在していた集落はすべて立ち退きを迫られた。多くは湖畔に移り住んだが、一部の人たちは公園の外縁で細々と昔ながらの生活を続けていた。山に残ることを選んだトングウェが今どのような暮らしをしているのかを見届けることも、この旅の目的のひとつだった。カソゲの基地からタンガニイカ湖を少し北上し、カトゥンビという村でボートを下りた。かつて世話になった家を訪ねると、たまたま知人の結婚式が催されていて、徹夜の祝宴に丸二日間も付き合うことになった。結婚式では昼夜を問わず、さまざまな儀式が執り行われる。姑に扮した花婿の親族が花嫁の家事を邪魔するという寸劇はとてもコミカルなのだが、幼い花嫁には現実と虚構の区別がつかず、とうとう泣き出してしまった。これも昔と何ら変わらぬ日常生活の一コマだった。

結婚式のあと、私たちは二人の若者に案内を頼んで山奥の村を目指した。左手に湖を見ながら湖岸をルコマ村まで歩き、そこから南下して山道に入った。道案内をしてくれたのはマハレ山中の集落で生まれ育ったトングウェの青年たちで、掛谷さんがトングウェの呪医であることを知ると、矢継ぎ早に草木の名前や利用方法について質問してきた。掛谷さんがトングウェ語で答えてみせると、感嘆の声をあげて目を白黒させていた。薬草を探索しながらの山歩きは疲れを忘れさせてくれた。陽が西に傾きかけた頃、ようやくカクングにたどり着いた。カクングは有名な呪医が住む集落で、各地から集まってきた患者たちが自給しながら長期療養していた。茅葺き屋根の粗末な「病棟」の横にテントを張らせてもらった。呪医がガラガラを鳴らして祈祷し、それに続く患者たちの賑やかな合唱が夜遅くまで聞こえていた。

次の日もミオンボ林のなかのかすかな踏み跡を黙々とたどった。人跡はこの踏み跡以外には何もない。明るいミオンボ林と暗い川辺林をいくつも通り過ぎ、小さな丘を超えたところで突然視界が開け、目の前に大きな畑が現れた。川辺林を開いたトングウェの焼畑ルフラだ。谷筋を覆う樹高五〇メートルもの大木が惜しげもなく切り倒され、燃え残った太い幹がまだらに焼け焦げた畑に累々と横たわっていた。強い火力で幹を焼き尽くすザンビアのチテメネ農業とは対照的な光景だった。

畑を過ぎるとまもなく、この旅行の目的地であるシャンタンダ集落に着いた。この地域一帯はブトングウェ（トングウェの地）と呼ばれ、国立公園の外なのだが、公園の設置にともなってほとんどの集落が湖畔に移動していた。一九八九年に筑波大学の西田正規さんがこのあたりに人が戻っているのを見つけ、翌九〇年に私が予備調査に入っていた。集落周辺に川辺林が減るか、獲物となる野生動物が少なくなると、彼らは集落を移すのだが、幸いまだ移動していなかった。この集落には、父親と二人の息子家族からなる三世帯が暮らしていた。馬蹄形に並ぶ家屋の中庭に四阿《あずまや》が建つ、トングウェの典型的な集落であった。男たちは四阿で食事や手仕事をし、客人が来ればそこでもてなす。私たちも四阿に招き入れられ、その後四日間にわたって手厚いもてなしを受けることになった。それはこれまでの経験を走馬燈のように思い出させる濃厚な時間であった。

翌朝目を覚ますと、男たちが四阿でマスキット銃を分解していた。数日前にバッファローを撃ち損じ、危うく命を落とすところだったらしい。銃が何かに呪われているので、呪薬で洗い清めるのだという。呪医でもある父親がブツブツと呪文を唱えながら、薬草の煮汁で銃身を丹念に洗う。その横で息子がふいごを使って弾丸を作っていた。弾丸が冷めるのを待つあいだに手際よく火薬を調合し、草本の茎で作った薬莢《やっきょう》に充填した。その先端に弾丸をセットして実包が完成した。銃を組み立てて試射をするため、家の裏に厚さ五センチメートルほどの板を目の高さに立てかけた。銃口から実包を装填し、わずか五メートルの距離から狙いを定めて引き金を引いた。ダーンという轟音とともに銃から白煙が立ちのぼり、銃弾は分厚い板を砕いた。「これくらい近ければ私でも」と思ったが、あとで話を聞いてみると、突進してくるゾウやバッファローもこの距離で撃つというので腰を抜かした。暗闇のなか一発で確実に獲物を仕留めるには、この距離が限界なのだという。銃弾が眉間をとらえれば獲物はその場で前のめりに倒れるが、少しでもずれればハンターの命はない。何らかの理由で弾が発射されなくても結果は同じである。銃への信頼が微塵でも揺らげば、ハンターは銃を投げ出して逃げるしかない。呪術は迷いを払拭して、狩人たちの勇気の源になっているのだ。掛谷さんが描いた自然と社会をつなぐ呪薬の世界は、こうした死と背中合わせの日常のなかで醸成されていたのである。

試射は成功したが、弾丸が的を突き抜けてどこかへ飛んでいってしまったのは誤算だった。彼らは午前中を費やして藪のなかに消えた弾丸を探していたが、昼頃になってやっと地中に突き刺さっていた弾丸を見つけてきた。山奥の生活で鉄はきわめて貴重なのである。彼らが弾丸を探しているあいだに、私たちは集落の周辺を散策してみた。焼畑では女性たちが畑仕事の合間に倒木を斧で削ってカミキリムシの幼虫を捕っていた。掛谷さんは食べなかったが、これを煎るとラッカセイのようでなかなかうまい。数日前に雨が降って、至る所からキノコが出ていて、傘の直径が七〇センチメートルもある巨大なキノコを子供が見つけてきた。食は現地の流儀に従うというのが掛谷流なのだが、トングウェはこのキノコを杵と臼でついてせっかくの食感を台無しにしてしまうので、子供から取り上げてレモンと醤油で蒸し焼きにした。キノコ独特の風味とぬめりと歯ごたえを楽しみながら持参した安物の蒸留酒をちびちびやっていると、集落の主人がやってきて一緒に飲み始めた。酒宴ともなれば酒は一瞬でなくなってしまう。主人が子供になにやら言いつけ、二〇リットルのバケツになみなみと入ったハチミツ酒が運ばれてきた。後にも先にもこれほど質のよいハチミツ酒を飲んだことがなく、まさにエビでタイを釣った気分だった。

宴もたけなわ、掛谷さんは主人の肩に手を回し、上機嫌で昔話に花を咲かせていた。私たちの騒ぎをよそに、集落の息子二人は四阿で銃を抱えたまま、鋭い眼光を足もとに落として座っていた。精神統一をしているようだ。あたりを暗闇が包みはじめた頃、二人は黙って暗い森のなかへ別々に消えていった。二〇リットルの酒を平らげてうたた寝をしていると、夜中の二時頃だっただろうか、遠くで銃声が鳴りひびき、夜陰を支配していた獣たちの鳴き声が一瞬途切れた。明け方にハンターがふらっと戻ってきて、子供たちに一言二言告げて寝てしまった。気がつくと子供たちの姿はなく、昼頃に一頭のブッシュバックを担いで帰ってきた。広大な原野のなかで、どのようにして仕留めた場所を正確に伝えたのだろうか。子供たちが獲物を見つけられず、ハイエナに横取りされてしまう心配などまったく考えていないような、じつにみごとな連携だった。

そういえば私たちが村に着いた日、夜中にジェネット（山猫）が鶏小屋を襲い、ニワトリを一羽捕らえて逃げるという小さな事件があった。ニワトリのけたたましい鳴き声で目を覚ますと、息子の一人が腰布を巻いただけの恰好で森に向かって突っ走っていくのが見えた。漆黒の原野へ裸足で飛び込んだが、ニワトリの奪還はさすがに無謀に思えた。ところが、女性たちも起きてきてかまどで湯を沸かし始める。三〇分ほど経つと息子が息絶えたニワトリをぶら下げて帰ってきた。ニワトリを台所へ無造作に放り投げるとそのまま黙って家の中に入っていった。かまどではすでに湯が沸いていて、まるで予定されていたかのようにニワトリは羽が湯むきされ料理された。夫がジェネットごときに大切なニワトリを奪われるはずがないという妻の信頼が、こうしたよどみのない連繋となっていたのである。原野で暮らす人びとは動きに無駄がない。互いの技量をよく知る者同士が仕事をうまく任せあうことで目的に向かって直進し、時間と労力を最小限にしているのだ。

三日目の獲物はブルーダイカーだった。雨が降ると動物は林の中に多くの痕跡を残す。林床の草が高く伸びて視界がきかなくなるまでのあいだは束の間の猟繁期なのだ。集落に持ち帰った獲物は体内から銃弾が回収され、すぐに解体される。家の裏手には小さな祖霊と精霊の祠が建てられていて、祈りとともに内臓の一部と肉片を供える。自然から獲物を得たとき、トングウェは祖霊や精霊への感謝を忘れない。

その日は、陽が暮れてからハチミツ採集に出かけた。丸太を刳りぬいてつくった養蜂筒が林の至る所に仕掛けられている。息子が火の付いた草束をもって木に上り煙でミツバチを酔わせ、後に続いた私がハチミツの詰まった巣をバケツで受け取るという手はずだった。養蜂筒を開くと、暗闇では飛ぶことのできないミツバチがものすごい羽音をたてて威嚇してきた。「入ってるか？」と下から掛谷さんの声。暗くてよく見えないと答えると、掛谷さんが下から懐中電灯で養蜂筒を照らしてくれた。その瞬間、何百ものハチが一斉に樹上のわれわれに襲いかかってきた。「あっ、悪い、悪い。」と言ってすぐに明かりを消してくれたが、すでに手遅れだった。それでも、養蜂筒は乾季に咲いたミオンボの花の蜜で満たされていて、一つの筒からバケツ二杯のハチミツを採ることができた。喉が焼けるように甘い濃厚なハチミツだった。無尽蔵に採れるハチミツから酒を造るため、家では女性たちがトウモロコシの発芽種子から酒母をつくるのに余念がない。自然のなかで育まれた知恵と技術と人力、そして祈りがアフリカの原野で確実に命を繋いでいた。

肉と酒に満たされた飽食の四日間が過ぎ、私たちはシャンタンダをあとにした。あのすばらしい山住みトングウェの生活をもう一度味わいたいという私たちの願いは叶えられた。初期のアフリカ生態人類学研究では、限界条件に生きる人たちが啓示してくれる何かを求めて、とにかく極限的な自然環境を目指していた（本書第二章）。そこで生まれた多くの優れた研究が、アフリカにおける自然の奥深さと厳しさを伝え、人と自然の共存的な暮らしぶりをとおして人類史を復元していった。時は流れ、アフリカでも国家が国民を捕捉して近代化を推し進めながら、林を開墾し続ける消耗型の生活がアフリカを席巻していった。こうした世の中の動きに私たちも無頓着だったわけではない。掛谷さんがタンザニアで調査を始めた一九七〇年代初頭はウジャマー村社会主義による集村化政策の実施と重なっていたし、私が調査を始めた一九八五年は構造調整政策が施行される直前であり、否が応でも「近代化」を意識しないわけにはいかない時代であった。ただ、厳しい自然のなかで現代的なモノや技術にほとんど頼らない生き方への憧れを捨てきれず、しばらくは僻地を逃げ回っていたのだが、近代化や市場経済化の波が私たちを呑みこむのにそれほど時間はかからなかった。

掛谷さんがザンビアで本格的な農村調査を始めたのは一九八三年だった。当時筑波大学の院生だった杉山祐子さんがベンバの村に住み込み、後年には京都大学アフリカ地域研究センターの高村泰雄さん、荒木茂さん、大山修一さんらとともに在来のチテメネ農業とそれをめぐる社会の変化について研究をすすめていった。私も九二年と九四年にチテメネ農業の調査を手伝った。それと併行して、掛谷さんは九二年にＪＩＣＡ（国際協力機構）の個別派遣専門家としてタンザニアのマテンゴ高地を訪れていた。本書第一六章でも書かれているように、そのときのアフリカ在来の集約農業との出あいが、掛谷さんの研究の視点や姿勢の大きな転機になった。私は九三年に同じくＪＩＣＡの専門家としてタンザニアのソコイネ農業大学に派遣され、同大学の研究者とともに全国を回って各地の農業を視察した。掛谷さんも私も、タンザニアでトングウェ以外の農村を広く見て回るのはそれが初めてといってよかった。上述したマハレ再訪は、それと時期が重なっていた。トングウェの暮らしぶりにはいつも自然と人の濃密な接触があり、その体験は相変わらず大きな感動を与えてくれた。しかし、グローバル化の波に呑みこまれて混乱するタンザニアやザンビアの農村とどう向き合うのかに悩んでいた私たちに、その旅は進むべき道を示してはくれなかった。トングウェだけが変わらないはずはないし、もはや変化を否定する気にもならなかった。変わらないものを追いかけるのではなく、アフリカの在来性にかかわってきた研究者として、むしろどう変わっていくのかを予見し、どう変わるべきかを前向きに考えなければならない。そういう思いが、この旅をとおして私たちのなかでますます膨らんでいった。

シャンタンダからの帰り道の会話ははずまなかった。湖畔に戻った掛谷さんが「おもろかったなぁ。でも、前を向かんとあかんな。」とつぶやいた。私も同じ思いだった。アフリカの奥地の生活が国家や世界レベルでの政治・経済と連動する現実から目を背けるわけにはいかなかったし、その連動を捉える地域研究が必要だと考え始めていた。

世界の中のアフリカ

掛谷さんは一九七九年から筑波大学で川喜田二郎さんとともに教育・研究に携わった。一九八三年に川喜田さんが定年退職するまでの三年半は、掛谷さんの生き方や研究の方向性に大きな影響を与えたという。それは、白神山地やベンバでの研究、そしてその後の農村開発の理念からも読みとることができる。本書第四章に収録されている「川喜田二郎先生の最終講義に寄せて」のなかで掛谷さんは、川喜田さんの生きる姿勢を「単に過去を振り返るのではなく、常に未来を見つめ、過去からの自然な促しに従って堂々と歩む」と表現している。掛谷さんはこうした姿勢をベンバ研究で自らも体現し、ベンバ社会の変貌をしっかりと受け止めながら、トングウェ研究からの連続として平準化機構がもつ両義性を明らかにしていった。九三年のマハレ山行を機に、掛谷さんと私はアフリカ農村が負っている課題を直視するようにつとめ、その展望について頻繁に議論するようになった。それが九七年に始まったＪＩＣＡの研究協力プロジェクトや九九年からのプロジェクト方式技術協力につながっていったのだが、どこかで川喜田さんの姿勢を意識していたように思う。

一九八〇年代中頃から国家や世界的なレベルの政治・経済の動きに連動し、アフリカ社会は大きく変貌していった。掛谷さんが長らく付き合ってきたトングウェやベンバ社会もその例外ではなかった。自然に埋もれるようにして暮らす人びととの共感が掛谷さんのアフリカ研究を支えていたのだが、それが大きく揺らぎ始めたのである。生態人類学と地域研究を往還していた掛谷さんが国際協力を強く意識するようになったのは、一九九〇年に京都大学に移ってからのことである。当時の京都大学では、東南アジア研究センターの高谷好一さんが提唱する「世界単位」を軸に据え、アフリカと東南アジアの地域間比較をとおして、世界のなかに両地域を位置づけようとしていた（本書第一〇章、第一一章、第一二章）。世界単位とは、「同一の世界観を共有する人達の住んでいる範囲」を一つの枠組みとして地域を比較しようとする考え方で、田中二郎さんや市川光雄さんらとともに、掛谷さんもその中心メンバーの一人としてアフリカにおける世界単位についての考察を試みていた。結局、世界単位は外文明との関係を強く意識する概念であって、一九世紀まで外の世界や文明の影響をあまり受けてこなかった内陸アフリカの範域を囲い込む認識の方法としては適当でない、というのがアフリカ研究者の結論であった。その後もアフリカ研究において世界単位という概念が用いられることはなかったが、一連の議論が現代アフリカを客観的に捉え直そうとする気運を高めたことはまちがいない。

こうした研究視角は、アフリカを世界の中に位置づけようとする視座をおのずと磨いていった。掛谷さんは、一九九〇年前後の世界の状況を俯瞰して、欧米のような「強い空間」がアフリカなどの「弱い空間」に世界標準の同化を迫る当時の状況が、歴史的に繰り返されてきた相互作用の一変形なのか、それともポストモダンの新たな世界秩序に至る過渡期の様相なのかを見届ける必要があるとしている（本書第一二章）。そして、東南アジアとアフリカの地域特性を比較し基本的な違いを明確化するなかで、東南アジアの「開かれたフロンティア」の対照として、アフリカ内陸部で自成的に展開してきた「内的フロンティアの世界」が、アフリカ史を理解する一つの軸になりうると主張した。掛谷さんがアフリカの特徴としてきた「移動と移住を常態とする流動的な社会」は、外縁部に人口の稀薄地帯や政治的な空白地帯が広がるという内的フロンティア世界の存在によって育まれ、フロンティア性を濃厚にもつ社会を再生産し続けてきた、という結論を導き出した。

生態人類学と地域研究

アフリカ社会の成立を根底から支えてきた内的フロンティアは、いつまでもその無限の広がりを誇っていられるわけではなく、人口増加や市場経済の動きはその地理的な広がりを容赦なく狭めていった。西欧型の近代文明を受け入れようとしながらも、それとの折り合いがつけられずに多くの問題を露呈しているアフリカの状況を、掛谷さんは「身もだえしながら進むべき道を模索する苦悩の表現」と独特の筆致で描いている。アフリカ半乾燥地の植生は乏しく、しかもその生態系は人為攪乱にきわめて脆弱である。そうした内的フロンティアからの産出を最大化しようとすれば、つまりエナジー・マキシマイザー的な社会を目指すのであれば、資源枯渇の道は免れない。それに向かって突き進まざるをえない現代のアフリカ農村の姿を、掛谷さんは生態人類学者として憂い、地域研究者としてアフリカとの関わり方を真剣に悩んでいた。そして、この地域研究者が導き出したひとつの結論が、食料の獲得に費やす時間や労力を最小限にする最小生計努力の傾向性を現代の文脈で捉え直し、それをアフリカ農村の基層に据えた農村開発の理念を構築することであった。

一九九四年、タンザニア・ムビンガ県において三年間のＪＩＣＡ研究協力プロジェクトがスタートした。私たちはこのプロジェクトをとおして学際的な研究の必要性を深く知ると同時に、それを実行することの難しさを痛感させられた。このプロジェクトが終了した一九九七年に掛谷さんは「アフリカ地域研究の今後」（本書第一五章）という論考を書いている。そのなかで、「地域への深い関わりこそ地域研究の核心部であり、一つのディシプリンを越えた地域の総合理解を促す源泉である。それは、ディシプリンが前提としてきた方法や理論の一面性に気づき、欧米を中心として発達してきた近代的な学問の限界を悟る契機ともなる。地域研究は、既存の知を組み替え、新たな知のパラダイムを求める学問的な営為であるが、世界の中で、ますます周辺化を強いられているアフリカを対象とする地域研究は、より深く、この課題に自覚的であることを要請されているのである。」と述べている。この指摘は、専門的な研究成果を単純に束ねるだけでは、地域の総合的な理解にはつながらない、という反省を踏まえつつ、アフリカを中心に据えた新たなパラダイムが必要であり、それを創出するのも地域研究の役割なのだ、ということを意図していた。

掛谷さんは、アフリカ地域研究が、現代アフリカが抱える諸問題の根源に切り込む姿勢が必要であるとしながら、「それは、国際協力や技術協力の現場に飛び込み、地域研究そのものを鍛え上げていく方向性も含んでいるのである。」と書き加えている。地域研究による地域の総合理解と国際協力における実践が相互に高め合う関係性の構築を、このときすでに想定していたのであろう。

先にも触れたように、一九九二年のマテンゴ高地への旅は、アフリカが独自の発展の道を創出する可能性を掛谷さんに予感させた。のちに掛谷さんは、アフリカは西欧型とは異なった独自の農業の集約化と地域発展を模索するべきだという思いを込めて、目指すべきパラダイムを「アフリカ的発展」と名付けている。そのイメージを膨らませるためには、移動や移住が制限された定住型社会の農業をもっと知っておかなければならない。アフリカに展開する在来の集約農業にはどのようなものがあって、はたしてそれらに持続性はあるのか。そういう問いが、掛谷さんをアフリカの広域調査に駆り立てた。一九九六年に訪れたエチオピア南部のコンソは、急峻で痩せた斜面地にテラスをつくり、多彩な作物を栽培して自給的な生活を送っていた。京都大学の重田眞義さんのフィールドに住むエチオピアのアリは、エンセーテを核とする安定的な定着農業を営んでいた。また、タンザニア北西部の農耕民ハヤは、バナナを基調とする屋敷畑でコーヒーやイモ類などを混作するキバンジャという農業を発達させた。タンザニアのウルグル山東斜面でも鬱蒼と茂るバナナと香辛料の屋敷林が山地民ルグルの食と経済を支えていた。移動や移住の制限を共通の背景としながら、アフリカの諸地域に独自の集約農業が展開していることを確認することができた。ＪＩＣＡ研究協力の経験とアフリカ集約農業の調査から、地域の在来性のポテンシャルに根ざした展開こそ「アフリカ的発展」につながる道だと考えるに至ったのである。

この「在来性のポテンシャル」という概念について、掛谷さんは「地域や農村は生態・社会・文化の相互関係の歴史的な集積体であり、その集積体がもつ多面的な潜在力・可能性と考えることができる。それは多くの場合、外部からの情報・知識・技術の流入や刺激によって活性化され、外部の社会的・経済的な環境の変化に応じて創発し顕在化する。」と説明する。こうして、生態人類学者によって掘り出された原野の生き方が、アフリカ農村の未来を構想する開発理念の根幹に組み込まれていったのである。

農村開発への挑戦

研究協力プロジェクトから二年を経た一九九九年、プロジェクト・マネージャーに角田学さん（現在はＪＩＣＡ国際協力専門員）を迎えてＪＩＣＡのプロジェクト方式技術協力「ソコイネ農業大学地域開発センター」

が始まった。このプロジェクトの実施にあたり、掛谷さんは川喜田さんが提唱していたW型問題解決図式に沿った展開を想定していた（本書第一七章）。それは、地域の実態把握、そのデータをもとにした解決策の立案、実践という手順で進められる計画であった。しかし、研究の経験しかなかった私たちには、調査から明らかにした地域の実態や課題をどうやって実践につなげてよいのかがわからず、それに長い時間を要してしまった。

タンザニアの社会経済の状況も逆風だった。当時、構造調整政策の施行によって経済の自由化が進められ、各地の経済は混乱していた。とくにプロジェクトを実施するムビンガ県（マテンゴ高地）はコーヒー産地として知られ、地域経済は完全にコーヒーに依存していた。長い間、コーヒー産業のすべてを取り仕切っていた協同組合は、政府からの支援が断たれるとあっけなく倒産してしまった。組合に依存しきっていたコーヒー農家はいきなり世界市場の荒海に投げ出され、食料自給もままならない状態に陥ってしまった。コーヒー不況は一九九〇年中頃から一〇年ほど続いた。コーヒー樹を維持するための化学肥料や農薬は家計をますます圧迫していったが、コーヒー樹を手放そうとする農家はほとんどいなかった。コーヒー流通のしくみは紆余曲折し、それは現在も安定してはいないが、結局彼らは自立的なコーヒー経営を樹立して地域経済を立て直した。マテンゴにとってのコーヒー産業の再興は、まさに在来性のポテンシャルを基盤とした内発的な展開であった。

掛谷さんは、開発の対象とする地域の焦点となる特性（焦点特性）を見出し、それを中心に据えた視座から、地域が抱える問題群の解決策を構想・計画するアプローチを提案した。この「焦点特性」は、「南方曼荼羅」でいうところの「萃点」に似た概念である。鶴見和子さんは「萃点」について、さまざまな因果系列、必然と偶然の交わりが一番多く通過する点がまん中で、それはすべてのものにつながっているので、そこから調べていくことでものごとの道筋がわかりやすくなる、と説明する。「萃点」をめぐる考察を通ずることにある種の感動を覚えたが、私たちが研究を進める過程は、鶴見さんの内発的発展論と多くの点で共通することを自覚する過程でもあった。また、焦点特性を定めることには、多彩な研究分野のメンバーで構成される研究チームが一丸となりやすいという組織運営上の利点もあった。多分野の研究者がひとつの課題や地域について学際的に取り組もうとするとき、中核となる概念を共有することで思考が収斂しやすくなるのである。

私たちが注目したのは、マテンゴが「ンタンボ」とよぶ土地利用の概念であった。マテンゴ社会では、「ひとつの尾根」を意味する「ンタンボ」が土地保有の単位であり、そこに暮らすひとつの親族が食料、燃料、現金、生活水など、暮らしに必要な物質のほとんどがンタンボから得られるようになっていた。マテンゴ社会は、ンタンボの集合体とみなすことができた。マテンゴ高地での焦点特性を「ンタンボの視座」と定め、その中で営まれる生業や課題について調べていった。フィールドワークから浮かび上がってきたのが、マテンゴの優れた水管理技術であった。彼らは、急斜面と豪雨という環境に暮らすなかで、雨水を巧みに制御する術を培ってきたのである。マテンゴ・ピット耕作とよばれる彼らの在来農業はその代表例である。一方、経済の混乱や深刻な環境破壊という課題も浮かび上がってきた。プロジェクトは、水管理技術という在来性のポテンシャルを基盤とした活動（ハイドロミル施設の建設など）をとおして経済や環境問題にアプローチし、その結果、時間はかかったがようやく活動が軌道に乗っていったのである。

それ以降、プロジェクトが手がけた活動はいずれも在来性のポテンシャルとの関係が強く意識されていった。諸活動が生みだす多くの知識・技術・経験は、その状態を維持したまま、あるいは形を変えながら、地域の在来性に包摂されていった。ＪＩＣＡのプロジェクト（一九九九年〜二〇〇四年）を始めてから今年で二〇年になるが、さまざまな内発的な活動のなかにその足跡を見ることができる。当時は批判もあったプロジェクトだったが、地道に続けた活動が確かに実を結んでいった。

在来性のポテンシャルを基軸とする地域開発の手法を、タンザニアのソコイネ農業大学（ＳＵＡ）が主導することを期して「ＳＵＡメソッド」と名付けたのは掛谷さんだった。当時はまだ若手だったソコイネ農業大学の教授が、先日「ムビンガでは当時の活動が根付いてるね。ＳＵＡメソッドは正しかった。」とかみしめるように言っていた。

最後のフィールドワーク

ＪＩＣＡプロジェクトが終わってからも私たちは、日本学術振興会などからの研究費支援を受けながら実践的な地域研究を続けていった。

調査地はタンザニア南西部のルクワ湖畔に移ったが、その選定は偶然だった。私たちは、ソングウェ州（当時はムベヤ州）のボジ高原からルクワ湖に向かって車を走らせていた。その先に湖があること以外、どんな環境にどんな人たちがどんな生活をしているのかなど、まったく情報をもっていなかった。すれ違う車もない悪路を二〇〇キロメートル以上も走った。ルクワ地溝帯に向かって岩だらけの急坂を下りきると、植生はミオンボ林からアカシア林に変わった。乾季のまっただ中で木々が葉を落としていたこともあって、より一層乾いた土地に来たという感じがしていた。涸れ川をいくつも渡りながら平坦な林の中を走る。アカシア林のなかにときどき畦畔のようなものが見える。こんな乾いた場所に水田もあるまいと思ったが、だんだん数が増えてくるので車を止めた。

畦畔の上に稲穂が一本落ちていた。水も稲わらもないが、そこはまぎれもなく水田だった。年間降水量が六〇〇ミリメートル前後の半乾燥地に、広大な稲作地帯が広がっていたのである。

現在水田となっているのは、かつてルクワ湖に土砂が溜まって陸地化する際に、地表近くに不透水層が形成された場所であった。雨季には水はけが悪く、乾季には著しく乾燥するので、そこは、過湿にも乾燥にも耐えられるアカシアの林となっていた。アカシア林に畦畔を作れば雨水を簡単に貯めることができるため、降水量が少なくても水田稲作ができる。ここでの稲作の普及には、農牧民スクマが大きくかかわっていたことを後で知った。「アカシア林で稲作する農牧民」という一風変わった組み合わせが、掛谷さんの探究心を刺激したのはいうまでもない。偶然が必然に転化して、掛谷さんのアフリカで四番目の、そして最後のフィールドが決まった。

京都大学の院生だった神田靖範さん（現在は株式会社ＣＤＣインターナショナル）もこの予備調査に同行していて、そのまま村に一年間住み込んで地域の実態を調査することになった。掛谷さんと私は、毎年一ヵ月は当地を訪れて調査に加わった。昼間は村を歩き回り、日が暮れるとテントの前の椅子に腰掛けて、ジンを飲みながら一日を振り返った。本書第一八章で詳しく書いている農村開発についての諸相は、その多くがこの僻地の庭先で発想し、のちに練り上げたものだった。

この地域で産するコメは品質が優れていて高値で取引された。無農薬・無肥料でも収量が高く、この内発的な水田稲作の拡大にはなんら問題がないように思われた。しかし実際には大きな矛盾を抱えていた。水田適地の指標であるアカシアは、落ち葉が土壌養分の供給源であり、莢《さや》は家畜の貴重なタンパク源、林床に生える草は雨季の牧草となっていた。脱穀した稲わらは乾季の飼料となる。水田稲作には欠かせない役牛はこうした飼料によって養われていた。稲作農家が増えることで、水田が拡大され、そのためにアカシア林が開かれ、養分と雨季の飼料が減っていった。掛谷さんは、これを西田哲学の「絶対矛盾的自己同一」の状況と捉えて焦点特性にしようとしていたが、難しすぎて農民に説明しにくいので、わかりやすく「疎林・ウシ・水田稲作の複合」にしてもらった。

調査村周辺にはもともとワンダという農耕民がモロコシなどの畑作物を育てて生活していて、稲作の歴史は古くなかった。一九八〇年代に農牧民スクマがウシの大群を引き連れてこの地に移住してきて、ワンダが使わないアカシア林内に住みつき、豊富な畜力を使って稲作水田をひろげていった。当初、労働力として稲作を手伝っていたワンダは、やがてスクマから役牛を借りて自分たちの農耕システムにも稲作を取り入れていった。今では、ほぼすべてのワンダ世帯が稲作に従事し、コメは地域経済の根幹となっている。私たちは、「民族の共生」という別の焦点特性を定めて稲作伝播に関する研究をすすめたが、稲作や牛耕の技術がワンダに伝わるプロセスには興味深い示唆がいくつもあった。そのひとつを紹介すると、移住当初、スクマは先住のワンダと積極的に交わろうとはせず、少し距離をおきながらスクマ独自の生活スタイルや農業をこの地で再現していった。ワンダも稲作での賃金労働で雇われる以外は、まるで文化の異なる、少し不気味なスクマに近づこうとはしなかった。二つの農耕システムや生活スタイルが混ざらないまま、二つの民族が同じ地域に微妙な距離を隔てて共存していた。混ざらなかったことでかえってスクマの農業の特性がワンダに正確に伝わり、長所を見きわめ、生業や環境に合わせて技術を改変しながら自分たちの農業に取り入れていった。掛谷さんは、こうした現象を「創造的模倣」とよんだ。

事物や現象を深く観察し、的確な一言で総括するセンスで、掛谷さんをしのぐ人を見つけるのは難しい。熟考を経て、まったく違う視角からの考察を加え、ものごとを多面的に捉えていく。モノが伝播する際には、民族や地域ごとに工夫されて伝わることが多く、それを相反する言葉を合わさせて「創造的模倣」と表現したのだが、そこにはスクマとワンダの交流の薄かったことで、ワンダの創造性がより発揮されたことが含意されていた。また、「絶対矛盾的自己同一」の引用も、農村における急速な経済発展がもつ光と影を如実に表現している。そういえば、掛谷さんは理学部の卒業論文でも、オオイヌタデがもつ水生と陸生の両環境に適応できる形態的特徴について研究していた。さらにいえば、ベンバでの研究で練られた「平準化機構」は、変化を抑制する機能をもつ一方で、条件次第で変化を促進するというまったく逆の機能も兼ね備えていることを実証した。物事をつねに多面的に捉えようとする志向性が、掛谷さんのバランス感覚を支えていたのであろうし、人をうならせる深い洞察もそれを源としていたのではないだろうか。

掛谷さんの最後のフィールドワークにずっと付き合い、発見から考察までのプロセスを体験できたのは、私にとって本当に幸せだった。掛谷さんが定年退職してからは、私がフィールドに行って虫の目や鳥の目から見た情報を日本に持ち帰り、それを掛谷さんの衛星の目が見たマクロな情景に重ね合わせることで、世界の中のアフリカを少しでも動的・立体的に捉えようとしていた。そして、そのときの話題の中心には、つねに環境問題があった。本書第一四章で掛谷さんはフォスターの「限定された富のイメージ」という理論を引用しながら環境問題について考察している。言葉を補いながら要約するとだいたい次のようになる。

「人口が増え続け、資源が減り続けている世界では、もはやエナジー・マキシマイザー的社会のように資源を奪い合う路線を突っ走るわけにはいかない。私たちは何らかの形でタイム・ミニマイザー的な生き方を繰り込んでいかなければならない。タイム・ミニマイザーの社会は、妬みや恨みなどの人間的感情が生活を制御してきた世界であり、その文化的な表現が呪いであった。資源の枯渇や環境破壊が地球規模の重大な問題となっている現代において、もしかすると私たちはもう一度、呪いについて考え直してもよい時代に生きているのかもしれない。」

本書の編集作業にかかわり、掛谷さんのすべての著作を改めて読み返してみて、掛谷さんはつねに環境と人の関係に携わっていたのだということが再確認できた。トングウェやベンバの生態人類学的研究から、押し出されるように農村開発の世界に入っていったが、それは自然な歩みだったのだと私は思う。掛谷さんと一緒にやってきた農村開発では、環境保全についてもいろいろ挑戦してきたし、私はもうしばらくは続けるだろうが、掛谷さんが指摘しているように、タイム・ミニマイザー的な生き方、つまり自然に対して畏敬の念を抱きながらつつましく生きるという考えを再興する試みがあってもよいのかもしれないと思っている。

＊本著作集全三巻の刊行にあたっては、掛谷さんのご遺族である掛谷英子様にご援助いただきました。心より感謝申し上げます。

また、掛谷さんのご友人である琵琶湖博物館館長の篠原徹様をはじめ、筑波大学名誉教授の佐藤俊様、京都大学名誉教授の田中二郎様、京都大学名誉教授の市川光雄様には、いつも叱咤激励していただいたおかげで発刊することができました。厚く御礼申し上げます。

編集にあたっては、京都大学大学院アジア・アフリカ地域研究研究科の院生である近藤有希子様、桐越仁美様、原将也様、宮木和様、浅田静香様、吉村友希様、堀光順様、岩井彰弘様には原稿のデジタル化に加え、誤植や誤変換を丁寧に修正していただきましたこと、心より御礼申し上げます。

最後になりましたが、本著作集の編集には、京都大学学術出版会の鈴木哲也様をはじめ、高垣重和様、山脇佐代子様には貴重なご助言をいただくばかりでなく、粘り強くお付き合いいただきました。厚く御礼申し上げます。

（編集委員一同）

初出一覧

「アフリカ研究会のこころ」
『増補版　今西錦司全集』第四巻第七回配本　講談社　一九九三年一一月刊

「座談会　霊長類学・生態人類学・人類進化論――伊谷純一郎氏のハクスリー記念賞受賞を祝って」
伊谷純一郎・市川光雄・掛谷誠・河合雅雄・西田利貞・米山俊直（共著）『季刊人類学』第一五巻四号　京都大学人類学研究会　一九八四年一一月刊

「テンベアとサファリ――焼畑農耕民の旅」
『月刊アニマ』第一三七号　平凡社　一九八四年七月刊

「川喜田二郎先生の最終講義に寄せて」
『歴史人類』第一三号　筑波大学大学院人文社会科学研究科歴史・人類学専攻　一九八五年三月刊

「『南の生活原理』と『北の生活原理』――南北問題への一視点」
弘前大学人文学部人文学科特定研究事務局『弘前大学人文学部特定研究報告書　文化における「北」』　弘前大学人文学部人文学科特定研究事務局　一九八九年三月刊

「アフリカ」
矢野暢編『講座　現代の地域研究2　世界単位編』弘文堂　一九九四年六月刊

「アフリカにおける地域性の形成をめぐって」
文部省科学研究費補助金重点領域研究「総合的地域研究」総括班事務局編『「総合的地域研究」成果報告書シリーズ　No. 2　世界と地域の共存のパラダイムを求めて』文部省科学研究費補助金重点領域研究「総合的地域研究」総括班事務局編　一九九四年七月刊

「変貌する民族社会と地域研究」
『総合的地域研究』第六号　文部省科学研究費補助金重点領域研究「総合的地域研究」一九九四年九月刊

「アフリカ疎開林帯における焼畑農耕社会の持続と変容」
『学術月報』第四八巻第九号　日本学術振興会　一九九五年九月刊

「フロンティア世界としてのアフリカ――地域間比較に向けての覚え書き」
『総合的地域研究』第一二号　文部省科学研究費補助金重点領域研究「総合的地域研究」一九九六年三月刊

「内陸アフリカの論理――内的フロンティア世界としてのアフリカ」
文文部省科学研究費補助金重点領域研究「総合的地域研究」総括班事務局編『「総合的地域研究」成果報告書シリーズ　NO. 22　東南アジアとアフリカ』文部省科学研究費補助金重点領域研究「総合的地域研究」総括班事務局編　一九九六年一〇月刊

「東南アジアをどう捉えるか（5）アフリカ世界から」
坪内良博編『〈総合的地域研究〉を求めて――東南アジア像を手がかりに』京都大学学術出版会　一九九九年二月刊

「ミオンボ林の農耕民――その生態と社会編成」
赤阪賢・日野瞬也・宮本正興編『アフリカ研究――人・ことば・文化』世界思想社　一九九三年八月

「『呪い』をめぐる人類史的考察」
『異文化理解の位相――シンポジウムの記録』福井県立大学　一九九四年六月

「アフリカ地域研究の今後」
『学術月報』第五〇巻第一二号　日本学術振興会　一九九七年一二月刊

「アフリカ地域研究と国際協力――在来農業と地域発展」
『アジア・アフリカ地域研究』第一号　京都大学アジア・アフリカ地域研究研究科　二〇〇一年三月刊

「アフリカ的発展とアフリカ型農村開発への視点とアプローチ」
掛谷誠・伊谷樹一（編）『アフリカ地域研究と農村開発』京都大学学術出版会　二〇一一年三月刊

「アフリカ型農村開発の諸相――地域研究と開発実践の架橋」
掛谷誠・伊谷樹一（編）『アフリカ地域研究と農村開発』京都大学学術出版会　二〇一一年三月刊

和崎洋一 1966a: 東アフリカの地域社会における部族の問題．アフリカ研究 3: 65-85.

和崎洋一 1966b: Mangola 村における Bantu 系農耕民の部族間の関係について．今西錦司，川喜田二郎，梅棹忠夫，上山春平 編「人間——人類学的研究」中央公論社，東京，pp. 549-565.

和崎洋一 1977:「スワヒリの世界にて」日本放送出版協会，東京．

Whittaker RH & Likens GE 1975: Methods of assessing terrestrial productivity. In Lieth H & Whittaker RH (eds): Primary Productivity of the Biosphere, Springer-Verlag, Berlin, Heidelberg and New York, pp. 19-54.

山本佳奈 2011: 湿地開発をめぐる住民の対立と折り合い——ボジ県イテプーラ村の事例．掛谷誠，伊谷樹一 編「アフリカ地域研究と農村開発」京都大学学術出版会，京都．pp. 123-146.

矢野暢 1990: 総説「地域像」を求めて．矢野暢 編「講座　東南アジア学第一巻　東南アジア学の手法」弘文堂，東京，pp. 1-30.

矢野暢 1993: 地域研究とは何か．矢野暢 編「講座　現代の地域研究 1　地域研究の手法」弘文堂，東京，pp. 3-22.

米山俊直 1986:「アフリカ学への招待」日本放送出版協会，東京．

吉田昌夫 1997:「東アフリカ社会経済論——タンザニアを中心として」古今書院，東京．

Young R & Fosbrook H 1960: Smoke in the Hills: Political Tension in the Morogoro District of Tanganyika. Northwestern University Press, Evanson.

African Study Monographs, Supplementary Issue 6: 15-32.
Sugiyama Y 1992: The development of maize cultivation and changes in the village life of the Bemba of northern Zambia. Senri Ethnological Studies 31:173-201.
杉山裕子 2011:「ベンバ的イノベーション」に関する考察——個別多発的イノベーションと抑制の平準化・促進の平準化．掛谷誠，伊谷樹一 編「アフリカ地域研究と農村開発」京都大学学術出版会，京都．pp. 215-246.
高村泰雄 1993: ミオンボ林のひとと農業．遺伝 47(11): 4-5.
高谷好一 編 1991:「フロンティア空間としての東南アジア」平成2年度科学研究費補助金一般研究（A）研究成果報告集.
高谷好一 1993:「新世界秩序を求めて——21世紀への生態史観」中央公論社，東京.
高谷好一 1996: 私の地域間研究．総合的地城研究 12: 3-5.
高谷好一ほか 1996: 座談会——地域間研究とは何か．総合的地域研究 12: 21-26.
高谷好一 編 1999:「〈地域間研究〉の試み（上）（地域研究叢書5）」京都大学学術出版会，京都.
田中二郎 1971:「ブッシュマン——生態人類学的研究」思索社，東京.
Tanaka J 1980: The Sun. University of Tokyo Press, Tokyo.
田村賢治 2011: マテンゴ高地における持続可能な地域開発の試み．掛谷誠，伊谷樹一 編「アフリカ地域研究と農村開発」京都大学学術出版会，京都．pp. 348-367.
田中二郎，掛谷誠，市川光雄，太田至 編 1996:「続自然社会の人類学——変貌するアフリカ」アカデミア出版会，京都.
田中耕司 1990: フロンティアとしての開拓空間．矢野暢 編「講座　東南アジア学第一巻　東南アジア学の手法」弘文堂，東京，pp. 72-90.
田中耕司 1993: フロンティア社会の変容．矢野暢 編「講座　現代の地域研究4　地域研究と『発展』の論理」弘文堂，東京，pp. 117-140.
Temple PH 1972: Soil and water conservation policies in the Ulugulu Mountains, Tanzania. Geografiska Annaler 54A(3-4): 110-123.
富川盛道 1971: 部族社会．小堀厳，矢内原勝，浦野起央，富川盛道 編「現代の世界7　アフリカ」ダイアモンド社，東京，pp. 96-124.
坪内良博 1993: 地域発展の固有論理．総合的地域研究 創刊準備号 : 11-13.
坪内良博 編 1999:「総合的地域研究を求めて」京都大学学術出版会，京都.
鶴見和子 1996:「内発的発展論の展開」筑摩書房，東京.
鶴見和子 1999:「鶴見和子曼荼羅Ⅸ：環の巻——内発的発展論によるパラダイム転換」藤原書店，東京.
鶴見和子 2001:「南方熊楠・萃点の思想——未来のパラダイム転換に向けて」藤原書店，東京.
鶴田格 2007: モラル・エコノミー論からみたアフリカ農民経済——アフリカと東南アジアをめぐる農民論比較のこころみ．アフリカ研究 70: 51-62.
Vansina J 1990: Paths in the Rainforests. The University of Wisconsin Press, Wisconsin.

フィリップソン DW 1987:「アフリカ考古学」河合信和 訳，学生社，東京.（Phillipson DW 1993: African Archaeology (2nd Edition). Cambridge University Press, Cambridge, New York）

Phillipson DW 1993: African Archaeology (2nd Edition). Cambridge University Press, Cambridge and New York.

Pike AH 1938: Soil conservation amongst the Matengo tribe. Tanganyika Notes and Records 6: 79-81.

ポランニー K 1975:「経済の文明史――ポランニー経済学のエッセンス」玉野井芳郎，平野健一郎 編訳，日本経済新聞社，東京.

Reefe TQ 1981: The Rainbow and the King: A History of the Luba Empire to 1891. University of California Press, Berkeley, Los Angeles and London.

Richards AI 1939: Land, Labour and Diet in Northern Rhodesia: An Economic Study of the Bemba Tribe. Oxford University Press, London.

Roberts AD 1973: A History of the Bemba: Political Growth and Change in North-Eastern Zambia before 1900. Longman, London.

佐藤寛 2005:「開発援助の社会学」世界思想社，京都.

佐原眞 1988:「日本人の誕生――大系日本の歴史 I 」小学館，東京.

佐藤方彦 1987:「人間と気候」中公新書，東京.

サーリンズ M 1984:「石器時代の経済学」山内昶 訳，法政大学出版局，東京.

Schmied D 1988: Subsistence Cultivation, Market Production and Agricultural Development in Ruvuma Region, Southern Tanzania (Ph. D. dissertation). Erlangen University, Nurnberg.

スコット JC 1999:「モーラル・エコノミー――東南アジアの農民叛乱と生存維持」高橋彰 訳，勁草書房，東京.

スクリュプチャク JF 1987: ピエール・クラストル――未開社会についてのもうひとつの展開．ミシェル・リシャール 著「哲学の救済」宇波彰 訳，青弓社，東京，pp. 3-7.

下條伸輔 2008:「サブリミナル・インパクト――情動と潜在認知の現代」筑摩書房，東京.

下村理恵 2011: 水田稲作の発展プロセスにおける先駆者の役割ムサンガーノ郡ンティンガ村の事例．掛谷誠，伊谷樹一 編「アフリカ地域研究と農村開発」京都大学学術出版会，京都．pp. 174-209.

篠原徹 2002: エチオピア・コンソ社会における農耕の集約性．掛谷誠 編「アフリカ農耕民の世界――その在来性と変容」京都大学学術出版会，京都，pp. 125-162.

Sokoine University of Agriculture Center for Sustainable Rural Development (SCSRD) 2004: SUA Method Concept and Case Studies. Sokoine University of Agriculture, Morogoro.

杉村和彦 2007: アフリカ・モラル・エコノミーの現代的視角――今日的課題をめぐって．アフリカ研究 70: 27-34.

Sugiyama Y 1987: Maintaining a life of subsistence in the Bemba village of northeastern Zambia.

黒崎龍悟 2011: 住民の連帯性の活性化——開発プロジェクトにおける「副次効果」とその「増幅作用」. 掛谷誠, 伊谷樹一 編「アフリカ地域研究と農村開発」京都大学学術出版会, 京都. pp. 324-367.

Lee RB 1968: What hunters do for a living, or how to make out on scarce resources. In Lee RB & DeVore I (eds): Man the Hunter. Aldine, Chicago, pp. 30-48.

Lee RB & DeVore I 1968: Problems in the study of hunters and gatherers. In Lee RB & DeVore I (eds): Man the Hunter. Aldine, Chicago, pp. 1-12.

レヴィ＝ストロース 1970:「今日のトーテミスム」仲沢紀雄 訳, みすず書房, 東京.

Maack PA 1996: 'We don't want terraces!' In Maddox G, Giblin J & Kimambo IN (eds): Custodians of the Land: Ecology and Culture in the History of Tanzania, Mukuki na Nyota, Dar es Salaam, pp.152-169.

前田成文 1989: 総合討論 冒頭発言（Ⅱ）. 海外学術調査に関する総合調査班 編「海外学術調査コロキアム『東南アジアとアフリカ——地域間研究へ向けて』記録」海外学術調査に関する総合調査研究班, 東京, pp. 171-176.

マンロー JF 1987:「アフリカ経済史」北川勝彦 訳, ミネルヴァ書房, 京都.

松原正毅 1997: 地域研究序説. 地域研究論集 1(1): 6-33.

宮本正興, 松田素二 編 1997:「新書アフリカ史」講談社, 東京.

Maack PA 1996: 'We don't want terraces!' In Maddox G, Giblin J & Kimambo IN (eds): Custodians of the Land: Ecology and Culture in the History of Tanzania, Mukuki na Nyota, Dar es Salaam, pp.152-169.

Moore HL & Vaughan M 1994: Cutting Down Trees: Gender, Nutrition and Change in the Northern Province of Zambia, 1890-1990. James Currey, London.

丸尾聡 2002: バナナとともに生きる人びと——タンザニア北西部・ハヤの村から. 掛谷誠 編「アフリカ農耕民の世界——その在来性と変容」京都大学学術出版会, 京都, pp. 51-90.

Murdock GP 1967: The ethnographic atlas: A summary. Ethnology, 6(2): 109-236.

Nash TAM 1969: Africa's Bane: The Tsetse Fly. Collins, London.

西田正規 1986:「定住革命」新曜社, 東京.

Ndunguru E 1972: Historia, Mila na Desturi za Wamatengo. East African Literature Bureau, Dar es Salaam.

小田英郎 1991: 国家建設と政治体制. 小田英郎 編「アフリカの21世紀　第三巻　アフリカの政治と国際関係」勁草書房, 東京, pp. 3-32.

大山修一 1995:「植生に対する人為インパクトの把握と環境モニタリングについて——ザンビア北部・ミオンボ林帯における事例」京都大学大学院人間・環境学研究科修士論文, 京都大学, 京都.

大山修一 2011: ザンビアにおける新土地法の制定とベンバ農村の困窮化. 掛谷誠, 伊谷樹一 編「アフリカ地域研究と農村開発」京都大学学術出版会, 京都. pp. 246-280.

発」京都大学学術出版会，京都．pp. 371-410.
神田靖範，伊谷樹一，掛谷誠 2011: ウソチェ村における農村開発の構想と実践．掛谷誠，伊谷樹一 編「アフリカ地域研究と農村開発」京都大学学術出版会，京都．pp. 410-448.
片山一道 1987: 現生人類への道．黒田末寿，片山一道，市川光雄 編著「人類の起源と進化」有斐閣，東京，pp. 95-189.
加藤太 2011: 氾濫原の土地利用をめぐる民族の対立と協調――キロンベロの事例．掛谷誠，伊谷樹一 編「アフリカ地域研究と農村開発」京都大学学術出版会，京都．pp. 93-119.
勝俣昌也 2011: タンザニアにおける農村開発活動の実践についての一考察――日本における農業研究成果の生産現場への普及と比較して．掛谷誠，伊谷樹一 編「アフリカ地域研究と農村開発」京都大学学術出版会，京都．451-463.
川端正久 1987:「アフリカ危機の構造」世界思想社，京都．
Kawakita J 1957: Ethno-geographical observations on the Nepal Himalaya. In Kihara H (ed): Peoples of the Nepal Himalaya, Flora and Fauna Research Society, Kyoto, pp. 1-362.
Kawakita J 1957: The Hill Magar and Their Neighbours. Tokai University Press, Hiratsuka.
川喜田二郎 編 1989:「国際技術協力の哲学を求めて」名古屋大学出版会，名古屋．
川喜田二郎 1993:「創造と伝統」祥伝社，東京．
川田順造 編 1987:「アフリカ論」日本放送出版協会，東京．
川田順造 編 1993a:「改訂版アフリカ論」日本放送出版協会，東京．
川田順造 1993b:「地域からの世界史　9　アフリカ」朝日新聞社，東京．
Kihara H 1956: Land and Crops of Nepal Himalaya: Scientific Results of the Japanese Expenditions to Nepal Himalaya 1952-1953, Vol. 2. Flora and Fauna Research Society, Kyoto.
Kingdon J 1971: East African Mammals Vol. 2. Academic Press, London and New York.
吉良竜夫 1971:「生態学からみた自然」河出書房新社，東京．
吉良竜夫 1976:「生態学講座 2　陸上生態系――概論」共立出版，東京．
吉良竜夫 1983:「熱帯林の生態」人文書院，京都．
Knight CG 1974: Ecology and Change: Rural Modernization in an African Community. Academic Press, New York.
近藤史 2011: 農村の発展と相互扶助システム――タンザニア南部ンジョンベ高原のキファニャ村の事例から．掛谷誠，伊谷樹一 編「アフリカ地域研究と農村開発」京都大学学術出版会，京都．pp. 63-89.
國領二郎編 2006:「創発する社会――慶應 SFC ～ DNP 創発プロジェクトからのメッセージ」日経 BP 出版センター，東京．
Kopytoff I 1987: The African Frontier. Indiana University Press, Bloomington.
黒田末寿 1987: サルからヒトへ．黒田末寿，片山一道，市川光雄 編著「人類の起源と進化」有斐閣，東京，pp. 1-94.

掛谷誠，杉山祐子 1987: 中南部アフリカ・疎林帯におけるベンバ族の焼畑農耕――チテメネ・システムの諸相．牛島巌 編「象徴と社会の民族学」雄山閣出版，京都，pp. 111-140.

掛谷誠 1991: 平等性と不平等性のはざま――トングウェ社会のムワミ制度．田中二郎，掛谷誠 編「ヒトの自然誌」平凡社，東京，pp. 59-88.

掛谷誠 1993: ミオンボ林の農耕民．赤阪賢，宮本正興，日野舜也 編「アフリカ研究――人・ことば・文化」世界思想社，京都，pp. 18-30.

掛谷誠 1994a: アフリカ．矢野暢 編「講座　現代の地域研究 2　世界単位論」弘文堂，東京，pp. 261-279.

掛谷誠 1994b: 焼畑農耕社会と平準化機構．大塚柳太郎 編「講座　地球に生きる 3　環境の社会化」雄山閣出版，東京，pp. 121-145.

掛谷誠 1996: 焼畑農耕社会の現在――ベンバの村の 10 年．田中二郎，掛谷誠，市川光雄，太田至 編「続　自然社会の人類学――変貌するアフリカ」アカデミア出版会，京都，pp. 243-269.

掛谷誠 1998: 焼畑農耕民の生き方．高村泰雄，重田眞義 編「アフリカ農業の諸問題」京都大学学術出版会，京都，pp. 59-86.

掛谷誠 1999a: 東南アジアをどう捉えるか（5）――アフリカ世界から．坪内良博 編「総合的地域研究を求めて」京都大学学術出版会，京都，pp. 399-415.

掛谷誠 1999b: 内的フロンティアとしての内陸アフリカ．高谷好一 編「地域間研究の試み（上）」京都大学学術出版会，京都，pp. 399-415.

掛谷誠 2001: アフリカ地域研究と国際協力――在来農業と地域発展．アジア・アフリカ地域研究 1: 68-80.

掛谷誠 2008: 民族関係と農村開発．アフリカレポート 46: 2.

掛谷誠 2011: アフリカ的発展とアフリカ型農村開発への視点とアプローチ．掛谷誠，伊谷樹一 編「アフリカ地域研究と農村開発」京都大学学術出版会，京都．pp. 3-28.

掛谷誠・伊谷樹一 2011b: アフリカ型農村開発の諸相．掛谷誠，伊谷樹一 編「アフリカ地域研究と農村開発」京都大学学術出版会，京都．pp. 467-509.

Kakeya M & Sugiyama Y 1985: *Citemene*, finger millet and Bemba culture: A socio-ecological study of slash-and-burn cultivation in northeastern Zambia. African Study Monographs, Supplementary Issue 4: 1-24.

Kakeya M & Sugiyama Y 1987: Agricultural change and its mechanism in the Bemba village of north-eastern Zambia. African Study Monographs, Supplementary Issue 6: 1-13.

Kakeya M, Sugiyama Y & Oyama S 2006: The *citemene* system, social leveling mechanism, and agrarian changes in the Bemba villages of northern Zambia: An overview of 23 years of "fixed-point" research. African Study Monographs 27(1): 27-38.

神田靖範 2011: 半乾燥地における水田稲作の浸透プロセスと民族の共生――ウソチェ村におけるワンダとスクマ．掛谷誠，伊谷樹一 編「アフリカ地域研究と農村開

Iliffe J 1979: A Modern History of Tanganyika. Cambridge University Press, London.

今西錦司 1968: アフリカ研究序説．今西錦司，梅棹忠夫 編「アフリカ社会の研究――京都大学アフリカ学術調査隊報告」西村書店，東京，pp. 21-26.

伊谷樹一 2011: ミオンボ林の利用と保全――在来農業の変遷をめぐって．掛谷誠，伊谷樹一 編「アフリカ地域研究と農村開発」京都大学学術出版会，京都．146-174.

伊谷樹一，黒崎龍悟 2011: ムビンガ県マテンゴ高地の地域特性とJICAプロジェクトの展開．掛谷誠，伊谷樹一 編「アフリカ地域研究と農村開発」京都大学学術出版会，京都．pp. 285-300.

伊谷純一郎 1980: 熱帯アフリカの自然主義者たち．季刊民族学 13: 6-19.

岩城英夫 1988: 生態系の構造と機能．河村武，岩城英夫 編「環境科学 I ――自然環境系」朝倉書店，東京，pp. 231-257.

Japan International Cooperation Agency (JICA) 1998: Integrated Agro-ecological Research of the Miombo Woodland in Tanzania: Final Report. JICA, Tokyo.

重点領域研究「総合的地域研究」総括班 編 1996:「文部省科学研究費補助金重点領域研究総合的地域研究の手法確立――世界と地域の共存のパラダイムを求めて　東南アジアとアフリカ――地域間研究の視点から　重点領域研究『総合的地域研究』成果報告書シリーズ：No. 22」文部省科学研究費補助金重点領域研究「総合的地域研究」総括班，京都.

海外学術調査に関する総合調査班 編 1989:「海外学術調査コロキアム『東南アジアとアフリカ――地域間研究へ向けて』記録」海外学術調査に関する総合調査研究班，東京.

海田能宏 1993: 問題群としての地域．矢野暢 編「講座　現代の地域研究 1　地域研究の手法」弘文堂，東京，pp. 227-246.

掛谷誠 1974: トングウェ族の生計維持機構――生活環境・生業・食生活．季刊人類学 5(3): 3-90.

掛谷誠 1977a: サブシステンス・社会・超自然的世界――トングウェ族の場合．渡辺仁 編「人類学講座 12　生態」雄山閣出版，東京，pp. 369-385.

掛谷誠 1977b: トングウェ族の呪医の世界．伊谷純一郎，原子令三 編「人類の自然誌」雄山閣出版，東京，pp. 377-439.

掛谷誠 1984: トングウェ族呪医の治療儀礼――そのプロセスと論理．伊谷純一郎，米山俊直 編「アフリカ文化の研究」アカデミア出版会，京都，pp. 729-776.

掛谷誠 1986a: 伝統的農耕民の生活構造――トングウェを中心に．伊谷純一郎，田中二郎 編「自然社会の人類学――アフリカに生きる」アカデミア出版会，京都，pp. 217-248.

掛谷誠 1986b: ザンビアの伝統農耕とその現在――ベンバ族のチテメネ・システムの現況．国際農林業協力 8(4): 2-11.

掛谷誠 1987: 妬みの生態人類学――アフリカの事例を中心に．大塚柳太郎 編「現代の人類学 I　生態人類学」至文堂，東京，pp. 229-241.

第三巻 参考文献

Allan W 1965: The African Husbandman. Greenwood Press, Westport, Connecticut.

荒木美奈子 2011:「ゆるやかな共」の創出と内発的発展――キンディンバ村における地域開発実践をめぐって．掛谷誠，伊谷樹一 編「アフリカ地域研究と農村開発」京都大学学術出版会，京都．pp. 300-324.

Araki S 1993: Effect on soil organic matter and fertility of the chitemene slash-and-burn practice used in northern Zambia. In Mulongov K & Mercks R (eds): Soil Organic Matter Dynamics and Sustainability of Toropical Agriculture, John Wiley & Sons, Chichester, pp. 367-375.

Basehart HW 1972: Traditional history and political change among the Matengo of Tanzania. Africa 42(2): 87-97.

Basehart HW 1973: Cultivation intensity, settlement patterns and homestead forms among the Matengo of Tanzania. Ethnology 12(1): 57-73.

Beidelman TO 1967: The Matrilineal Peoples of Eastern Tanzania. International African Institute, London.

コナー G 1993:「熱帯アフリカの都市化と国家形成」近藤義郎，河合信和 訳，河出書房新社，東京.

クラストル P 1987:「国家に抗する社会――政治人類学研究」渡辺公三 訳，白馬書房，長野.

Geertz C 1963: Agricultural Involution. University of California Press, California.

Foster GM 1965: Peasant society and the image of limited good. American Anthropologist 67(2): 293-315.

Greenberg J 1963: The Language of Africa. Indiana University Press, Bloomington.

Hardesty DL 1977: Ecological Anthropology. John Wiley & Sons, New York.

樋口浩和，山根裕子，伊谷樹一 2011:「ゴミ捨て場」と呼ばれる畑．掛谷誠，伊谷樹一 編「アフリカ地域研究と農村開発」京都大学学術出版会，京都．pp. 33-59.

平野克己 2002:「図説アフリカ経済」日本評論社，東京.

Hyden G 1980: Beyond Ujamaa in Tanzania: Underdevelopment and Uncaptured Peasantry. University of California Press, Berkeley and Los Angeles.

Hyden G 1983: No Shortcuts to Progress: African Development Management in Perspective. University of California Press, Berkeley and Los Angeles.

［ら行］

［ん行］

［は行］

［ま行］

［や行］

［た行］

［な行］

［か行］

［さ行］

■ 事　項

■民　族

動・植物

索　引

固有名詞

掛谷誠著作集編集委員
伊谷樹一（いたに　じゅいち）
京都大学アフリカ地域研究資料センター教授。博士（農学）。
伊藤詞子（いとう　のりこ）
京都大学野生動物研究センター研究員。博士（理学）。
大山修一（おおやま　しゅういち）
京都大学アフリカ地域研究資料センター准教授。博士（人間・環境学）。
加藤　太（かとう　ふとし）
日本大学生物資源科学部専任講師。博士（地域研究）。
黒崎龍悟（くろさき　りゅうご）
高崎経済大学経済学部国際学科准教授。博士（地域研究）。
近藤　史（こんどう　ふみ）
弘前大学人文学部准教授。博士（地域研究）。
杉山祐子（すぎやま　ゆうこ）
弘前大学人文学部教授。博士（地域研究）。
寺嶋秀明（てらしま　ひであき）
神戸学院大学人文学部教授。理学博士。
八塚春名（やつか　はるな）
日本大学国際関係学部助教。博士（地域研究）。
山本佳奈（やまもと　かな）
日本学術振興会特別研究員（RPD）/ 北海道大学大学院文学研究科。博士（地域研究）。

掛谷誠著作集 3
探究と実践の往還

2018年8月7日　初版第一刷発行

著　者　掛　谷　　誠
発行者　末　原　達　郎
発行所　京都大学学術出版会
京都市左京区吉田近衛町69番地
京都大学吉田南構内（〒606-8315）
電　話　075-761-6182
ＦＡＸ　075-761-6190
振　替　01000-8-64677
http://www.kyoto-up.or.jp/

印刷・製本　㈱クイックス

ISBN978-4-8140-0129-3
Printed in Japan
定価はカバーに表示してあります

著者

掛谷　誠（かけや　まこと）

京都大学名誉教授。1945年生まれ．理学博士．

1968年京都大学理学部を卒業し，同大学大学院理学研究科に入学して生態人類学を学ぶ．1974年に福井大学教育学部助教授，1979年に筑波大学歴史・人類学系助教授，1987年に弘前大学人文学部教授を歴任し，1990年には京都大学アフリカ地域研究センター教授，1998年からは同大学大学院アジア・アフリカ地域研究研究科教授を兼任した．2008年には定年により退職し,2013年12月22日に逝去した．享年68歳であった．

日本における生態人類学の創始者のひとりであり，東アフリカ乾燥疎開林帯の農耕民社会に関する研究によって優れた業績を残した．そのなかで提唱された「最小生計努力」や「平準化機構」はアフリカ社会を理解するための基本的な概念として幅広い分野の研究者に援用されている．また，アフリカ地域研究の進展を牽引するとともに，研究成果をアフリカの農村開発に還元する応用的・実践的研究にも従事し，在来性に根ざした地域の内発的な発展という新たな視座を提示した．

生態人類学会の会長や日本アフリカ学会の理事などを歴任すると同時に，京都大学アフリカ地域研究資料センター長や同大学評議員の要職を務めるなど，学界の組織化や体制の確立に尽力し，1998年には大同生命地域研究奨励賞を受賞した．主な著書に，『ヒトの自然誌』（平凡社），『講座　地球に生きる２　環境の社会化』（雄山閣），『続・自然社会の人類学』（アカデミア出版会），『生態人類学講座第3巻 アフリカ農耕民の世界』（京都大学学術出版会），『アフリカ地域研究と農村開発』（京都大学学術出版会）など多数の共著編著がある．